PRENTICE HALL

EXPLORADOR DE CIENCIAS

Células y herencia

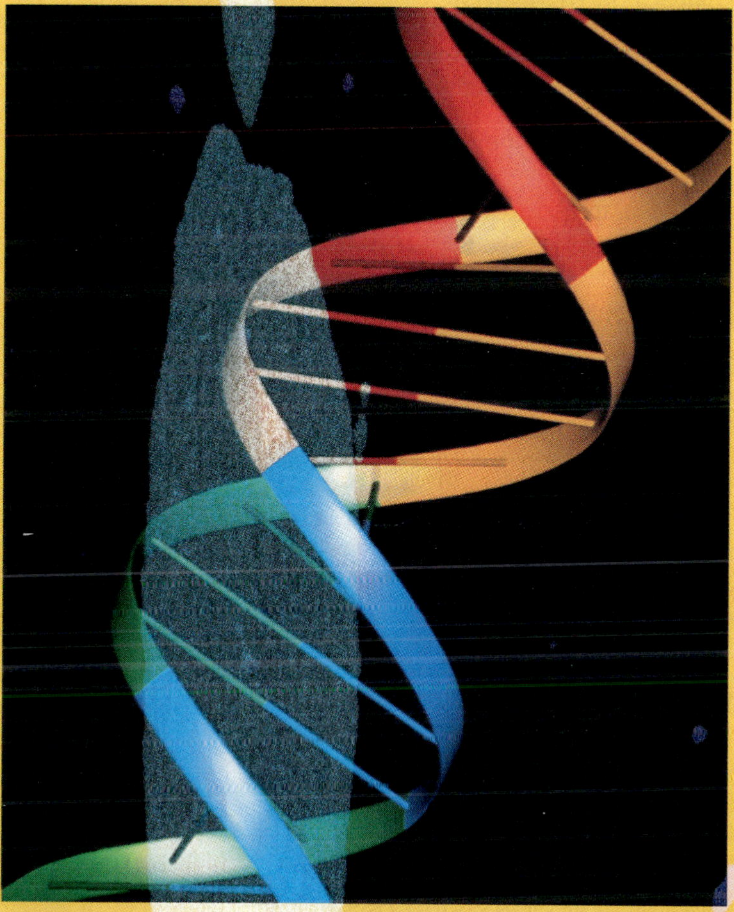

PRENTICE HALL
Needham, Massachusetts
Upper Saddle River, New Jersey

PRENTICE HALL
EXPLORADOR DE CIENCIAS

Células y herencia

Recursos del programa

Student Edition
Annotated Teacher's Edition
Teaching Resources Book with Color Transparencies
Cells and Heredity Materials Kits

Componentes del programa

Integrated Science Laboratory Manual
Integrated Science Laboratory Manual, Teacher's Edition
Inquiry Skills Activity Book
Student-Centered Science Activity Books
Program Planning Guide
Guided Reading English Audiotapes
Guided Reading Spanish Audiotapes and Summaries
Product Testing Activities by Consumer Reports™
Event-Based Science Series (NSF funded)
Prentice Hall Interdisciplinary Explorations
Cobblestone, Odyssey, Calliope, and *Faces* Magazines

Medios/Tecnología

Science Explorer Interactive Student Tutorial CD-ROMs
Odyssey of Discovery CD-ROMs
Resource Pro® (Teaching Resources on CD-ROM)
Assessment Resources CD-ROM with Dial-A-Test®
Internet site at www.science-explorer.phschool.com
Life, Earth, and Physical Science Videodiscs
Life, Earth, and Physical Science Videotapes

Explorador de ciencias Libros del estudiante

De las bacterias a las plantas
Animales
Células y herencia
Biología humana y salud
Ciencias del medio ambiente
El interior de la Tierra
Cambios en la superficie terrestre
El agua de la Tierra
Meteorología y clima
Astronomía
Elementos químicos básicos
Interacciones químicas
Movimiento, fuerza y energía
Electricidad y magnetismo
Sonido y luz

Créditos

El equipo de colaboradores de *Explorador de ciencias* está conformado por representantes editoriales, editores, diseñadores, encargados de pruebas de campo de mercadeo, investigadores de mercado, encargados de servicios de mercadeo, desarrolladores de servicios en línea/multimedia, representantes de mercadotecnia, encargados de producción, y publicadores. Los nombres de los colaboradores se listan a continuación. Aquellos resaltados en negritas indican a los coordinadores del equipo.

Kristen E. Ball, **Barbara A. Bertell,** Peter W. Brooks, **Christopher R. Brown, Greg Cantone,** Jonathan Cheney, **Patrick Finbarr Connolly,** Loree Franz, Donald P. Gagnon, Jr., **Paul J. Gagnon, Joel Gendler,** Elizabeth Good, Kerri Hoar, **Linda D. Johnson,** Katherine M. Kotik, Russ Lappa, Marilyn Leitao, David Lippman, **Eve Melnechuk, Natania Mlawer,** Paul W. Murphy, **Cindy A. Noftle,** Julia F. Osborne, Caroline M. Power, Suzanne J. Schineller, **Susan W. Tafler,** Kira Thaler-Marbit, Robin L. Santel, Ronald Schachter, **Mark Tricca,** Diane Walsh, Pearl B. Weinstein, Beth Norman Winickoff

Acknowledgment for page 172: Excerpt from *James Herriot's Dog Stories.* Copyright ©1986 by James Herriot. Published by St. Martin's Press.

ISBN 0-13-436590-9
2 3 4 5 6 7 8 9 10 02 01

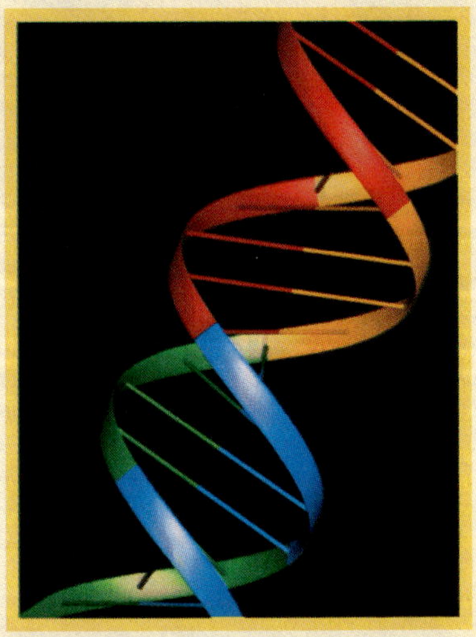

Portada: Esta imagen generada por computadora muestra la estructura de una molécula de ADN.

Autores del programa

Michael J. Padilla, Ph.D.
Professor
Department of Science Education
University of Georgia
Athens, Georgia

Michael Padilla es líder en la enseñanza de Ciencias en secundaria. Ha trabajado como editor y funcionario de la Asociación Nacional de Profesores de Ciencias. Ha sido miembro investigador en diversas premiaciones de la Fundación Nacional de Ciencias y la Fundación Eisenhower, además de participar en la redacción de los Estándares Nacionales de Enseñanza de Ciencias.

En *Explorador de ciencias*, Mike coordina un equipo de desarrollo de programas de enseñanza que promueven la participación de estudiantes y profesores en el campo de las ciencias con base en los Estándares Nacionales de la Enseñanza de Ciencias.

Ioannis Miaoulis, Ph.D.
Dean of Engineering
College of Engineering
Tufts University
Medford, Massachusetts

Martha Cyr, Ph.D.
Director, Engineering Educational Outreach
College of Engineering
Tufts University
Medford, Massachusetts

Explorador de ciencias es un proyecto creado con la colaboración del Colegio de Ingeniería de la Universidad Tufts. Dicha institución cuenta con un extenso programa de investigación sobre ingeniería que fomenta la participación de estudiantes y profesores en las áreas de ciencia y tecnología.

Además de participar en la creación del proyecto *Explorador de ciencias*, la facultad de la Universidad Tufts también colaboró en la revisión del contenido de los libros del estudiante y la coordinación de las pruebas de campo.

Autor

Donald Cronkite, Ph.D.
Professor of Biology
Hope College
Holland, Michigan

Colaboradores

Susan Offner
Biology Teacher
Milton High School
Milton, Massachusetts

Warren Phillips
Science Teacher
Plymouth Community Intermediate School
Plymouth, Massachusetts

Thomas R. Wellnitz
Science Teacher
The Paideia School
Atlanta, Georgia

Asesor de lecturas

Bonnie B. Armbruster, Ph.D.
Department of Curriculum and Instruction
University of Illinois
Champaign, Illinois

Asesor interdisciplinario

Heidi Hayes Jacobs, Ed.D.
Teacher's College
Columbia University
New York City, New York

Asesores de seguridad

W. H. Breazeale, Ph.D.
Department of Chemistry
College of Charleston
Charleston, South Carolina

Ruth Hathaway, Ph.D.
Hathaway Consulting
Cape Girardeau, Missouri

Revisores del programa de la Universidad Tufts

Behrouz Abedian, Ph.D.
Department of Mechanical Engineering

Wayne Chudyk, Ph.D.
Department of Civil and Environmental Engineering

Eliana De Bernardez-Clark, Ph.D.
Department of Chemical Engineering

Anne Marie Desmarais, Ph.D.
Department of Civil and Environmental Engineering

David L. Kaplan, Ph.D.
Department of Chemical Engineering

Paul Kelley, Ph.D.
Department of Electro-Optics

George S. Mumford, Ph.D.
Professor of Astronomy, Emeritus

Jan A. Pechenik, Ph.D.
Department of Biology

Livia Racz, Ph.D.
Department of Mechanical Engineering

Robert Rifkin, M.D.
School of Medicine

Jack Ridge, Ph.D.
Department of Geology

Chris Swan, Ph.D.
Department of Civil and Environmental Engineering

Peter Y. Wong, Ph.D.
Department of Mechanical Engineering

Revisores del contenido

Jack W. Beal, Ph.D.
Department of Physics
Fairfield University
Fairfield, Connecticut

W. Russell Blake, Ph.D.
Planetarium Director
Plymouth Community Intermediate School
Plymouth, Massachusetts

Howard E. Buhse, Jr., Ph.D.
Department of Biological Sciences
University of Illinois
Chicago, Illinois

Dawn Smith Burgess, Ph.D.
Department of Geophysics
Stanford University
Stanford, California

A. Malcolm Campbell, Ph.D.
Assistant Professor
Davidson College
Davidson, North Carolina

Elizabeth A. De Stasio, Ph.D.
Associate Professor of Biology
Lawrence University
Appleton, Wisconsin

John M. Fowler, Ph.D.
Former Director of Special Projects National Science Teacher's Association
Arlington, Virginia

Jonathan Gitlin, M.D.
School of Medicine
Washington University
St. Louis, Missouri

Dawn Graff-Haight, Ph.D., CHES
Department of Health, Human Performance, and Athletics
Linfield College
McMinnville, Oregon

Deborah L. Gumucio, Ph.D.
Associate Professor
Department of Anatomy and Cell Biology
University of Michigan
Ann Arbor, Michigan

William S. Harwood, Ph.D.
Dean of University Division and Associate Professor of Education
Indiana University
Bloomington, Indiana

Cyndy Henzel, Ph.D.
Department of Geography and Regional Development
University of Arizona
Tucson, Arizona

Greg Hutton
Science and Health Curriculum Coordinator
School Board of Sarasota County
Sarasota, Florida

Susan K. Jacobson, Ph.D.
Department of Wildlife Ecology and Conservation
University of Florida
Gainesville, Florida

Judy Jernstedt, Ph.D.
Department of Agronomy and Range Science
University of California, Davis
Davis, California

John L. Kermond, Ph.D.
Office of Global Programs
National Oceanographic and Atmospheric Administration
Silver Spring, Maryland

David E. LaHart, Ph.D.
Institute of Science and Public Affairs
Florida State University
Tallahassee, Florida

Joe Leverich, Ph.D.
Department of Biology
St. Louis University
St. Louis, Missouri

Dennis K. Lieu, Ph.D.
Department of Mechanical Engineering
University of California
Berkeley, California

Cynthia J. Moore, Ph.D.
Science Outreach Coordinator
Washington University
St. Louis, Missouri

Joseph M. Moran, Ph.D.
Department of Earth Science
University of Wisconsin–Green Bay
Green Bay, Wisconsin

Joseph Stukey, Ph.D.
Department of Biology
Hope College
Holland, Michigan

Seetha Subramanian
Lexington Community College
University of Kentucky
Lexington, Kentucky

Carl L. Thurman, Ph.D.
Department of Biology
University of Northern Iowa
Cedar Falls, Iowa

Edward D. Walton, Ph.D.
Department of Chemistry
California State Polytechnic University
Pomona, California

Robert S. Young, Ph.D.
Department of Geosciences and Natural Resource Management
Western Carolina University
Cullowhee, North Carolina

Edward J. Zalisko, Ph.D.
Department of Biology
Blackburn College
Carlinville, Illinois

Revisores de pedagogía

Stephanie Anderson
Sierra Vista Junior High School
Canyon Country, California

John W. Anson
Mesa Intermediate School
Palmdale, California

Pamela Arline
Lake Taylor Middle School
Norfolk, Virginia

Lynn Beason
College Station Jr. High School
College Station, Texas

Richard Bothmer
Hollis School District
Hollis, New Hampshire

Jeffrey C. Callister
Newburgh Free Academy
Newburgh, New York

Judy D'Albert
Harvard Day School
Corona Del Mar, California

Betty Scott Dean
Guilford County Schools
McLeansville, North Carolina

Sarah C. Duff
Baltimore City Public Schools
Baltimore, Maryland

Melody Law Ewey
Holmes Junior High School
Davis, California

Sherry L. Fisher
Lake Zurich Middle School North
Lake Zurich, Illinois

Melissa Gibbons
Fort Worth ISD
Fort Worth, Texas

Debra J. Goodding
Kraemer Middle School
Placentia, California

Jack Grande
Weber Middle School
Port Washington, New York

Steve Hills
Riverside Middle School
Grand Rapids, Michigan

Carol Ann Lionello
Kraemer Middle School
Placentia, California

Jaime A. Morales
Henry T. Gage Middle School
Huntington Park, California

Patsy Partin
Cameron Middle School
Nashville, Tennessee

Deedra H. Robinson
Newport News Public Schools
Newport News, Virginia

Bonnie Scott
Clack Middle School
Abilene, Texas

Charles M. Sears
Belzer Middle School
Indianapolis, Indiana

Barbara M. Strange
Ferndale Middle School
High Point, North Carolina

Jackie Louise Ulfig
Ford Middle School
Allen, Texas

Kathy Usina
Belzer Middle School
Indianapolis, Indiana

Heidi M. von Oetinger
L'Anse Creuse Public School
Harrison Township, Michigan

Pam Watson
Hill Country Middle School
Austin, Texas

Revisores de actividades de campo

Nicki Bibbo
Russell Street School
Littleton, Massachusetts

Connie Boone
Fletcher Middle School
Jacksonville Beach, Florida

Rose-Marie Botting
Broward County School District
Fort Lauderdale, Florida

Colleen Campos
Laredo Middle School
Aurora, Colorado

Elizabeth Chait
W. L. Chenery Middle School
Belmont, Massachusetts

Holly Estes
Hale Middle School
Stow, Massachusetts

Laura Hapgood
Plymouth Community Intermediate School
Plymouth, Massachusetts

Sandra M. Harris
Winman Junior High School
Warwick, Rhode Island

Jason Ho
Walter Reed Middle School
Los Angeles, California

Joanne Jackson
Winman Junior High School
Warwick, Rhode Island

Mary F. Lavin
Plymouth Community Intermediate School
Plymouth, Massachusetts

James MacNeil, Ph.D.
Concord Public Schools
Concord, Massachusetts

Lauren Magruder
St. Michael's Country Day School
Newport, Rhode Island

Jeanne Maurand
Glen Urquhart School
Beverly Farms, Massachusetts

Warren Phillips
Plymouth Community Intermediate School
Plymouth, Massachusetts

Carol Pirtle
Hale Middle School
Stow, Massachusetts

Kathleen M. Poe
Kirby-Smith Middle School
Jacksonville, Florida

Cynthia B. Pope
Ruffner Middle School
Norfolk, Virginia

Anne Scammell
Geneva Middle School
Geneva, New York

Karen Riley Sievers
Callanan Middle School
Des Moines, Iowa

David M. Smith
Howard A. Eyer Middle School
Macungie, Pennsylvania

Derek Strohschneider
Plymouth Community Intermediate School
Plymouth, Massachusetts

Sallie Teames
Rosemont Middle School
Fort Worth, Texas

Gene Vitale
Parkland Middle School
McHenry, Illinois

Zenovia Young
Meyer Levin Junior High School (IS 285)
Brooklyn, New York

Contenido

Células y herencia

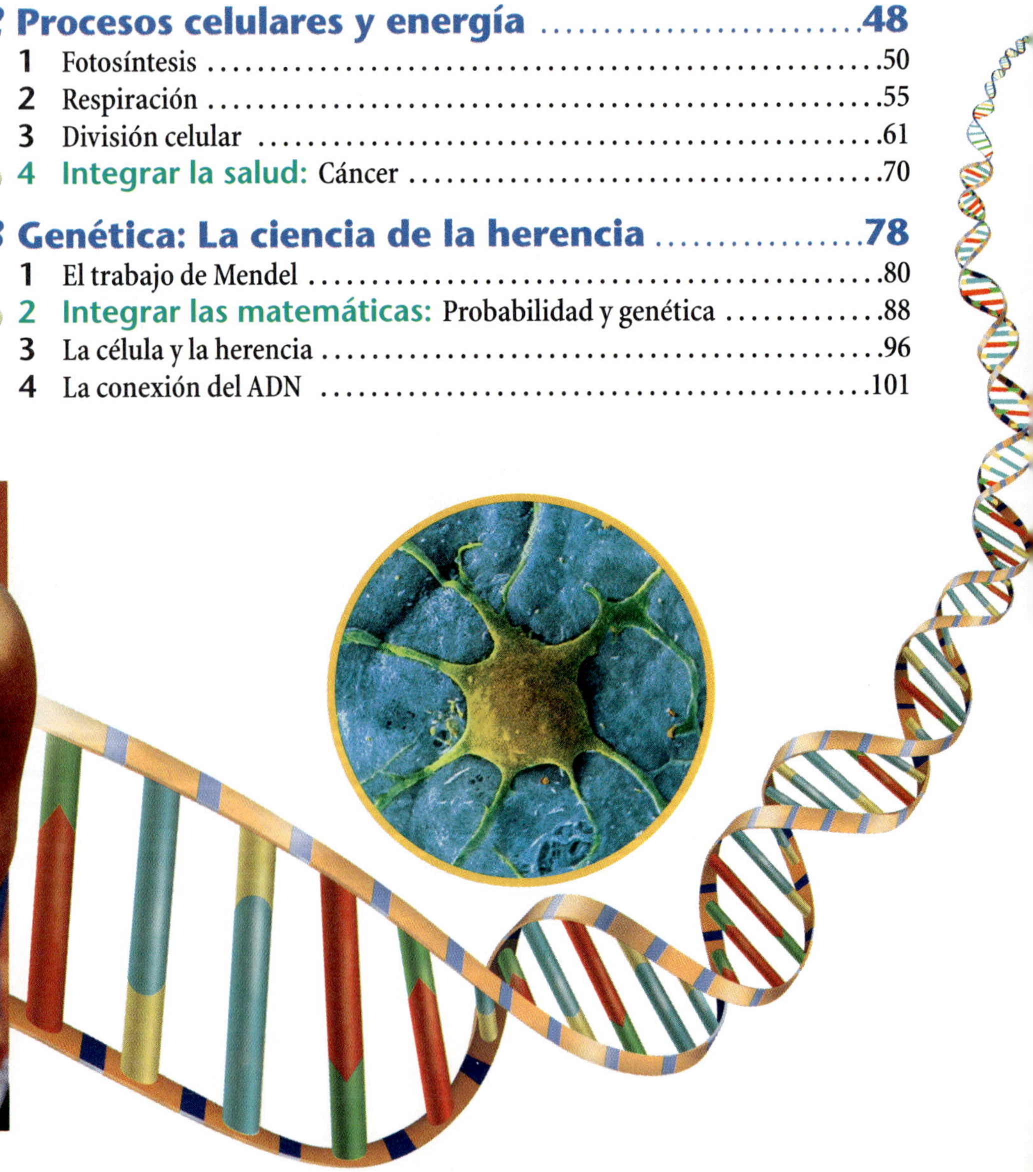

Actividades

Actividades de investigación

PROYECTO DEL CAPÍTULO

Investigación de largo plazo

DESCUBRE

Exploración e investigación antes de leer

Mejora tus destrezas

Práctica de destrezas específicas de la investigación científica

INTÉNTALO

Refuerzo de conceptos clave

Laboratorio de destrezas

Práctica detallada de las destrezas de investigación

Laboratorio real

Aplicación diaria de conceptos científicos

Actividades interdisciplinarias

Ciencias e historia

Ciencias y sociedad

Conexión

EXPLORAR

Exploración visual de conceptos

Los secretos de las células

Hace falta valor y determinación para seguir nuestros sueños y Lydia Villa-Komaroff aprendió esta lección al principio de su carrera. Descendiente de una familia de valerosas mujeres méxico-estadounidenses, recibió un gran ejemplo de su madre y de ambas abuelas. Este apoyo, así como el de su padre, la impulsó a seguir una carrera en ciencias y hoy, como bióloga molecular, la doctora Villa-Komaroff estudia el papel de las proteínas en el crecimiento y desarrollo de los seres vivos.

En 1976, Lydia formó parte de un equipo que realizaba trabajos en ingeniería genética, una técnica científica para transferir genes de un organismo a otro. En la actualidad, los científicos usan este método para producir medicamentos, tratar enfermedades y mejorar los cultivos. En la década de los 70, la ingeniería genética no era más que una idea novedosa y temida por muchas personas, quienes pensaban que podría tener consecuencias dañinas. De hecho, la ciudad donde Lydia trabajaba prohibió la ingeniería genética.

A fin de continuar su investigación, Lydia se vio obligada a mudar su laboratorio a otro estado, y pasó un año alejada de muchos de sus colegas y amigos. "Fue una época de gran frustración y soledad", recuerda.

Lydia Villa-Komaroff es vicepresidenta de Investigaciones en la Universidad del Noroeste en Chicago, Illinois. Obtuvo su doctorado en biología celular en el Instituto Tecnológico de Massachusetts. Ávida esquiadora y fotógrafa, Lydia también disfruta de la lectura, en particular novelas de misterio y biografías.

Sin embargo, su arduo trabajo dio frutos. La prohibición fue retirada y poco después, Lydia ayudó a descubrir un método para producir insulina, sustancia utilizada para tratar a enfermos de diabetes. El descubrimiento de la producción de insulina dio origen a una nueva industria, la biotecnología. Esto marcó un triunfo personal para Lydia. "Fue la época más emocionante de mi vida, en el campo científico", comenta. "Había muchas razones para suponer que no podíamos hacer insulina. Pero trazamos nuestros planes, lo intentamos y jamás ha habido, ni habrá otro experimento que haya resultado tan simple".

Aún falta descubrir muchos secretos de las células humanas y Lydia tiene la esperanza de proporcionar algunas pistas.

Entrevista con la Dra. Lydia Villa-Komaroff

P *¿Cómo llegó a interesarse en las ciencias?*

R Mi abuela mexicana se interesó mucho en la historia natural, en particular en las plantas. Solíamos hojear unos libros que contenían hermosas imágenes de plantas. Lo que realmente despertó mi interés fue, simplemente, seguirla por todas partes, aprender sobre las plantas de nuestro jardín y salir a recoger espinacas silvestres con ella.

P *¿Por qué eligió la carrera de biología?*

R En la universidad recibí un curso extraordinariamente interesante sobre biología del desarrollo. Cierta vez nos quedamos trabajando en el laboratorio durante 36 horas, para observar el desarrollo de las ranas. Lo normal habría sido estudiar el tema en un libro de texto, pero tuvimos la oportunidad de ver cómo ocurría en la realidad. Fue muy emocionante.

P *¿Qué hace un biólogo molecular?*

R Estudiamos el desarrollo en el nivel más básico: lo que ocurre dentro de una célula. Imagina que la célula es una casa, con distintas partes: cimientos, paredes, techo, montones de ladrillos, madera y alambres. Estoy interesada en descubrir cómo se forma esta estructura.

La doctora Villa-Komaroff explica su trabajo a un grupo de estudiantes.

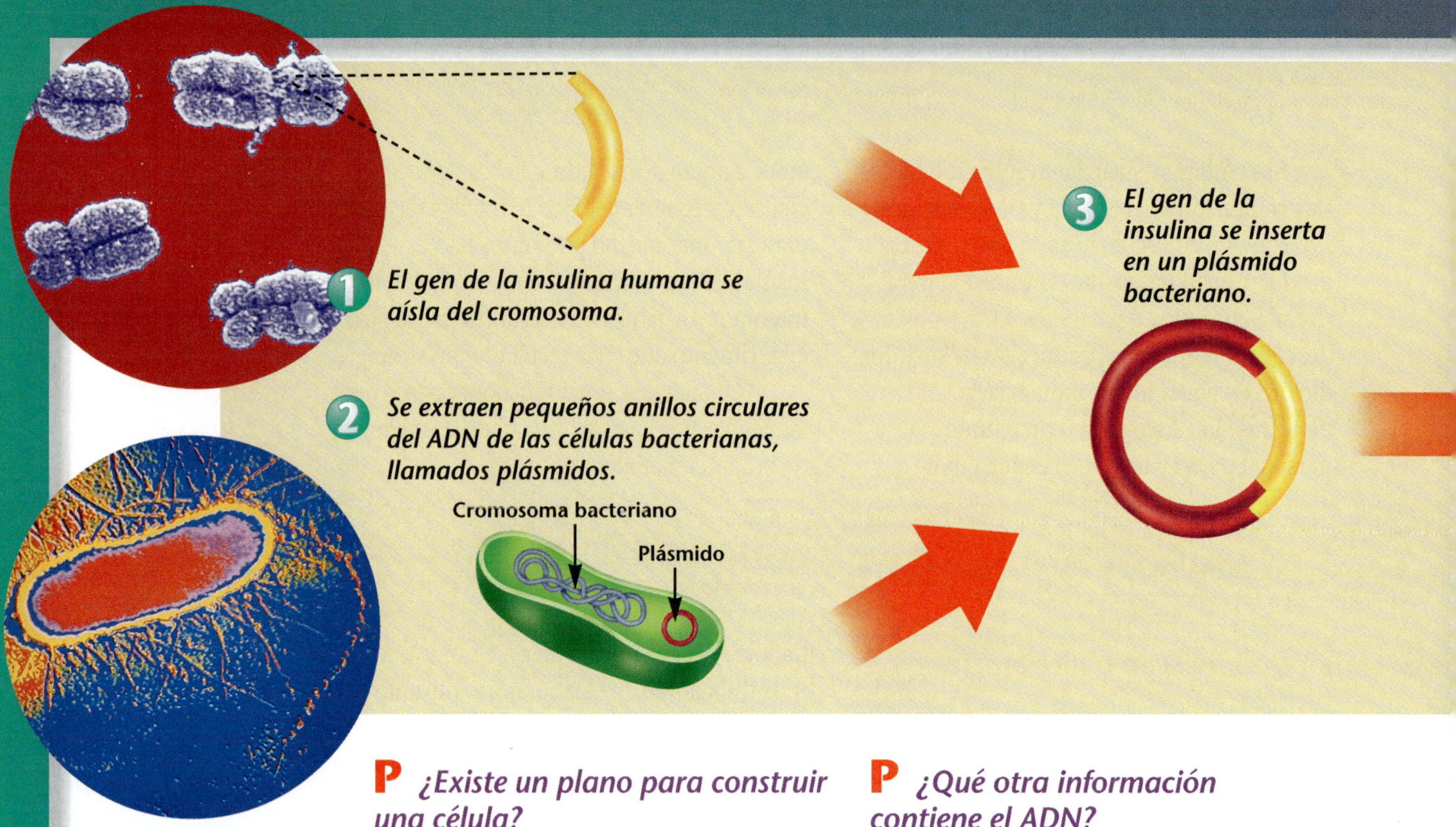

La doctora Villa-Komaroff fue pionera en el uso de la ingeniería genética para producir proteínas humanas, como la insulina.

P ¿Existe un plano para construir una célula?

R Las instrucciones están en el ADN, el material que se encuentra en el núcleo de la célula y contiene toda la información hereditaria que determina los rasgos, como el color de la piel y del cabello. La maquinaria, compuesta de proteínas, entra en acción y lee partes de esta información, denominada genes. A continuación, el ADN se copia en el ARN, un mensaje que viaja a la parte de la célula donde se lleva a cabo toda la actividad de construcción. Otras proteínas leen el mensaje y empiezan a producir los materiales que necesita la célula para funcionar.

P ¿Las proteínas son las herramientas o la estructura de la célula?

R En realidad, son ambas cosas. Las proteínas son las estructuras básicas de la célula, como si fueran los ladrillos y la argamasa de una casa. Sin embargo, también son la maquinaria que construye las células, como martillos y taladros. Las proteínas conforman y construyen la célula.

P ¿Qué otra información contiene el ADN?

R Contiene instrucciones codificadas para asegurar que la información correcta se utilice en el momento preciso. Si estuvieras construyendo una casa, no podrías poner el techo antes que las paredes. Así, por ejemplo, en la construcción del cuerpo humano es necesario que cierta parte de la cabeza esté lista antes que los ojos. Por eso es muy importante que una célula sepa qué información utilizar y cuándo debe usarla.

P ¿Cómo saben las células cuándo empezar o dejar de construir?

R Todavía no se sabe cómo se coordina este proceso. Hay ciertos genes que entendemos muy bien. Conocemos las señales que envían a la célula para indicar que es hora de convertirse en corazón o hígado. Pero ¿cómo sabe la célula cuándo utilizar la información y cuándo detenerse? Ésa es una de las grandes interrogantes que tratamos de responder.

4 *Los plásmidos que contienen el gen de insulina son asimilados por las células bacterianas. El gen ordena a la célula que produzca insulina.*

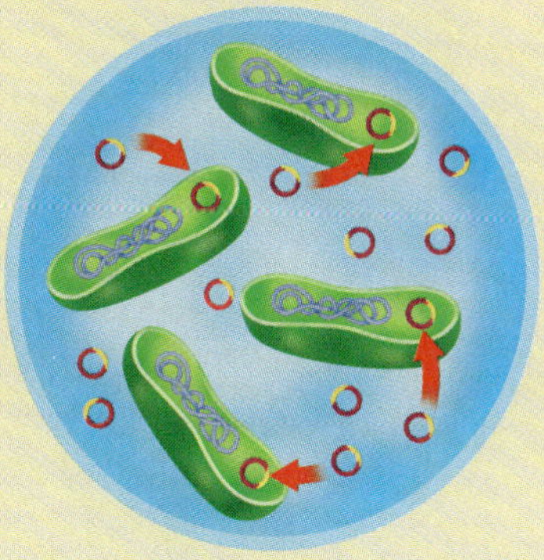

5 *Se recoge la insulina y se usa para tratar a personas con diabetes.*

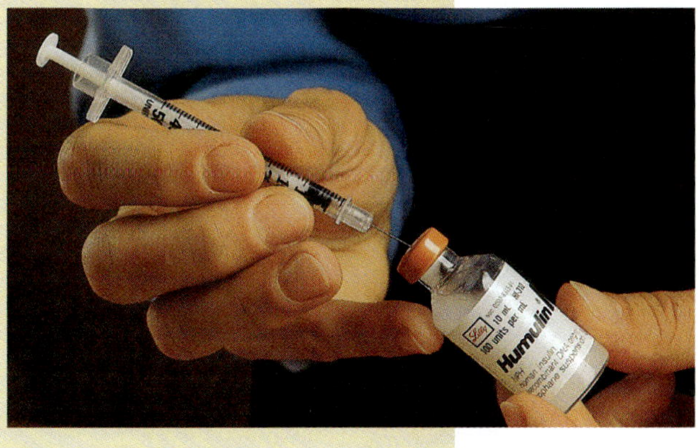

P ¿Cuál es la importancia de la técnica que desarrolló para producir insulina?

R Antes, los diabéticos recibían insulina de cerdo, pero esta sustancia es escasa y por consiguiente, costosa. El trabajo que realizamos demostró que es posible producir mucha insulina de bajo costo utilizando bacterias. Además, es insulina humana.

P ¿Cómo engañó a la célula para que produjera insulina?

R Aislamos el gen que contiene las instrucciones para producir insulina y lo insertamos en las bacterias. En esencia, engañamos a las bacterias para que creyeran que el gen era una de sus piezas de ADN. Después, las bacterias crearon el ARN adecuado y esto se tradujo en insulina.

P ¿Por qué no se dio por vencida cuando prohibieron las investigaciones?

R Nuestro trabajo era muy importante. Abandonarlo habría sido reconocer que la prohibición estaba justificada. Sabíamos que otros científicos estaban realizando la misma investigación y nadie gana una carrera dándose por vencido.

P ¿Alguna vez se sintió desalentada?

R Hubo momentos en que lo estuve, pero creo que eso le sucede a cualquier persona que trabaja en algo y no tiene la seguridad de alcanzar el éxito. Creo que siempre he iniciado un proyecto con la idea de hacer mi mejor esfuerzo.

P ¿Qué consejo daría a una persona que desea seguir una profesión en ciencias?

R Nadie está completamente seguro de lo que puede hacer, porque el mundo cambia muy rápido. Lo importante es encontrar algo que nos guste y aprenderlo bien. Si hacemos lo que nos gusta, aunque las cosas cambien en10 años, serán una extensión lógica de nuestros propios intereses.

En tu diario

Lydia, una joven científica, continuó su investigación en ingeniería genética a pesar de los obstáculos que entorpecían su labor. ¿Qué revelan sus actos en cuanto a la persona? Describe algunas características que, en tu opinión, ayudarían a un científico a tener éxito. ¿Por qué crees que serían importantes?

Capítulo 1

Estructura y función celular

Lo que encontrarás

Sección 1 Descubrir las células

Descubre ¿Ver es creer?
Mejora tus destrezas Observar

Sección 2 Mirar las células en detalle

Descubre ¿Qué tamaño tienen las células?
Inténtalo Célula de gelatina
Laboratorio de destrezas Vida aumentada

Sección 3 Compuestos químicos en células

Integrar la química

Descubre ¿Qué es un compuesto?
Inténtalo ¿Qué es ese sabor?
Laboratorio real ¿Qué hay en tu almuerzo?

El delgado cascarón de estos huevos controla el tipo de sustancias que pueden llegar al embrión de pollo en el interior.

PROYECTO 1

La célula en un huevo

¿Te has preguntado cómo respira un embrión de pollo dentro del huevo? El cascarón permite que el aire penetre hasta el pollo en desarrollo e impide el paso de casi cualquier otra sustancia. Así como el huevo debe controlar las sustancias que entran, todas las células de tu cuerpo hacen lo mismo.

En este capítulo aprenderás que todos los seres vivos están formados de células, desde una sola hasta billones de ellas. Verás la estructura de las células y cómo funcionan. Si entiendes lo que ocurre en las células, podrás responder las preguntas más importantes sobre la vida. Puedes empezar tus descubrimientos de inmediato, estudiando un objeto cotidiano que sirve como modelo de una célula: el huevo.

Tu objetivo Aprender cómo distintas sustancias entran y salen de una célula, usando un huevo como modelo de una célula.

Para completar este proyecto con éxito, tendrás que:

- observar lo que sucede cuando remojas un huevo en vinagre, luego en agua, colorante artificial, agua salada y por último, en un líquido de tu elección
- medir la circunferencia del huevo todos los días y hacer una gráfica de los resultados
- explicar los cambios que sufrió el huevo
- seguir los lineamientos de seguridad del Apéndice A

Para empezar Predice qué sucederá cuando dejes un huevo en vinagre durante dos días. ¿Cómo los otros líquidos afectan al huevo? Busca un sitio para dejar el huevo sin que nadie lo toque. Luego, ¡empieza tu experimento!

Comprueba tu aprendizaje Trabajarás en este proyecto mientras estudias el capítulo. Para mantener tu proyecto en marcha, revisa los cuadros de Comprueba tu aprendizaje en los puntos siguientes:

Repaso de la Sección 1, página 22: Toma medidas y anótalas.
Repaso de la Sección 2, página 31: Prueba con varios líquidos.
Repaso de la Sección 4, página 44: Grafica los datos y concluye.

Para terminar Al final del capítulo (página 47) presentarás el huevo y compartirás tus resultados con la clase.

SECCIÓN 4 **La célula en su ambiente**

Descubre ¿Cómo se mueven las moléculas?
Inténtalo Difusión en acción

SECCIÓN 1 Descubrir las células

DESCUBRE ACTIVIDAD

¿Ver es creer?

1. Recorta una foto en blanco y negro de un diario. Examina la imagen detenidamente, sólo con tus ojos. Anota tus observaciones.
2. Examina la misma foto con una lupa. Anota tus observaciones.
3. Coloca la foto en el portaobjetos de un microscopio. Sujeta la foto con sujetapapeles. Dirige un haz de luz hacia la foto. Enfoca el microscopio en la parte iluminada de la foto. (El Apéndice B ofrece instrucciones para utilizar un microscopio.) Anota tus observaciones.

Reflexiona sobre

Observar ¿Qué viste en la foto con la lupa y el microscopio, que no pudiste percibir a simple vista?

GUÍA DE LECTURA

- **¿De qué manera el descubrimiento del microscopio contribuyó a que los científicos entendieran los seres vivos?**
- **¿Qué es la teoría celular?**
- **¿De qué manera una lente amplifica los objetos?**

Sugerencia de lectura **Al leer, crea un diagrama de flujo que muestre cómo las contribuciones de varios científicos condujeron al desarrollo de la teoría celular.**

Un majestuoso roble te cubre con su sombra durante un soleado día en el parque. Un enorme rinoceronte se aproxima a mirarte en el zoológico. Después de una tormenta, brotan hongos en los bosques húmedos. ¿Qué tienen en común el roble, el rinoceronte y los hongos? Podrías decir que todos son seres vivos. ¿En qué se parecen estos seres vivos y muchos otros? Si dices que están hechos de células, tienes razón.

Las **células** son las unidades básicas de la estructura y del funcionamiento de los seres vivos. Así como los ladrillos son los bloques de construcción de una casa o escuela, las células son elementos básicos de la vida. Como estás vivo, también estás constituido por células. Observa con atención la piel de tu brazo. No importa cuánto te esfuerces por usar

Figura 1 Este edificio está hecho de ladrillos individuales. Del mismo modo, todos los seres vivos están hechos de células individuales.

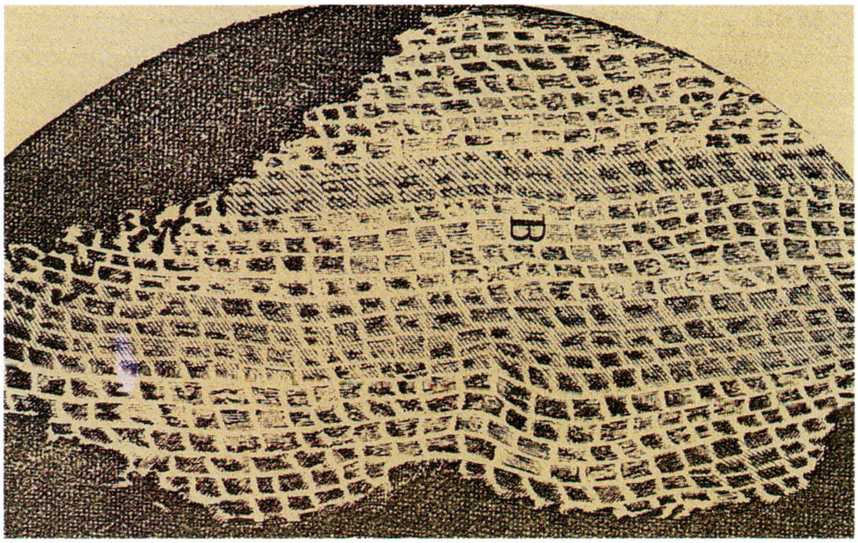

Figura 2 Robert Hooke realizó este dibujo de las células muertas del corcho que vio a través de su microscopio. Hooke llamó *células* a estas estructuras, porque le recordaban diminutas habitaciones. **Comparar y contrastar** *¿En qué se parecen las células a los ladrillos de un edificio? ¿Cuáles son sus diferencias?*

tus ojos solamente, no podrás ver las células individuales que forman la piel. La razón es que son tan pequeñas que un centímetro cuadrado de piel contiene más de 100,000 células.

La primera mirada a las células

Hasta fines del siglo XVI era imposible ver las células; ni siquiera se sabía que existían. Alrededor de 1590, la invención del microscopio permitió a las personas ver objetos muy pequeños. **La invención del microscopio hizo posible descubrir y estudiar las células.**

Un **microscopio** es un instrumento que amplifica los objetos pequeños. Algunos microscopios funcionan con lentes pequeñas que enfocan la luz. Las lentes de los microscopios de luz son parecidas a los trozos de vidrio, curvos y transparentes, que se usan en los anteojos. El microscopio simple contiene una sola lente. La lupa es un ejemplo de este tipo de microscopio. El microscopio de luz tiene más de una lente y por eso recibe el nombre de **microscopio compuesto.**

Robert Hooke Una de las primeras personas en observar las células fue el científico e inventor inglés Robert Hooke. En 1663, Hooke observó la estructura de una delgada capa de corcho, utilizando un microscopio compuesto que él mismo construyó. El corcho, que es la corteza del árbol del mismo nombre, está formado de células muertas. Para Hooke, el corcho parecía un conjunto de minúsculas habitaciones rectangulares, a las cuales llamó *células*. Hooke describió así sus observaciones: "Estos poros o células no son muy profundos…" Puedes ver el dibujo de las células de corcho de Hooke en la Figura 2. Lo que más asombró a Hooke fue la cantidad de células que contenía el corcho. Calculó que una pulgada cúbica tenía alrededor de cien millones de células, cifra que le pareció "de lo más increíble".

Anton van Leeuwenhoek Casi al mismo tiempo que Robert Hooke realizó su descubrimiento, Anton van Leeuwenhoek comenzó a observar objetos pequeños con microscopios. Leeuwenhoek era un comerciante y científico aficionado de nacionalidad holandesa, quien fabricaba sus propias lentes y las usaba para construir microscopios simples.

Una de las cosas que observó Leeuwenhoek fue el agua de un estanque. Se sorprendió al encontrar organismos unicelulares, que llamó *animaléculos*, o "pequeños animales". Leeuwenhoek observó muchos otros

CIENCIAS e Historia

El microscopio: Mejoras a través del tiempo

El descubrimiento de las células no habría sido posible sin el microscopio. Los microscopios han mejorado mucho en los últimos 400 años.

1660

Microscopio compuesto de Hooke

Robert Hooke mejoró el microscopio compuesto. Agregó a la base de la derecha un recipiente de aceite para una llama, la cual iluminaba la muestra que se encontraba bajo el microscopio.

1600 — **1750**

1590

Primer microscopio compuesto

Hans Janssen y su hijo Zacharias, fabricantes holandeses de anteojos, crearon uno de los primeros microscopios compuestos. Su microscopio era simplemente un tubo con una lente en cada extremo.

1683

Microscopio simple de Leeuwenhoek

Aunque el microscopio simple de Leeuwenhoek utilizaba sólo una diminuta lente, podía amplificar la muestra hasta 266 veces. Leeuwenhoek fue la primera persona que vio muchos organismos unicelulares, incluyendo bacterias.

especímenes, incluidas limaduras de dientes. Cuando Leeuwenhoek observó dichas limaduras, fue el primero en ver minúsculos organismos unicelulares que hoy conocemos como bacterias. Los múltiples descubrimientos de Leeuwenhoek llamaron la atención de otros investigadores y muchas personas comenzaron a utilizar microscopios para ver qué secretos de las células podían desentrañar.

☑ **Punto clave** ***¿Qué diferencias hay entre el microscopio simple y el microscopio compuesto?***

En tu diario

Selecciona uno de los microscopios. Escribe un anuncio que podría aparecer en una revista científica popular. Usa tu creatividad. Resalta la utilidad del microscopio o describe las maravillas que permite ver.

1886

Moderno microscopio de luz compuesto

Los científicos alemanes Ernst Abbé y Carl Zeiss construyeron un microscopio de luz compuesto muy parecido a éste. La base, con forma de herradura, da estabilidad al microscopio. El espejo de la parte inferior dirige el haz de luz a través de la muestra. Los modernos microscopios de luz compuestos amplifican hasta 1,000 veces.

1900

1933

Microscopio de transmisión electrónico (MTE)

El físico alemán Ernst Ruska creó el primer microscopio electrónico. Los MTE envían electrones por la delgada rebanada de una muestra. Sólo sirven para estudiar especímenes muertos, pero permiten ver estructuras celulares internas. Amplifican hasta 500,000 veces.

1965

Microscopio de registro electrónico (MRE)

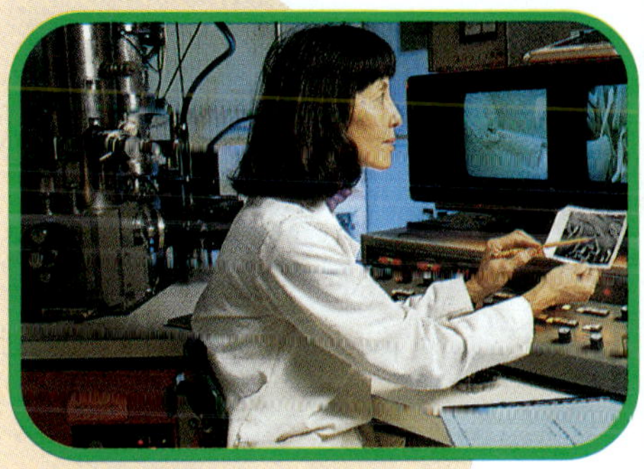

Se produce el primer MRE comercial. Este microscopio envía un flujo de electrones sobre la superficie de la muestra, en vez de atravesarla. Genera una imagen tridimensional detallada de la superficie de la muestra. Amplifican hasta 150,000 veces.

1981

Microscopio para rastreo de túneles (MRT)

Un MRT mide la cantidad de electrones que escapan o hacen un "túnel" desde la superficie de la muestra. Muestran moléculas individuales en la capa exterior de una célula. Amplifican hasta 1,000,000 veces.

2050

Figura 3 La teoría celular sostiene que todos los seres vivos, incluidas esta jirafa y la hoja que consume, están formados por células.

La teoría celular

Con el paso de los años, los científicos han seguido usando y mejorando el microscopio. Han descubierto toda clase de seres vivos formados por células. En 1838, un científico alemán de nombre Matthias Schleiden llegó a la conclusión de que las plantas están formadas por células. Fundamentó su conclusión en sus propias investigaciones y los trabajos de científicos anteriores a él. Al año siguiente otro científico alemán, Theodor Schwann, concluyó que todos los animales también están formados por células. Por consiguiente, agregó Schwann, todos los seres vivos están formados por células.

Schleiden y Schwann habían realizado un importante descubrimiento sobre los seres vivos. Sin embargo, no entendían de dónde provenían las células. En su época, la mayoría de las personas pensaba que los seres vivos procedían de materia inerte. En 1855, un médico alemán, Rudolf Virchow propuso que las células existentes formaban nuevas células. "Todas las células provienen de células", escribió Virchow.

Las observaciones y conclusiones de Hooke, Leeuwenhoek, Schleiden, Schwann, Virchow y otros científicos condujeron al desarrollo de la **teoría celular.** La teoría celular es una explicación ampliamente aceptada de las relaciones entre las células y los seres vivos. **La teoría celular afirma que:**

- **Todos los seres vivos están formados por células.**
- **Las células son la unidad básica de estructura y funcionamiento de los seres vivos.**
- **Todas las células son producidas por células.**

La teoría celular es válida para todos los seres vivos, sin importar cuán grandes o pequeños sean. Como las células son una característica común a todos los seres vivos, pueden proporcionar información sobre la vida. Debido a que todas las células se derivan de otras células, los científicos pueden estudiarlas para aprender más sobre crecimiento, reproducción y todas las demás funciones que realizan los seres vivos.

☑ ***Punto clave*** *¿Cuál fue la conclusión de Schleiden y Schwann respecto de las células?*

Cómo funciona el microscopio de luz

INTEGRAR LA FÍSICA Los microscopios utilizan lentes para agrandar el aspecto de los objetos pequeños. Pero agrandar la imagen de un objeto pequeño no tiene utilidad si no puedes apreciar los detalles. Para que el microscopio tenga utilidad científica, debe combinar dos propiedades importantes: aumento y resolución.

Aumento La primera propiedad, el **aumento,** es la capacidad de hacer que las cosas se vean más grandes de lo que son. **La lente o lentes del microscopio de luz aumentan un objeto al desviar el haz de luz que pasa a través de ellas.** Si examinas una lupa, verás que el vidrio es curvo en vez de plano. El centro de la lente es más grueso que los bordes. Una lente que tiene esta forma curva se llama **lente convexa.** Observa la Figura 4 para ver cómo se desvía la luz en una lente convexa. La luz que pasa a través de los lados de la lente se desvía hacia adentro y cuando llega al ojo, éste percibe el objeto con un tamaño mayor del que tiene en realidad.

Debido a que el microscopio compuesto usa más de una lente, puede aumentar aun más los objetos. La luz pasa a través de la muestra y luego por dos lentes. La Figura 4 también muestra el camino de la luz a través de un microscopio compuesto. La primera lente, cercana a la muestra, aumenta el objeto. La segunda lente, cercana al ojo, aumenta todavía más la imagen. El aumento total del microscopio es igual a los aumentos de las lentes multiplicados entre sí. Por ejemplo, si la primera lente tiene un aumento de 10 y la segunda tiene un aumento de 40, el aumento total del microscopio es de 400.

Mejora tus destrezas

Observar ACTIVIDAD

1. Coloca en el portaobjetos del microscopio una platina preparada con un corte de corcho.
2. Observa el corte con bajo aumento. Haz un dibujo de lo que ves.
3. Deposita unas gotas de agua de estanque en otro portaobjetos y coloca el cubreobjetos.
4. Observa el portaobjetos con bajo aumento. Dibuja lo que ves. Lávate las manos después de manipular el agua del estanque.

Observar ¿Cómo se compara tu dibujo del Paso 2 con el de Hooke en la Figura 2? Con base en tus observaciones del Paso 4, explica por qué Leeuwenhoek llamó "pequeños animales" a los organismos que vio.

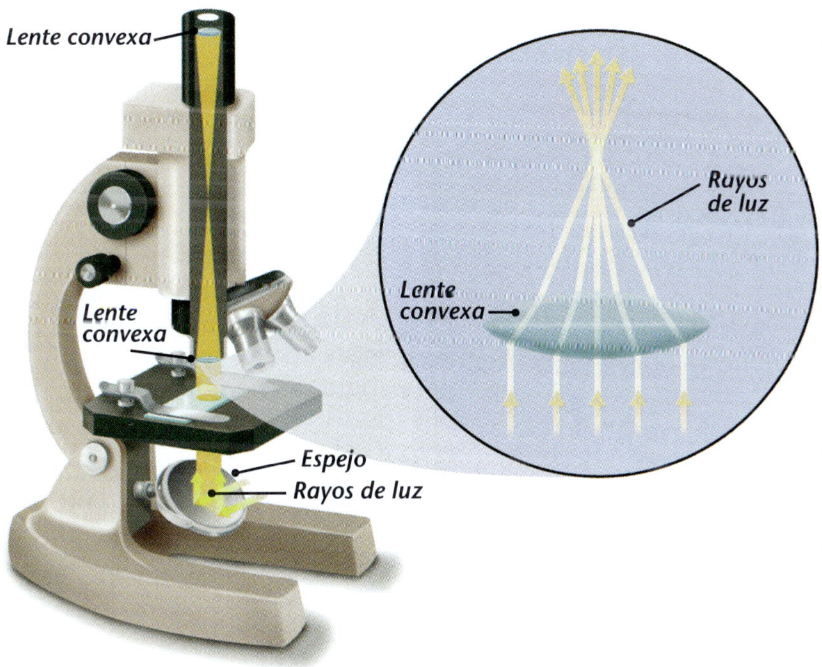

Figura 4 Los microscopios usan lentes para agrandar objetos. Un microscopio compuesto tiene dos lentes convexas. Cada una desvía el haz de luz, haciendo que la imagen sea más grande. ***Calcular*** *Si una lente tiene 10 aumentos y la otra 50, ¿cuál será el aumento total?*

Resolución Para crear una imagen útil, el microscopio también debe ayudarte a ver las partes con claridad. La capacidad para distinguir claramente las partes de un objeto se denomina **resolución.** La resolución es otro nombre para la nitidez o claridad de una imagen.

Por ejemplo, cuando usas tus ojos para observar la fotografía de un periódico, ésta parece una imagen completa de un extremo a otro. Sin embargo, en realidad la fotografía se compone de una colección de pequeños puntos. A simple vista, dos minúsculos puntos muy cercanos entre sí parecen uno, pero si pones la foto bajo el microscopio, verás los puntos. Puedes ver los puntos no sólo porque han sido aumentados, sino también porque el microscopio mejora la resolución. No hace falta una buena resolución —la capacidad para percibir detalles finos— cuando lees el periódico, mas es justo lo que necesitas para estudiar las células.

Figura 5 Este piojo, aferrado a un cabello humano, fue fotografiado con un microscopio electrónico de rastreo. Se amplificó a 80 veces su tamaño real.

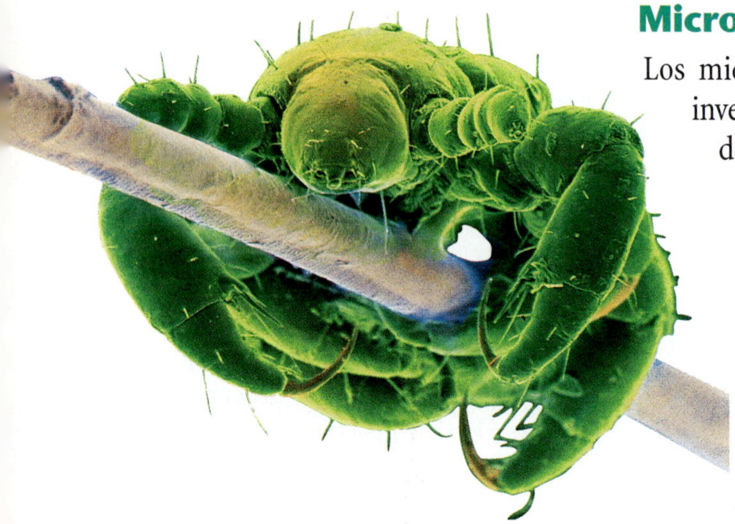

Microscopios electrónicos

Los microscopios que usaron Hooke, Leeuwenhoek y otros investigadores de antaño eran microscopios de luz. Desde la década de 1930, los científicos han desarrollado distintas clases de microscopios electrónicos. Los microscopios electrónicos examinan la muestra utilizando un haz de electrones en vez de luz. Los electrones son diminutas partículas más pequeñas que un átomo. Debido a que utilizan minúsculos electrones para producir imágenes, la resolución de los microscopios electrónicos es mucho mejor que la de los microscopios de luz. Conforme mejore la tecnología de microscopios, los científicos podrán aprender más sobre la estructura y función de las células.

Repaso de la sección 1

1. ¿De qué manera la invención del microscopio modificó la forma como los científicos entendían a los seres vivos?
2. Explica las tres ideas principales de la teoría celular.
3. ¿De qué forma el microscopio compuesto utiliza lentes para aumentar un objeto?
4. Explica por qué el aumento y la resolución son importantes para visualizar un objeto pequeño con un microscopio.
5. **Razonamiento crítico** **Aplicar los conceptos** ¿Por qué los científicos aprenden más sobre las células cada vez que hay una mejora en el microscopio?

PROYECTO DEL CAPÍTULO 1

Comprueba tu aprendizaje

Ya debes haber iniciado tu experimento, poniendo a remojar un huevo crudo en vinagre. Déjalo ahí por 2 días. Cada día, enjuágalo con agua y mide su circunferencia. Anota todas tus observaciones. (*Sugerencia*: Manipula el huevo con cuidado. Si lo rompes, no te des por vencido ni elimines tus datos. Vuelve a empezar con otro huevo y sigue investigando.)

SECCIÓN 2 Mirar las células en detalle

DESCUBRE ACTIVIDAD

¿Qué tamaño tienen las células?

1. Observa el organismo de la foto. Se trata de un organismo unicelular llamado amiba. Esta clase de amiba mide alrededor de 1 milímetro (mm) de largo.
2. Multiplica tu estatura en metros por 1,000 para conocer tu estatura en milímetros. ¿Cuántas amibas tendrías que apilar, de extremo a extremo, para lograr una cadena de tu tamaño?
3. Muchas de las células de tu cuerpo miden como 0.01 mm de longitud, un centésimo del tamaño de una amiba. ¿Cuántas células tendrías que apilar, de extremo a extremo, para alcanzar tu tamaño?

Reflexiona sobre

Inferir Observa la regla métrica para determinar cuán pequeño es 1 mm. Ahora imagina una distancia de un centésimo de milímetro o 0.01 mm. ¿Por qué no puedes ver las células de tu cuerpo sin la ayuda de un microscopio?

Imagina que estás en California, parado junto a una secoya gigante. Tienes que echar la cabeza atrás para ver la copa del árbol. ¡Algunos de estos árboles miden más de 110 metros de alto y tienen una circunferencia de más de 10 metros! ¿Cómo es posible que crezcan tanto? ¿Cómo realizan todas las funciones necesarias para sobrevivir?

Estás a punto de iniciar un extraño viaje imaginario que te permitirá responder estas preguntas y aprender muchas otras cosas sobre los seres vivos. El recorrido será bastante inusual, pues recorrerás el interior de una secoya viva y visitarás sus diminutas células. En el viaje observarás algunas estructuras de las células vegetales. También conocerás algunas de las diferencias entre las células vegetales y animales.

GUÍA DE LECTURA

- **¿Cuál es la función del núcleo y de la membrana celular?**
- **¿Qué funciones realizan los otros organelos de la célula?**
- **¿En qué difieren las células bacterianas de las vegetales y animales?**

Sugerencia de lectura **Antes de leer, revisa *Explorar las células vegetales y animales*, páginas 26–27. Haz una lista de los términos desconocidos. Durante la lectura, escribe la definición de cada uno.**

◄ Una secoya gigante

Figura 6 Todas las células tienen membranas celulares, pero no todas tienen paredes celulares. **A.** La membrana celular de este paramecio unicelular controla las sustancias que entran y salen de la célula. **B.** Las paredes celulares de estas células de raíz de cebolla se tiñeron de verde para que puedas verlas con claridad. Las paredes celulares protegen y dan sostén a las células vegetales.

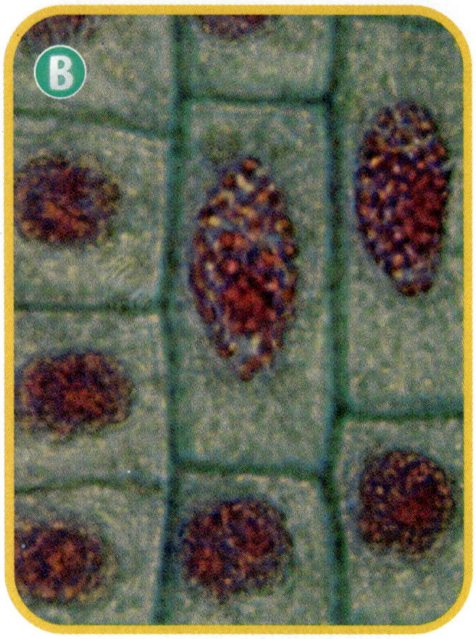

Como descubrirás en tu viaje, hay estructuras aún más pequeñas en el interior de la célula. Estas minúsculas estructuras celulares, llamadas **organelos,** realizan funciones específicas dentro de la célula. Así como tu estómago, pulmones y corazón tienen distintas funciones en el cuerpo, cada organelo tiene una función diferente dentro de la célula. Puedes ver los organelos de las células vegetales y animales en *Explorar las células vegetales y animales,* páginas 26 y 27. Ha llegado el momento de abordar el barco imaginario y prepararte para entrar en una célula vegetal típica.

Pared celular

Es bastante difícil entrar en la célula de una planta. Primero, debes pasar a través de la pared celular. La **pared celular** es una capa rígida de material inerte que rodea a las células de las plantas y de otros organismos. La pared celular está compuesta de un material resistente, pero flexible llamado celulosa. Piensa en un escritorio de madera y tendrás una idea muy aproximada de lo que es la celulosa. La madera contiene gran cantidad de celulosa.

Las células de plantas y algunos otros organismos poseen paredes celulares. En contraste, las células animales y de otros organismos carecen de ellas. La pared celular de una planta sirve para proteger y dar sostén a la célula. En las plantas leñosas, las paredes celulares son muy rígidas. Es por eso que las secoyas pueden crecer tanto. Cada pared celular fortalece la estructura del árbol. Aunque la pared celular es rígida, hay muchos materiales como el agua y el oxígeno que la atraviesan con facilidad. Así que navega a través de la pared celular y entra en la célula.

☑ *Punto clave* ***¿Cuál es la función de la pared celular?***

Membrana celular

Al pasar a través de la pared celular, encontrarás otra estructura llamada **membrana celular**. Todas las células tienen membranas celulares. En las células que poseen pared celular, la membrana celular es el límite exterior que separa la célula de su ambiente.

Conforme tu barco se aproxime a la membrana celular, podrás ver pequeñas aberturas o poros en dicha membrana. Guías la embarcación hacia una abertura. De pronto, el barco se salva de ser golpeado por un trozo de material de desecho que sale de la célula. **Has descubierto una de las principales funciones de la membrana celular: controlar las sustancias que entran y salen de la célula.**

Todo lo que necesita la célula, desde alimento hasta oxígeno, tiene que pasar por la membrana celular. Asimismo, los productos dañinos salen de la célula a través de la membrana. La membrana celular debe permitir que estos materiales entren y salgan de la célula, para asegurar su supervivencia. De cierta manera, la membrana celular es como un mosquitero. La malla impide que los insectos entren en la habitación, pero sus orificios dejan que el aire entre y salga libremente.

Artes del lenguaje CONEXIÓN

Los escritores a menudo utilizan analogías para que los lectores comprendan ideas desconocidas. En una analogía, el escritor explica algo comparándolo con otra cosa similar que el lector conoce. Por ejemplo, el autor de este libro de texto describe la membrana celular haciendo una analogía con un mosquitero. La analogía ayuda a que el lector entienda que la membrana celular es el límite que separa a la célula del ambiente exterior.

En tu diario

Identifica otras analogías del autor. Luego elige dos partes de la célula descritas en esta sección. Escribe una analogía de cada una para explicar su estructura o función.

Núcleo

Al navegar dentro de la célula, aparece ante ti una gran estructura ovalada. Esta estructura, llamada **núcleo,** actúa como el "cerebro" de la célula. **Piensa en el núcleo como el centro de control que dirige todas las actividades de la célula.**

Membrana nuclear En la Figura 7 puedes observar que el núcleo está rodeado por una membrana. Del mismo modo que la membrana celular protege la célula, la membrana nuclear da protección al núcleo. Distintos materiales entran y salen del núcleo por las pequeñas aberturas o poros de la membrana nuclear. Así que enfílate hacia el poro que está enfrente y deslízate con cuidado al interior del núcleo.

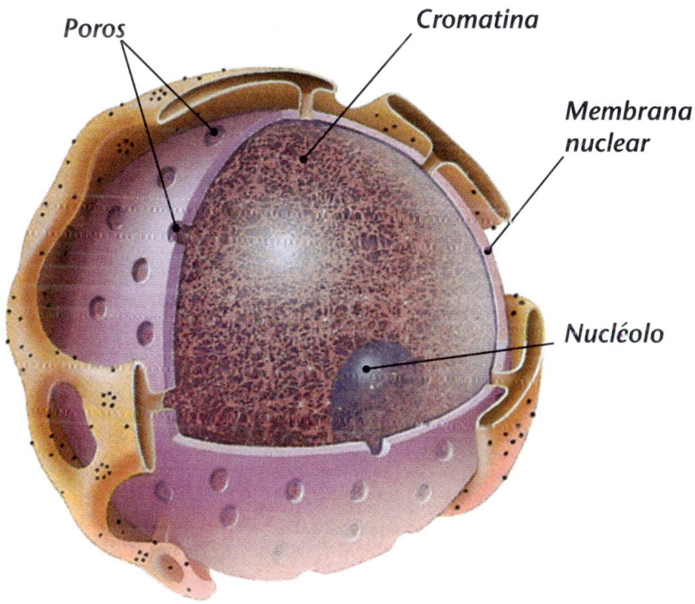

Figura 7 El núcleo es el centro de control de la célula. La cromatina del núcleo contiene instrucciones para llevar a cabo las actividades de la célula. **Interpretar diagramas** *¿De qué forma entran y salen materiales del núcleo?*

EXPLORAR *las células vegetales y animales*

En estas páginas podrás comparar las estructuras de dos clases de células: células vegetales y células animales. Mientras estudias estas células, recuerda que se trata de células generalizadas. La forma y estructura de las células varía un poco en los organismos vivos.

CÉLULA VEGETAL

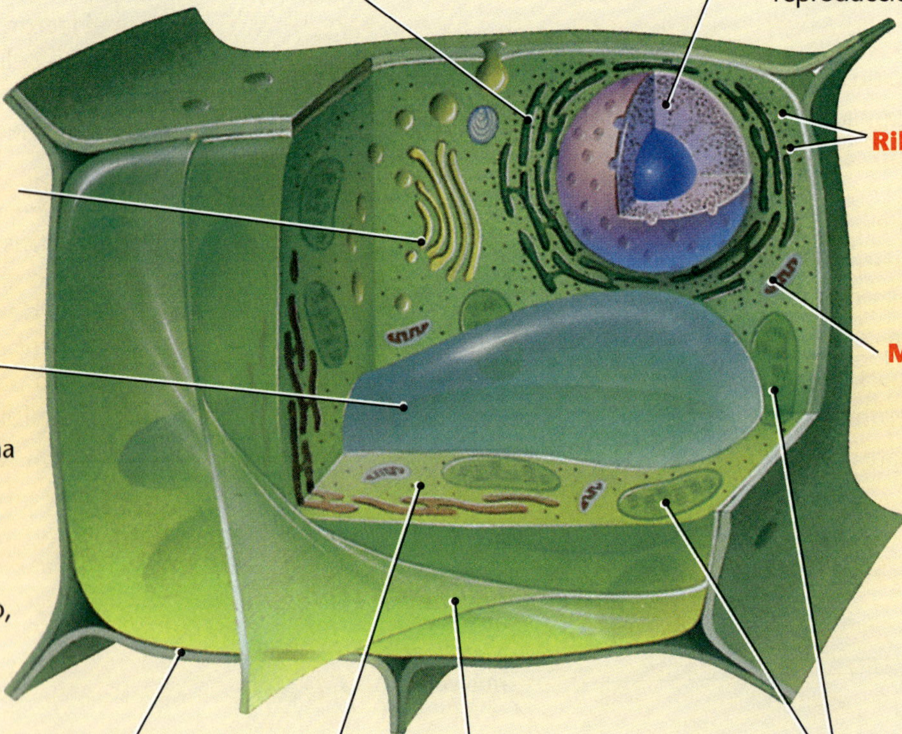

Retículo endoplásmico
Esta red de pasadizos transporta materiales de una parte de la célula a otra.

Núcleo
Todas las células vegetales tienen un núcleo. El núcleo dirige todas las actividades de la célula, incluida la reproducción.

Aparato de Golgi

Ribosomas

Vacuola
Casi todas las células vegetales maduras tienen una gran vacuola. Esta bolsa se encuentra dentro del citoplasma y almacena alimento, productos de desecho y otros materiales.

Mitocondria

Pared celular
La célula vegetal tiene una pared rígida que rodea la membrana celular, dando a la célula una forma de caja rectangular rígida.

Citoplasma

Cloroplastos
Estos organelos atrapan la energía solar y la utilizan para producir alimento para la célula.

Membrana celular
La membrana celular protege a la célula y regula el paso de las sustancias que entran y salen.

CÉLULA ANIMAL

Vacuola
Algunas células animales tienen vacuolas para almacenar alimento, agua, desperdicios y otros materiales.

Aparato de Golgi
El aparato de Golgi recibe materiales a través del retículo endoplásmico y los envía a otras partes de la célula.

Citoplasma
El citoplasma es el área que se extiende entre la membrana celular y el núcleo. Contiene un líquido gelatinoso donde se encuentran los distintos organelos.

Mitocondrias
La mayor parte de la energía celular se produce en estos organelos con forma de bastón.

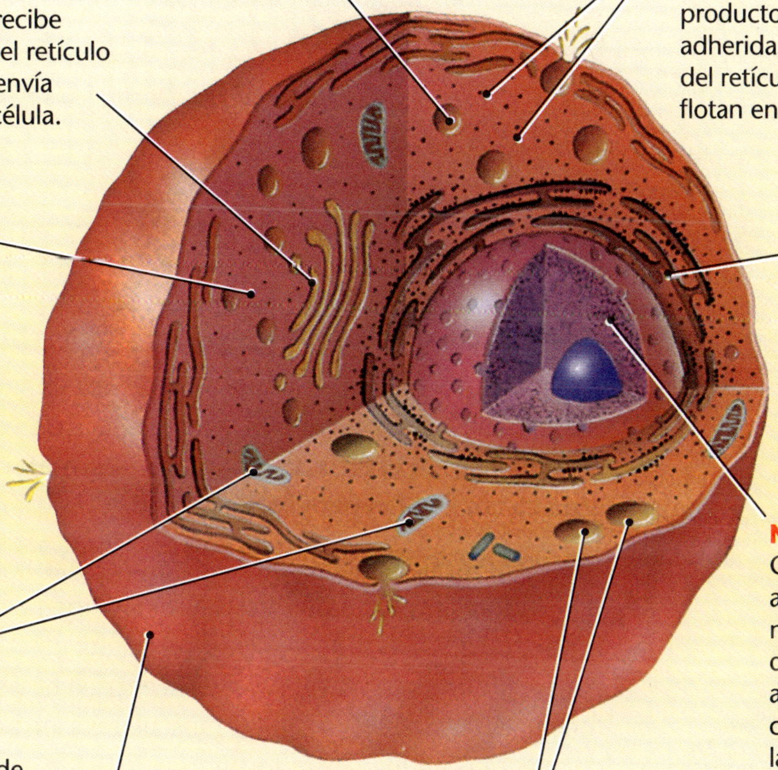

Ribosomas
Estas pequeñas estructuras actúan como fábricas productoras de proteínas. Están adheridas a la superficie exterior del retículo endoplásmico, o flotan en el citoplasma.

Retículo endoplásmico

Núcleo
Casi todas las células animales tienen un núcleo. El núcleo dirige todas las actividades de la célula, incluida la reproducción.

Membrana celular
Como la célula animal carece de pared celular, la membrana forma una barrera entre el citoplasma y el ambiente que rodea a la célula.

Lisosomas
Estos pequeños organelos de muchas células animales, contienen sustancias químicas que degradan las partículas de alimento y los elementos celulares envejecidos.

Cromatina Quizá te preguntes cómo "sabe" el núcleo de qué manera debe dirigir a la célula. La respuesta está en los delgados filamentos que flotan en la parte frontal del núcleo. Estos filamentos, llamados **cromatina,** contienen material genético que son las instrucciones que dirigen las funciones celulares. Por ejemplo, las instrucciones de la cromatina aseguran que las células de las hojas crezcan y se dividan para formar células de hojas nuevas. El material genético se transfiere a cada célula nueva cuando la célula anterior se divide. Aprenderás más sobre la división celular en el Capítulo 2.

Nucléolo Al prepararte para salir del núcleo, observas un pequeño objeto que flota ccrca de allí. Esta estructura, el nucléolo, es la que produce ribosomas. Los ribosomas son los organelos que producen proteínas.

☑ *Punto clave* ***¿En qué parte del núcleo se encuentra el material genético?***

Los organelos del citoplasma

Cuando sales del núcleo, te encuentras en el **citoplasma**, la región que se extiende entre la membrana celular y el núcleo. Tu barco flota en un líquido gelatinoso claro y espeso. El líquido del citoplasma está en constante movimiento, así que no necesitas impulsar tu embarcación. Hay muchos organelos en el citoplasma. **Los organelos producen energía, construyen y transportan los materiales necesarios, y almacenan y reciclan desechos.**

Mitocondrias Cuando llegas al citoplasma, ves frente al barco unas estructuras con forma de bastón. Estos organelos se conocen como **mitocondrias.** Las mitocondrias son las "fuentes de poder" de la célula, porque producen la mayor parte de la energía necesaria para realizar las funciones celulares. Las células musculares y otras células muy activas tienen gran cantidad de mitocondrias.

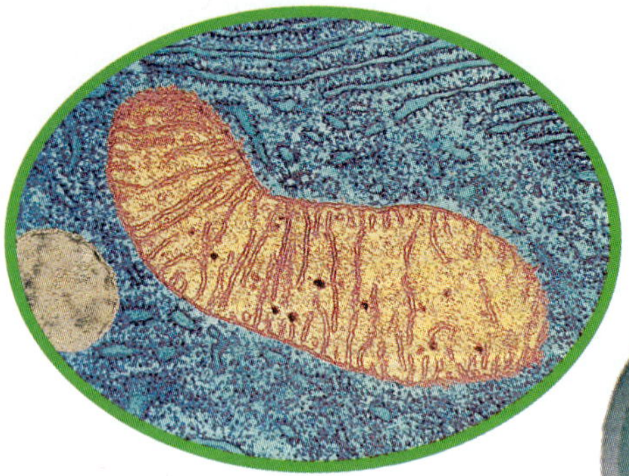

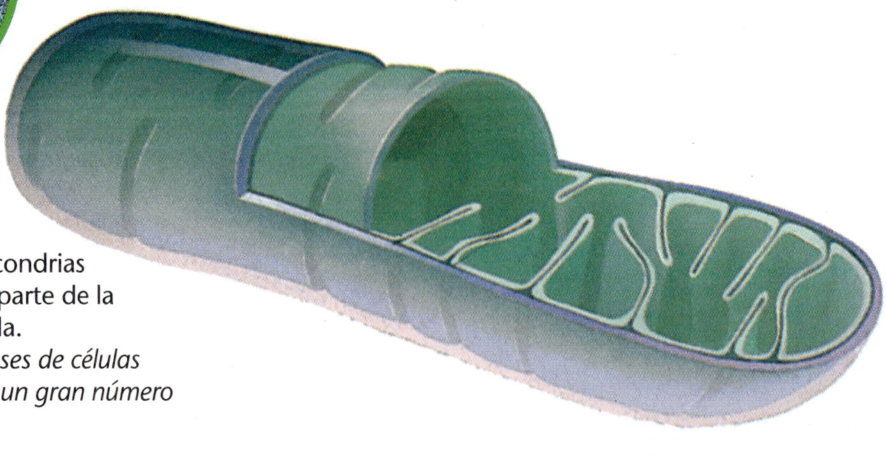

Figura 8 Las mitocondrias producen la mayor parte de la energía de una célula.
Predecir ¿En qué clases de células esperarías encontrar un gran número de mitocondrias?

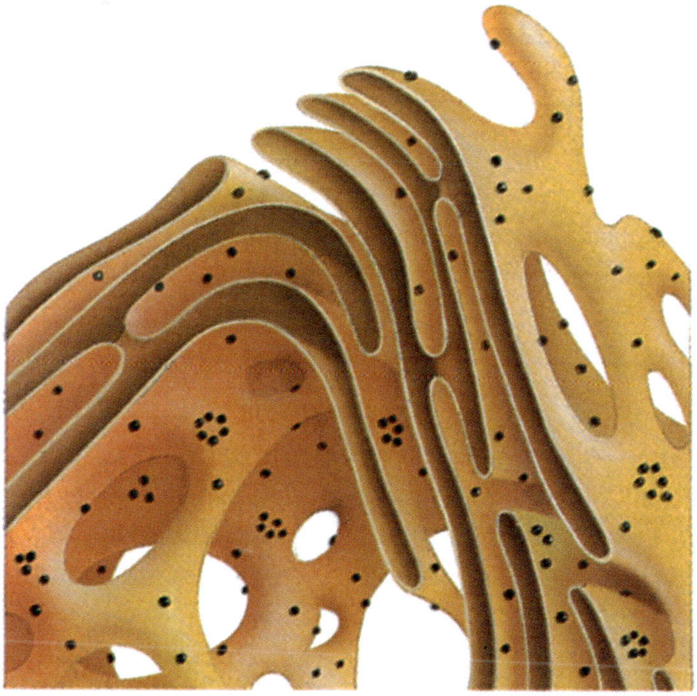

Figura 9 El retículo endoplásmico es un pasadizo por el cual se mueven las proteínas y otros materiales a través de la célula. Los puntos que están por fuera del retículo endoplásmico son ribosomas, estructuras que producen proteínas.

Retículo endoplásmico Mientras te alejas navegando por el citoplasma, llegas a un laberinto de pasadizos llamado **retículo endoplásmico.** Estos pasadizos llevan proteínas y otras sustancias de una parte de la célula a otra. Ahora, dirige tu embarcación hacia uno de esos pasadizos.

Ribosomas En el exterior del retículo endoplásmico hay adheridos unos pequeños gránulos llamados **ribosomas.** También hay otros ribosomas flotando en el citoplasma. Los ribosomas son como fábricas que producen proteínas. Los ribosomas liberan algunas proteínas a través de la pared del retículo endoplásmico. Al llegar al interior del retículo endoplásmico, las proteínas son transportadas hacia el aparato de Golgi.

Aparato de Golgi Mientras navegas por el retículo endoplásmico, encuentras unas estructuras muy parecidas a una colección de bolsas y tubos aplanados. Estas estructuras, conocidas como **aparato de Golgi**, son algo así como la oficina de correos de la célula. El retículo endoplásmico envía proteínas y otros materiales recién formados al aparato de Golgi, los cuales empaquetan estas sustancias y las distribuyen a otras partes de la célula.

Cloroplastos ¿Has notado las numerosas y grandes estructuras verdes que flotan en el citoplasma? Estas estructuras sólo existen en las células de plantas y algunos otros organismos. Dichos organelos, llamados **cloroplastos**, atrapan la energía solar y la utilizan para producir alimento para la célula. Los cloroplastos dan color verde a las plantas. Aprenderás más sobre los cloroplastos en el Capítulo 2.

INTÉNTALO

Célula de gelatina

ACTIVIDAD

Crea tu propio modelo de una célula.

1. Disuelve un paquete de grenetina natural en agua tibia. Vierte la mezcla en un recipiente rectangular (que representa la célula vegetal) o circular (para crear una célula animal).
2. Selecciona distintos materiales que se parezcan a las estructuras celulares de la célula de tu modelo. Inserta los materiales en la gelatina antes que empiece a cuajar.

Hacer modelos En una hoja de papel, desarrolla una clave que identifique a cada estructura celular de tu modelo. Describe la función de cada estructura.

Vacuolas Navega entre los cloroplastos y dirígete hacia esa bolsa grande, redonda y llena de agua que flota en el citoplasma. Esa bolsa, llamada **vacuola,** es el área de almacenamiento de la célula. La mayoría de las células vegetales tienen sólo una enorme vacuola. Algunas células animales no tienen vacuolas; otras sí.

Las vacuolas almacenan alimento y otros materiales necesarios para la célula. Las vacuolas también almacenan productos de desecho. Casi toda el agua de las células vegetales está almacenada en las vacuolas. Cuando las vacuolas se llenan de agua, hacen que la célula se hinche y se vuelva firme. Cuando las vacuolas tienen exceso de agua, las plantas se languidecen.

Lisosomas Casi ha terminado el viaje por la célula. Antes de salir, da otro vistazo a lo que te rodea. Si navegas cuidadosamente alrededor de la vacuola, podrías tener la suerte de ver un lisosoma. Los **lisosomas** son pequeñas estructuras esféricas con sustancias químicas que degradan grandes partículas de alimento, volviéndolas más pequeñas. Los lisosomas también degradan elementos celulares envejecidos y liberan las sustancias que pueden volver a utilizarse. De esta manera, puedes decir que los lisosomas son el equipo de limpieza de la célula. Los lisosomas son más comunes en las células animales que en las vegetales.

Aunque los lisosomas contienen químicos potentes, no debes preocuparte por la seguridad de tu embarcación. La membrana que rodea al lisosoma impide que estas sustancias escapen y degraden el resto de la célula.

Células bacterianas

Las células vegetales y animales que acabas de conocer son muy distintas de la célula bacteriana, la cual puedes ver en la Figura 10. Primero, las células bacterianas suelen ser más pequeñas que las vegetales o animales. Por ejemplo, una célula de la piel humana es casi 10 veces más grande que una célula bacteriana promedio.

Existen otras diferencias entre la célula bacteriana y las células vegetales y animales. **Aunque la célula bacteriana posee pared y membrana celular, carece de núcleo.** El material genético de la célula bacteriana, que parece un cordón grueso y enredado, reside en el citoplasma. Las células bacterianas tienen ribosomas, pero carecen de los otros organelos que se encuentran en las células vegetales o animales.

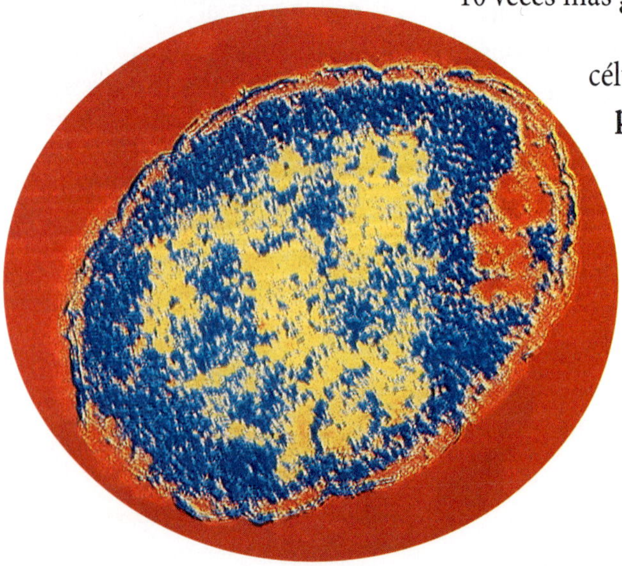

Figura 10 Este organismo unicelular es una clase de bacteria. Las células bacterianas no contienen núcleo ni algunos otros organelos. ***Observar*** *¿En dónde se encuentra el material genético de la célula bacteriana?*

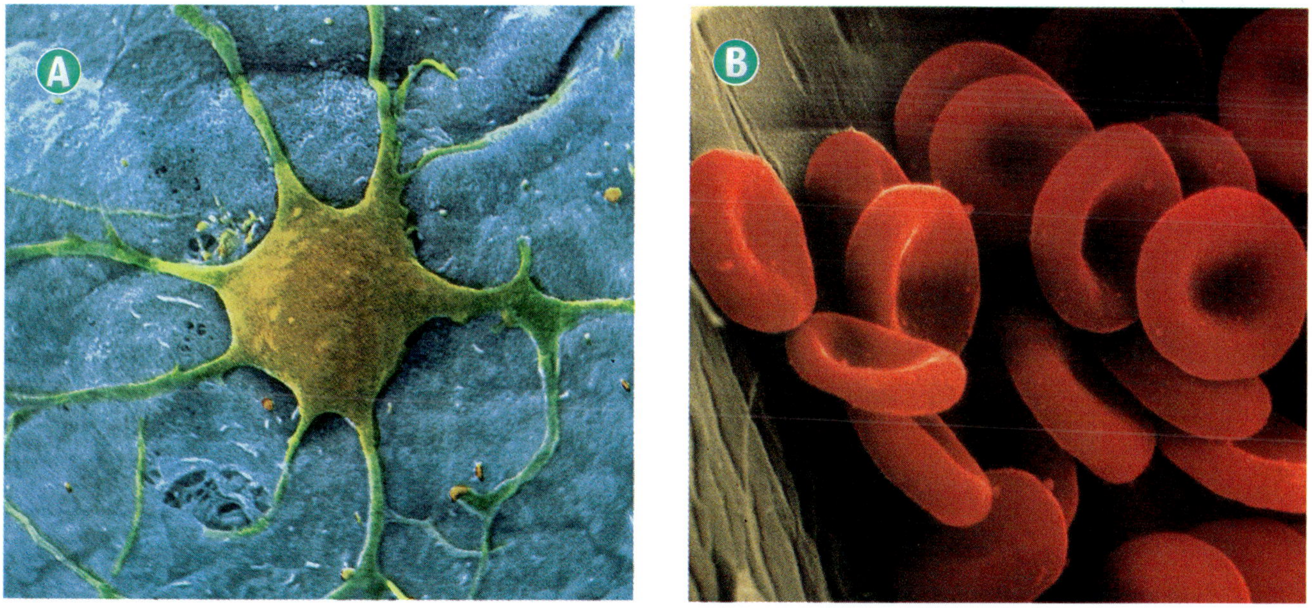

Figura 11 Tu cuerpo contiene una gran variedad de células de distintas clases. **A.** Las células nerviosas tienen largas proyecciones con las cuales envían mensajes a todo el cuerpo. **B.** Los glóbulos rojos son delgados y flexibles, lo que les permite pasar a través de diminutos vasos sanguíneos.

Células especializadas

A diferencia de las bacterias y otros organismos unicelulares, las plantas, los animales y otros seres vivos (como tú) contienen muchas células. En los organismos pluricelulares las células suelen ser muy diferentes entre sí, en cuanto a tamaño y estructura. Imagina las distintas partes de tu cuerpo. Tienes piel, huesos, músculos, sangre, un cerebro, un hígado, un estómago y así sucesivamente. Cada una de estas partes realiza una función muy diferente. Sin embargo, todas las partes de tu cuerpo están formadas por células. La Figura 11 muestra dos ejemplos de distintas clases de células de tu cuerpo. La estructura de cada una está adaptada a la función especial que realiza dentro del organismo.

Repaso de la sección 2

1. ¿Cuál es la función de la membrana celular?
2. ¿Por qué al núcleo a veces se le llama el centro de control de la célula?
3. Menciona dos partes de la célula vegetal que no se encuentran en las células animales. ¿Cuál es la función de cada uno de estos elementos?
4. ¿En qué se distinguen las células bacterianas de las de otros organismos?
5. **Razonamiento crítico Comparar y contrastar** Compara las funciones de la pared de una célula vegetal y la membrana de una célula animal. ¿Cuáles son las semejanzas y diferencias en las funciones de ambas estructuras?

PROYECTO DEL CAPÍTULO 1

Comprueba tu aprendizaje

En este momento, debes remojar el huevo durante uno o dos días en agua, después en agua con colorante, luego en agua salada y, por último, en el líquido de tu elección. Sigue remojando el huevo y anota su circunferencia todos los días. El huevo debe estar pasando por algunos asombrosos cambios de apariencia.

Laboratorio de destrezas

Observar

VIDA aumentada

En este experimento usarás tus destrezas de observación para comparar células vegetales y animales.

Problema

¿Cuáles son las semejanzas y diferencias de las células vegetales y animales?

Materiales

gotero de plástico
hoja de *Elodea*
agua
pinzas
portaobjetos
cubreobjetos
lápices de colores
microscopio
platinas con preparados de células animales

Procedimiento

1. Antes de iniciar este experimento, lee *Uso del microscopio* (Apéndice B), páginas 190–191. Asegúrate de aprender a usar el microscopio de manera adecuada y segura.

Parte 1 Observar células vegetales

2. Deposita una gota de agua en el centro del portaobjetos. **PRECAUCIÓN:** *Los portaobjetos y los cubreobjetos son muy frágiles. Debes manipularlos con cuidado. No toques el vidrio roto.*
3. Con las pinzas arranca una hoja de la *Elodea.* Colócala en la gota de agua en el portaobjetos. Asegúrate de que quede bien extendida. Si está doblada, estírala con las pinzas.
4. Sujeta el cubreobjetos por los bordes y deposítalo lentamente sobre la gota de agua y la hoja de *Elodea.* Si se forma alguna burbuja de aire, golpea con cuidado el portaobjetos para eliminarla.
5. Usa un microscopio para examinar la hoja de *Elodea*, con baja potencia. Luego, cambia con cuidado a máxima potencia.
6. Observa las células de la hoja de *Elodea.* Dibuja y rotula lo que veas, incluyendo los colores de los elementos celulares. Anota el aumento.
7. Desecha la hoja de *Elodea* según las indicaciones del profesor. Limpia y seca con cuidado el portaobjetos y el cubreobjetos. Lava bien tus manos.

Parte 2 Observar células animales

8. Consigue una platina preparada con células animales. Las células de la platina se tiñeron con color artificial.
9. Observa las células animales bajo el microscopio, a baja y máxima potencia. Dibuja y rotula los elementos celulares que veas. Anota el aumento.

Analizar y concluir

1. ¿En qué se parecen las células vegetales y animales?
2. ¿En qué difieren las células vegetales y animales?
3. ¿Qué color natural apareció en las células vegetales? ¿Qué estructuras dan ese color a las células vegetales?
4. **Piensa en esto** ¿Por qué es importante anotar tus observaciones mientras examinas una muestra?

Explorar más

Observa otras platinas preparadas con células animales. Busca sus diferencias. Pide permiso al profesor antes de realizar estas observaciones.

SECCIÓN 3 Compuestos químicos en células

DESCUBRE ACTIVIDAD

¿Qué es un compuesto?

1. Tu maestro proporcionará recipientes con distintas sustancias. Todas ellas son compuestos químicos.
2. Examina cada sustancia. Lee la etiqueta de cada recipiente para saber de qué está hecha cada sustancia.

Reflexiona sobre

Formular definiciones operativas Escribe una definición de lo que crees que es un compuesto químico.

GUÍA DE LECTURA

- **¿Cuáles son las cuatro clases de moléculas orgánicas más importantes de los seres vivos?**
- **¿Cuál es la importancia del agua para la función de las células?**

Sugerencia de lectura **Al leer, crea una tabla de las principales clases de moléculas orgánicas y en qué parte de la célula se encuentra cada una.**

Si las células son los elementos básicos de los seres vivos, entonces ¿cuáles sustancias son los elementos básicos de las células? ¿En qué se parecen los elementos básicos de las células a los que componen todas las cosas que te rodean? En esta sección explorarás las diferencias entre las sustancias que forman las células vivas y las que componen a los seres no vivos.

Elementos y compuestos

Piensa en el aire que te rodea. Tal vez ya sabes que el aire es una mezcla de gases que incluye el oxígeno y el nitrógeno. El oxígeno y el nitrógeno son ejemplos de elementos. Un **elemento** es cualquier sustancia que no puede descomponerse en sustancias más simples. La unidad más pequeña de un elemento se denomina **átomo.** Un elemento se forma por una sola clase de átomo. Los elementos más comunes en los seres vivos, como tú, son carbono, oxígeno, hidrógeno y nitrógeno.

Cuando dos o más elementos se combinan químicamente, forman un **compuesto.** Por ejemplo, el agua es un compuesto hecho de los elementos hidrógeno y oxígeno. La unidad más pequeña de la mayoría de los compuestos se llama **molécula.** Cada molécula de agua contiene dos átomos de hidrógeno y un átomo de oxígeno.

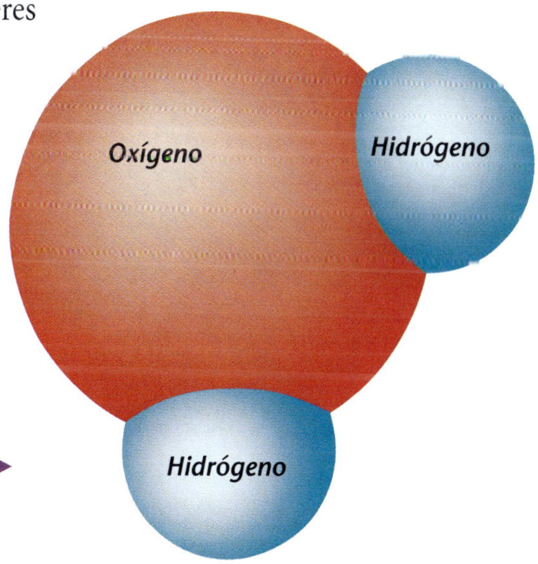

Composición de una molécula de agua ▶

Compuestos orgánicos e inorgánicos

Muchos de los compuestos que encontramos en los seres vivos contienen un elemento llamado carbono, que suele estar combinado con otros elementos. La mayoría de los compuestos que contienen carbono se conocen como **compuestos orgánicos.**

Los grupos de compuestos orgánicos más importantes en los seres vivos son carbohidratos, lípidos, proteínas y ácidos nucleicos. Como sabes, muchos de estos compuestos se encuentran en los alimentos que consumes. Esto no es sorprendente, ya que los alimentos que comes vienen de seres vivos.

Los compuestos que no contienen carbono se denominan **compuestos inorgánicos.** Una excepción es el dióxido de carbono pues, aunque contiene carbono, se considera un compuesto inorgánico. Otros compuestos inorgánicos incluyen al agua y el cloruro de sodio, o sal de mesa.

Carbohidratos

Un **carbohidrato** es un compuesto orgánico rico en energía formado de carbono, hidrógeno y oxígeno. Los azúcares y almidones son ejemplos de carbohidratos.

Los azúcares se forman durante el proceso de elaboración de alimento que ocurre en las plantas. Las frutas y algunas verduras tienen un elevado contenido de azúcar. Las moléculas de azúcar pueden combinarse y formar moléculas más grandes llamadas almidones. Las células vegetales pueden almacenar el exceso de energía en moléculas de almidón. Hay muchos alimentos vegetales que contienen almidón, como papas, pasta, arroz y pan. Cuando consumes estos alimentos, tu cuerpo degrada el almidón en glucosa (un azúcar), la cual tus células aprovechan para producir energía.

Los carbohidratos son componentes importantes de algunos elementos celulares. La celulosa de la pared celular de las plantas es un tipo de carbohidrato. También hay carbohidratos en las membranas celulares.

Figura 12 Estas papas contienen grandes cantidades de almidón, que es un tipo de carbohidrato. Los granos azules que ves en el acercamiento, son gránulos de almidón en una papa. Se colorearon de azul para que puedas verlos con facilidad. **Clasificar** *¿Qué clases de carbohidratos se combinan para formar almidones?*

Figura 13 Las plumas de esta ave están compuestas principalmente de proteínas. Las proteínas son componentes importantes de la membrana celular y de muchos organelos de la célula.

Proteínas

¿Qué tienen en común las alas de una ave, la tela de una araña y tus uñas? Todas estas sustancias están formadas principalmente de proteínas. Las **proteínas** son grandes moléculas orgánicas compuestas de carbono, hidrógeno, oxígeno, nitrógeno y en algunos casos, azufre. Los alimentos ricos en proteínas son carne, huevo, pescado y frijol.

Las células utilizan proteínas para muchas cosas. Por ejemplo, las proteínas son parte de la membrana celular. También son componentes de muchos organelos celulares. Ciertas células del cuerpo usan las proteínas para desarrollar partes del cuerpo, como el cabello.

Estructura proteica Las moléculas de proteína están hechas de moléculas más pequeñas llamadas **aminoácidos.** Aunque sólo hay 20 aminoácidos comunes, las células pueden combinarlos de distintas maneras para formar miles de proteínas diferentes. El tipo de aminoácidos y el orden en que se enlazan entre sí determina la clase de proteína que va a formarse. Imagina que los 20 aminoácidos son las 27 letras del alfabeto español. Estas 27 letras pueden formar miles de palabras. Las letras y el orden en que las usas determinan las palabras que formas. Cuando cambias una sola letra, por ejemplo, de *arroz* a *atroz,* creas una nueva palabra. Del mismo modo, los cambios en el tipo u orden de los aminoácidos produce una proteína distinta.

Enzimas Una **enzima** es una clase de proteína que acelera una reacción química en los seres vivos. Si no hay enzimas, muchas de las reacciones químicas necesarias para la vida tardarían mucho tiempo o no ocurrirían. Por ejemplo, tu saliva contiene enzimas que aceleran la digestión de los alimentos, debido a que degradan los almidones en azúcares cuando aún están en la boca.

☑ *Punto clave* *¿Cuál es el papel de las enzimas?*

INTÉNTALO

¿Qué es ese sabor?

ACTIVIDAD

Realiza esta actividad para descubrir una función de las enzimas en tu cuerpo.

1. Coloca una galleta sin sal en tu boca. Mastícala sin deglutir. Analiza el sabor de la galleta.
2. Sigue masticando la galleta unos minutos, mezclándola bien con la saliva. Observa cómo cambia el sabor de la galleta.

Inferir Las galletas están hechas principalmente de almidón y un poco de azúcar. ¿Cómo explicas el cambio de sabor después de haberla masticado unos minutos?

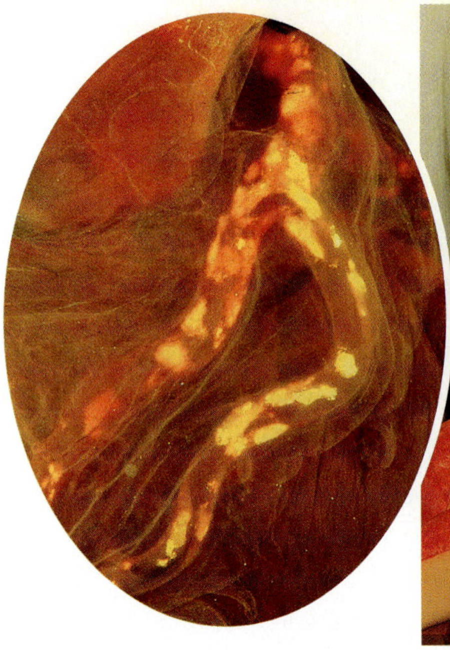

Figura 14 El colesterol es un lípido que se encuentra en los alimentos derivados de animales. El exceso de colesterol en tu dieta puede ocasionar que los vasos sanguíneos se obstruyan, como puedes ver a la izquierda. **Formular juicios** *¿Por qué es aconsejable limitar la cantidad de colesterol en la dieta?*

Lípidos

¿Has visto a un cocinero quitar la grasa de un trozo de carne, antes de cocinarla? Lo que hace es eliminar los lípidos. Las grasas, aceites y ceras son **lípidos.** Como los carbohidratos, los lípidos son compuestos orgánicos ricos en energía formados de carbono, hidrógeno y oxígeno.

Los lípidos contienen aún más energía que los carbohidratos. Las células almacenan energía en los lípidos para usarla en el futuro. Por ejemplo, durante el invierno, los osos inactivos viven de la energía almacenada como grasa en sus células.

INTEGRAR LA SALUD Has oído hablar mucho de un lípido llamado colesterol. El colesterol es un componente importante de las membranas celulares animales. Tu cuerpo requiere cierta cantidad de este lípido. En condiciones normales, tu hígado produce suficiente colesterol para satisfacer las necesidades del organismo. Sin embargo, muchos de los alimentos que comes también tienen colesterol. El exceso de colesterol puede adherirse a las paredes de los vasos sanguíneos y obstruir el flujo de sangre. Por esta razón, muchos nutriólogos recomiendan limitar el consumo de alimentos con alto contenido de colesterol. Los productos de origen animal, como la carne, el queso y el huevo, tienen un elevado contenido de colesterol.

Ácidos nucleicos

Los **ácidos nucleicos** son moléculas orgánicas de gran tamaño compuestas de carbono, oxígeno, hidrógeno, nitrógeno y fósforo. Los ácidos nucleicos contienen las instrucciones que necesita la célula para llevar a cabo funciones vitales.

Hay dos tipos de ácidos nucleicos. El ácido desoxirribonucleico o **ADN,** es el material genético que porta la información de un organismo, la cual pasa de los padres a los hijos. La información del ADN también dirige todas las funciones celulares. La mayor parte del ADN de la célula se encuentra en la cromatina del núcleo. El ácido ribonucleico o **ARN** tiene un papel importante en la producción de proteínas. El ARN se encuentra en el citoplasma y también en el núcleo.

Agua y seres vivos

¿Sabías que casi dos terceras partes de tu cuerpo están hechas de agua? El agua tiene un papel vital en las células. Así, la mayoría de las reacciones químicas que ocurre en las células sólo puede llevarse a cabo cuando las sustancias se encuentran disueltas en agua. **Sin agua, no se llevaría a cabo la mayor parte de las reacciones químicas dentro de las células.** Asimismo, las moléculas mismas de agua participan en muchas reacciones químicas celulares.

El agua también permite que las células conserven su forma y tamaño. De hecho, una célula sin agua sería como un globo sin aire. Además, como la temperatura del agua cambia lentamente, evita que la temperatura de las células varíe de forma acelerada. En la siguiente sección conocerás el papel del agua en el transporte de sustancias dentro y fuera de las células.

Figura 15 El agua es fundamental para la supervivencia de todos los seres vivos. Las células de estos tulipanes necesitan agua para funcionar.

Repaso de la sección 3

1. Menciona los cuatro grupos de moléculas orgánicas más importantes para los seres vivos. Describe la función de cada tipo de molécula.
2. ¿Cuál es el papel del agua en las células?
3. ¿Cuál es la relación entre elementos y compuestos?
4. **Razonamiento crítico** **Predecir** Imagina que una célula no recibe suficientes aminoácidos y no puede producirlos. ¿Cuáles serían las consecuencias para la célula?

Las ciencias en casa

Invita a tu familia a estudiar las etiquetas de "Información nutrimental" de diversos productos. Identifica los alimentos con grandes cantidades de estos compuestos orgánicos: carbohidratos, proteínas y grasas. Analicen cuáles elementos se encuentran en cada uno de estos compuestos y su función en las células y tu cuerpo.

Profesiones científicas

¿Qué hay en tu almuerzo?

Te sorprenderá saber que los químicos ayudan a que la industria de los alimentos cumpla con la ley. La mayor parte de los alimentos debe tener etiquetas que describan sus componentes. En este experimento descubrirás cómo los químicos obtienen esta clase de información.

Problema

¿Qué alimentos contienen almidones y lípidos?

Enfoque en las destrezas

predecir, sacar conclusiones

Materiales

fécula de maíz, 1 gr	agua
muestras de alimentos	tazas de plástico
revolvedores de plástico	gotero de plástico

probeta de plástico
aceite vegetal, 5 mililitros
solución de yodo en botella con gotero
5 centímetros cuadrados de papel de estraza

Procedimiento

Parte 1 Identificar pruebas para almidones y lípidos

1. Escribe una predicción sobre las diferencias que esperas observar entre almidones y lípidos. Luego copia la tabla de datos en tu cuaderno, dejando por lo menos cinco renglones en blanco.
2. Deposita las muestras de fécula de maíz (un almidón) y aceite vegetal (un lípido) en las tazas de plástico.
3. Toma un poco de fécula con el pulgar y el índice. Siente la textura de la sustancia y anota tu observación. Lava tus manos para eliminar la fécula.
4. Pon unas gotas de aceite vegetal entre el pulgar y el índice. Siente su textura y anota tu observación. Lava tus manos para eliminar el aceite vegetal.
5. Vierte 5 mililitros de agua en una taza de plástico y añade más o menos la mitad de la fécula. Usa un revolvedor de plástico para obtener una mezcla de almidón y agua.
6. Toma un cuadro de papel de estraza y escribe "A" (para "almidón") en una esquina. Pon tres gotas de la mezcla de almidón en el papel. Anota tus observaciones. Deja el papel a un lado del área de trabajo para volver a observarlo en cinco minutos.
7. Toma un nuevo cuadrado de papel de estraza y escribe "L" (para "lípido") en una esquina. Deposita tres gotas de aceite vegetal en el papel. Anota tus observaciones. Pon el papel a un lado del área de trabajo para volver a observarlo en cinco minutos.

TABLA DE DATOS					
	Sustancia probada	Textura	Prueba con papel de estraza	Prueba con yodo	Tipo de compuesto
1.	Fécula de maíz				Almidón
2.	Aceite vegetal				Lípido
3.					
4.					
5.					

8. Añade 4 gotas de yodo al resto de la mezcla de almidón. Usa un revolvedor limpio para combinar las sustancias. Anota tus observaciones. **PRECAUCIÓN:** *Manipula el yodo con cautela; puede manchar tu piel y la ropa.*
9. Añade 4 gotas de yodo al resto del aceite vegetal. Usa un revolvedor limpio para mezclar las sustancias. Anota tus observaciones.

Parte 2 Pruebas con alimentos

10. Aplica lo aprendido en la Parte 1 para hacer pruebas de almidones y lípidos con muestras de alimentos como pan, mantequilla, cebolla, pasta cocida, crema de cacahuate, papas crudas y fritas, y arroz. (*Sugerencia:* Para detectar lípidos, puedes frotar la muestra de alimento directamente en el papel de estraza.) Somete tu proyecto a la autorización del maestro.
11. Haz una lista de cada alimento en la primera columna de la tabla de datos. Antes de iniciar las pruebas, predice los resultados y escribe tus argumentos para cada predicción. Al hacer predicciones, considera que algunos alimentos contienen tanto almidones como lípidos.
12. Prueba repitiendo los pasos de la Parte 1. Anota tus observaciones en la tabla. **PRECAUCIÓN:** *No te lleves a la boca el yodo o los alimentos. Lava tus manos después de manipular las muestras.*

Analizar y concluir

1. Con base en tu investigación, ¿cuáles resultados indican la presencia de almidón? ¿La presencia de lípidos?
2. ¿Qué significa que una muestra reaccione como la fécula con el yodo y como el aceite vegetal con el papel de estraza?
3. ¿Qué significa que un alimento no reaccione con la prueba del yodo o la del papel?
4. ¿Qué descubriste de las pruebas realizadas con muestras de alimentos específicos? ¿Te sorprendió el resultado de algún alimento?
5. **Aplicar** ¿Por qué algunas personas querrían saber qué clase de compuestos orgánicos contiene un alimento?

Crear un experimento

Algunos alimentos, como la leche y sus derivados, se venden en presentación regular y bajo en grasas. Haz un procedimiento para probar si varios productos lácteos son bajos en grasas.

SECCIÓN 4

La célula en su ambiente

DESCUBRE

ACTIVIDAD

¿Cómo se mueven las moléculas?

1. Tú y todos tus compañeros deberán pararse por todo el salón, dejando entre cada uno la misma separación.
2. El maestro rociará desodorante de ambiente en la habitación. El primero en percibir el olor debe levantar la mano.
3. Observa cuánto tiempo pasa para que los otros estudiantes del salón perciban el olor.

Reflexiona sobre

Desarrollar una hipótesis ¿Cómo se relaciona la distancia de cada estudiante con respecto al maestro y el momento en que comenzó a percibir el olor del desodorante ambiental? Desarrolla una hipótesis sobre las causas de este patrón.

GUÍA DE LECTURA

- **Menciona los tres métodos por los cuales distintos materiales entran y salen de las células.**
- **¿Cuál es la diferencia entre transporte pasivo y transporte activo?**

Sugerencia de lectura **Antes de leer, usa los encabezados para crear un bosquejo sobre la manera como los materiales entran y salen de las células. Al leer, haz anotaciones sobre cada proceso.**

¿En qué se parece la célula a una estación espacial? Las paredes de una estación espacial protegen a los astronautas del vacío y de la falta de aire del espacio. Los alimentos, el agua y otros suministros deben transportarse a la estación espacial por medio de transbordadores que salen de la Tierra. Además, la estación espacial debe eliminar desechos. Las puertas de la estación espacial permiten que los astronautas reciban materiales y saquen los desperdicios que el transbordador regresará a la Tierra.

Al igual que las estaciones espaciales, las células tienen estructuras que las protegen del ambiente externo. Como has visto, todas las células están rodeadas de una membrana celular que las separa del ambiente exterior. Igual que la estación espacial, la célula tiene que recibir materiales necesarios y eliminar desechos. La membrana celular controla los materiales que entran y salen de la célula.

▼ La estación espacial *Mir*

La membrana celular como portero

La membrana celular es **selectivamente permeable,** es decir, algunas sustancias pueden pasar y otras no. El término *permeable* se deriva de un vocablo latino que significa "pasar a través de". Imagina que la membrana celular es el portero de un antiguo castillo. Su tarea consiste en decidir cuándo abrir la reja para que las personas entren y salgan del castillo. El portero hace que la muralla del castillo sea "selectivamente permeable", pues es permeable para los aliados, mas no para los enemigos.

Una membrana celular casi siempre es permeable a sustancias como oxígeno, agua y dióxido de carbono. Por otra parte, la membrana celular no suele ser permeable a grandes moléculas y sales. **Las sustancias pueden entrar y salir de la célula mediante uno de estos tres métodos: difusión, ósmosis o transporte activo.**

Difusión: Moléculas en movimiento

El método más importante para que una sustancia entre y salga de la célula, se llama difusión. La **difusión** es el proceso por el cual las moléculas tienden a moverse de un área con concentración alta a otra con baja concentración. La concentración es la cantidad de sustancia que hay en un volumen determinado.

Si realizaste la actividad en Descubrir, observaste la difusión en acción. El área donde fue rociado el aromatizante de ambiente, tenía muchas moléculas de aromatizante. Estas moléculas se desplazaron poco a poco de esta área de concentración alta a otras partes del salón de clase, donde había menos moléculas de aromatizante y, por consiguiente, la concentración era menor.

¿Qué causa la difusión? Las moléculas están en movimiento

INTEGRAR LA QUÍMICA

constante. Al moverse, chocan entre sí. Cuanto mayor sea la cantidad de moléculas en un área, mayor número de colisiones habrá. Las colisiones ocasionan que las moléculas se alejen entre sí. Con el tiempo, las moléculas de una sustancia seguirán apartándose. A la larga, estarán distribuidas de manera homogénea en el área.

Difusión en las células ¿Alguna vez has usado un microscopio para observar organismos unicelulares del agua de un estanque? Estos organismos obtienen el oxígeno que necesitan del agua que los rodea. Por suerte para ellos, hay muchas más moléculas de oxígeno en el agua que rodea la célula que en el interior de la misma. Es decir, hay una mayor concentración de moléculas de oxígeno en el agua que dentro de la célula. Recuerda que la membrana celular es permeable a las moléculas de oxígeno. Las moléculas de oxígeno se difunden del área de mayor concentración (agua del estanque) a través de la membrana celular hacia el área de menor concentración (el interior de la célula).

Figura 16 Las moléculas se mueven por difusión de un área de concentración alta a otra de concentración baja. **A.** Las moléculas se difunden al interior de la célula. **B.** A la larga, la concentración de moléculas es igual en el interior que en el exterior de la célula.
Predecir ¿Qué pasaría si la concentración de moléculas en el exterior de la célula fuera menor que la concentración del interior?

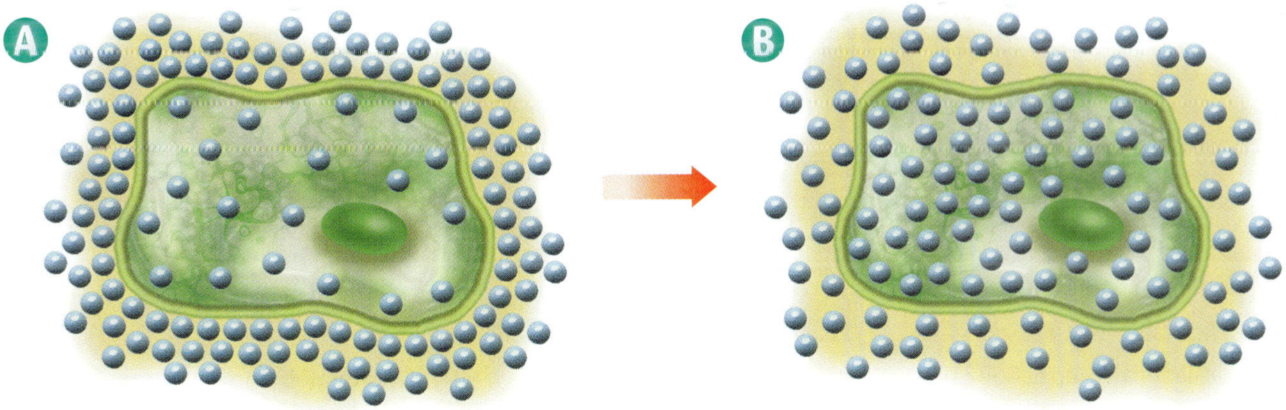

INTÉNTALO

Difusión en acción

ACTIVIDAD

Observa los efectos de la difusión.

1. Llena una taza de plástico transparente con agua fría. Coloca la taza en una mesa y déjala reposar hasta que no haya movimiento alguno en el líquido.
2. Usa un gotero de plástico para añadir una gran gota de colorante vegetal.
3. Observa el agua cada minuto. Anota cualquier cambio que ocurra. Sigue observando hasta que ya no percibas cambio alguno.

Inferir ¿Qué papel tuvo la difusión en los cambios que observaste?

Ósmosis: La difusión de moléculas de agua

Al igual que el oxígeno, el agua entra y sale fácilmente de la célula por medio de la membrana celular. La difusión de moléculas de agua a través de una membrana selectivamente permeable se conoce como **ósmosis.** La ósmosis es importante porque las células no pueden funcionar bien sin la cantidad adecuada de agua.

Recuerda que las moléculas tienden a moverse del área con concentración alta a una con concentración baja. Durante la ósmosis, las moléculas de agua se mueven por difusión del área donde están muy concentradas y pasan a través de la membrana celular hacia el área donde hay una concentración baja. Esto puede tener consecuencias importantes para una célula.

Observa la Figura 17 para conocer el efecto de la ósmosis en una célula. En la Figura 17 A, los glóbulos rojos están bañados en una solución donde la concentración de agua es igual a la que existe dentro de los glóbulos. Este es un glóbulo rojo de forma normal.

Ahora, observa la Figura 17 B. Los glóbulos rojos flotan en agua que contiene gran cantidad de sal. La concentración de moléculas de agua fuera de las células es menor que la concentración de moléculas de agua dentro de los glóbulos. Esto se debe a que la sal ocupa espacio en el agua salada, así que hay menos moléculas de agua. En consecuencia, el agua sale de los glóbulos por ósmosis y su tamaño se reduce.

Por último, estudia la Figura 17 C. Los glóbulos rojos flotan en agua que contiene muy poca sal. El agua en el interior de los glóbulos rojos contiene más sal que la solución en que están flotando. De este modo, la concentración de agua fuera del glóbulo es más alta que la del interior. El agua entra en el glóbulo y ocasiona que se expanda.

☑ ***Punto clave*** *¿Cuál es la relación entre ósmosis y difusión?*

Figura 17 Ósmosis es la difusión de moléculas de agua a través de una membrana selectivamente permeable.

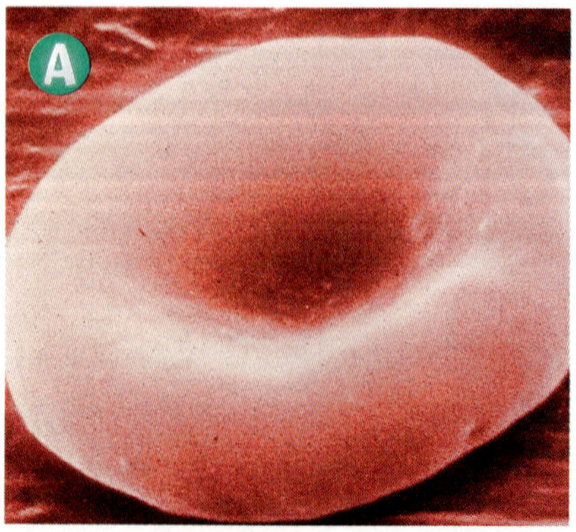

A. Esta es la forma normal de un glóbulo rojo.

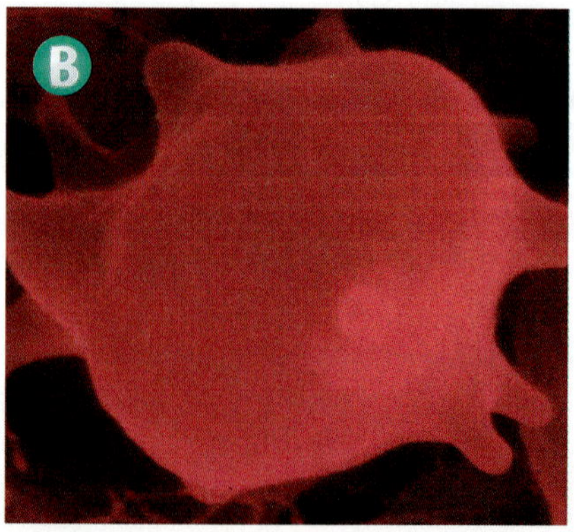

B. El glóbulo se ha encogido debido a que perdió agua por ósmosis.

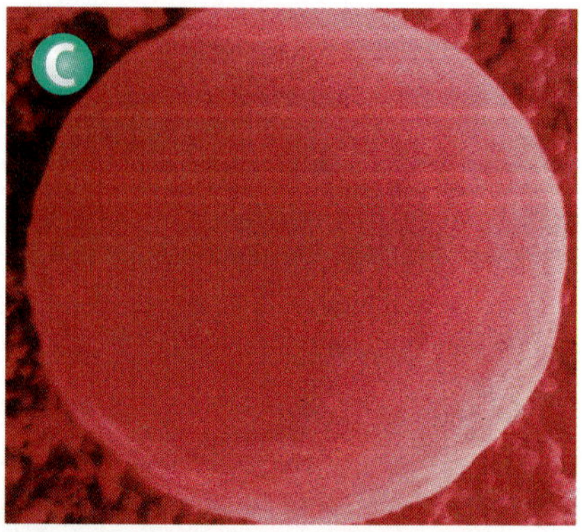

C. Este glóbulo se ha expandido debido al agua que ganó por ósmosis.

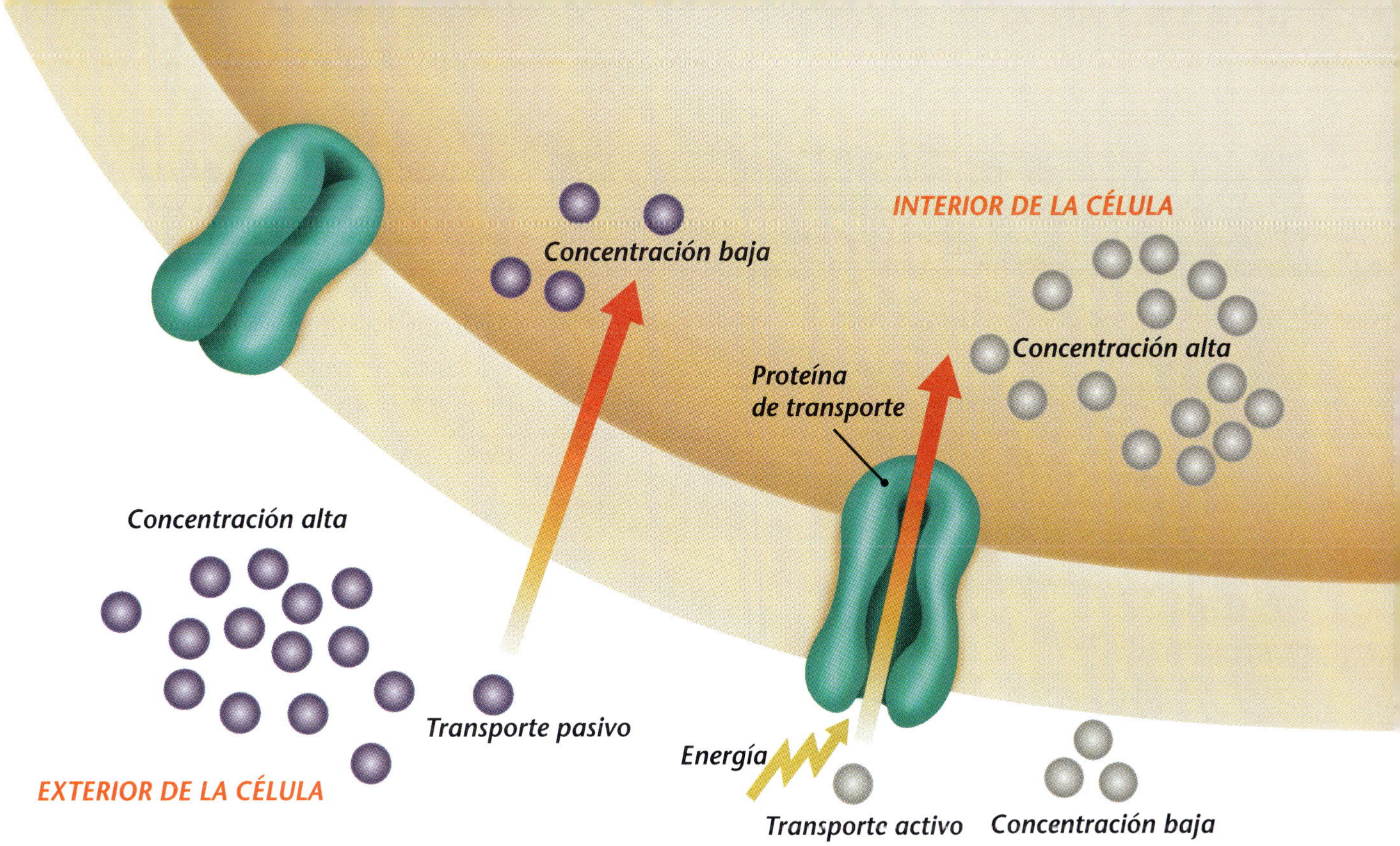

Figura 18 Difusión y ósmosis son formas de transporte pasivo. Estos procesos no requieren que la célula use energía. En contraste, el transporte activo requiere del uso de energía. ***Interpretar diagramas*** *¿Cómo se relacionan el transporte activo y pasivo con la concentración de moléculas en el interior y en el exterior de la célula?*

Transporte activo

Si alguna vez has montado en bicicleta colina abajo, sabes que no necesitas utilizar tu energía para ir muy rápido. Sin embargo, pedalear colina arriba requiere de energía. En el caso de la célula, el movimiento de materiales a través de la membrana celular, ya sea por difusión u ósmosis, es como ir colina abajo. Estos procesos no necesitan que la célula consuma energía. El movimiento de materiales a través de la membrana celular sin utilizar energía se conoce como **transporte pasivo.**

¿Qué sucede cuando la célula necesita asimilar una sustancia que se encuentra en más concentración alta adentro que afuera? La célula tendría que mover las moléculas en la dirección opuesta al movimiento natural de la difusión. Las células tienen la capacidad de realizar este movimiento, pero deben utilizar su energía, del mismo modo que se consume energía para pedalear colina arriba. El **transporte activo** es el movimiento de materiales a través de la membrana celular, utilizando energía. **La diferencia principal entre el transporte activo y el transporte pasivo es que el transporte activo requiere que la célula use energía mientras que el transporte pasivo no consume energía.**

Proteínas de transporte La célula tiene muchas formas para mover materiales por transporte activo. En un método, las proteínas de transporte de la membrana celular "recogen" las moléculas del exterior de la célula y las llevan al interior, utilizando energía para realizar el proceso. Las proteínas de transporte también sacan moléculas de la célula de una forma muy similar. Algunas de las sustancias transportadas dentro y fuera de las células por este método son calcio, potasio y sodio.

Figura 19 Una célula puede desplazar algunos materiales a su interior, rodeándolos con su membrana (absorción). Esta amiba unicelular está absorbiendo a un organismo unicelular mucho menor.

Transporte por absorción La Figura 19 presenta otro método de transporte activo. Primero, la membrana celular rodea o absorbe la partícula. Una vez que la partícula ha sido absorbida, la membrana celular se rompe y forma una vacuola dentro de la célula. La célula debe utilizar energía en este proceso.

¿Por qué son pequeñas las células?

Como sabes, la mayoría de las células son tan pequeñas que no puedes verlas sin un microscopio. ¿Alguna vez te has preguntado por qué son tan pequeñas? Una explicación tiene que ver con la forma como los materiales entran y salen de las células.

Conforme aumenta el tamaño de la célula, hay cada vez mayor cantidad de citoplasma lejos de la membrana celular. Cuando una molécula entra en la célula, es arrastrada hasta su destino mediante un flujo de citoplasma en movimiento, algo parecido a las corrientes marítimas que mueven una balsa. Sin embargo, en las células grandes la corriente de citoplasma debe recorrer una mayor distancia para que la molécula llegue al centro de la célula. Del mismo modo, tardará más tiempo en eliminar los desechos. Si la célula fuera excesivamente grande, no podría funcionar adecuadamente para sobrevivir. Cuando una célula adquiere determinado tamaño, se divide en dos. Aprenderás más sobre la división celular en el Capítulo 2.

Repaso de la sección 4

1. Describe tres métodos por los cuales las sustancias pueden entrar y salir de las células.
2. ¿En qué se parecen el transporte activo y el pasivo? ¿Cuáles son sus diferencias?
3. ¿Por qué es una ventaja que las células sean pequeñas?
4. **Razonamiento crítico** **Predecir** Un organismo unicelular se transfiere de un tanque de agua dulce a otro de agua salada. ¿Cómo cambiará la célula? Explica.

PROYECTO DEL CAPÍTULO 1

Comprueba tu aprendizaje

Piensa por qué el huevo sufrió cambios en cada etapa del proyecto. Analiza los efectos de las distintas sustancias en el huevo. (*Sugerencia*: El agua tiene un papel fundamental en las actividades de una célula. ¿De qué manera participó en tu investigación?) Organiza los resultados en un informe y crea una gráfica con los cambios en la circunferencia del huevo. Podrías incluir diagramas que expliquen el proceso que se llevó a cabo.

SECCIÓN 1 Descubrir las células

Ideas clave

- La invención del microscopio hizo posible el descubrimiento de las células.
- La teoría celular afirma que: todos los seres vivos están formados por células; las células son unidades básicas de estructura y funcionamiento en los organismos; todas las células provienen de otras células.
- La lente o lentes de un microscopio de luz aumenta un objeto al desviar el haz de luz que la atraviesa.

Términos clave

célula
microscopio
microscopio compuesto
teoría celular
aumento
lente convexa
resolución

SECCIÓN 2 Mirar las células en detalle

Ideas clave

- La membrana celular protege a la célula y regula las sustancias que entran y salen de ella.
- El núcleo es el centro de control de la célula. La cromatina del núcleo contiene el material genético que dirige todas las actividades de la célula.
- Los organelos del citoplasma incluyen mitocondrias, retículo endoplásmico, ribosomas, aparato de Golgi, vacuolas y lisosomas. Las células vegetales además tienen cloroplastos.
- Aunque la célula bacteriana tiene membrana y pared celular, carece de núcleo.

Términos clave

organelo
pared celular
membrana celular
núcleo
cromatina
citoplasma
mitocondria
retículo endoplásmico
ribosoma
aparato de Golgi
cloroplasto
vacuola
lisosoma

SECCIÓN 3 Compuestos químicos en células

INTEGRAR LA QUÍMICA

Ideas clave

- Cuando dos o más elementos se combinan químicamente, forman un compuesto.
- Los principales grupos de compuestos orgánicos en los seres vivos son carbohidratos, lípidos, proteínas y ácidos nucleicos.
- La mayor parte de las reacciones químicas celulares no podrían llevarse a cabo sin agua.

Términos clave

elemento
átomo
compuesto
molécula
compuesto orgánico
compuesto inorgánico
carbohidrato
proteína
aminoácido
enzima
lípido
ácido nucleico
ADN
ARN

SECCIÓN 4 La célula en su ambiente

Ideas clave

- Las sustancias pueden entrar y salir de la célula por difusión, ósmosis o transporte activo.
- La difusión es el proceso por el cual las moléculas se mueven del área de concentración alta a la de concentración baja. Ósmosis es la difusión de moléculas de agua a través de una membrana selectivamente permeable.
- La diferencia principal entre el transporte activo y el transporte pasivo es que el activo necesita que la célula use energía, mientras que en el pasivo no hace falta energía.
- Si la célula creciera mucho, no podría funcionar adecuadamente para sobrevivir.

Términos clave

selectivamente permeable
difusión
ósmosis
transporte pasivo
transporte activo

ACTIVIDAD
USAR LA INTERNET
www.science-explorer.phschool.com

Repaso del contenido

Para repasar los conceptos clave, consulta el Interactive Student Tutorial CD-ROM.

Opción múltiple

Elige la letra de la respuesta correcta.

1. La capacidad de los microscopios para distinguir detalles finos se denomina
   a. resolución.
   b. desviación.
   c. aumento.
   d. transporte activo.
2. El centro de control en las células vegetales y animales es el
   a. cloroplasto.
   b. ribosoma.
   c. núcleo.
   d. aparato de Golgi.
3. El lugar de almacenamiento de la célula es
   a. la pared celular.
   b. el lisosoma.
   c. el retículo endoplásmico.
   d. la vacuola.
4. El almidón es un ejemplo de
   a. ácido nucleico.
   b. proteína.
   c. lípido.
   d. carbohidrato.
5. El proceso por el cual el agua cruza la membrana celular se conoce como
   a. ósmosis.
   b. transporte activo.
   c. difusión.
   d. resolución.

Falso o verdadero

Si el enunciado es verdadero, escribe verdadero. Si es falso, cambia la palabra o palabras subrayadas para hacer verdadero el enunciado.

6. Las células fueron descubiertas utilizando microscopios electrónicos.
7. Las vacuolas son las "fuentes de poder" de la célula.
8. Las células bacterianas difieren de las vegetales y animales en que carecen de un núcleo.
9. El ADN y el RNA son proteínas.
10. La membrana celular es selectivamente permeable.

Revisar los conceptos

11. ¿Qué papel tuvo el microscopio en el desarrollo de la teoría celular?
12. Describe la función de la pared celular en las células que tienen estas estructuras.
13. Explica la diferencia entre compuestos orgánicos e inorgánicos.
14. ¿Por qué son importantes las enzimas para los seres vivos?
15. ¿Qué es difusión? ¿Cuál es el papel de la difusión en la célula?
16. **Escribir para aprender** Imagina que eres un reportero que ha sido asignado para cubrir los descubrimientos de los primeros científicos que observaron las células. Escribe un breve artículo para tu periódico, explicando los descubrimientos de algún científico. Asegúrate de explicar cómo realizó el descubrimiento y por qué es importante.

Razonamiento gráfico

17. **Red de conceptos** En una hoja de papel, copia la red conceptos sobre compuestos orgánicos. Después complétala y ponle un título. (Para más información acerca de las redes de conceptos, consulta el Manual de destrezas.)

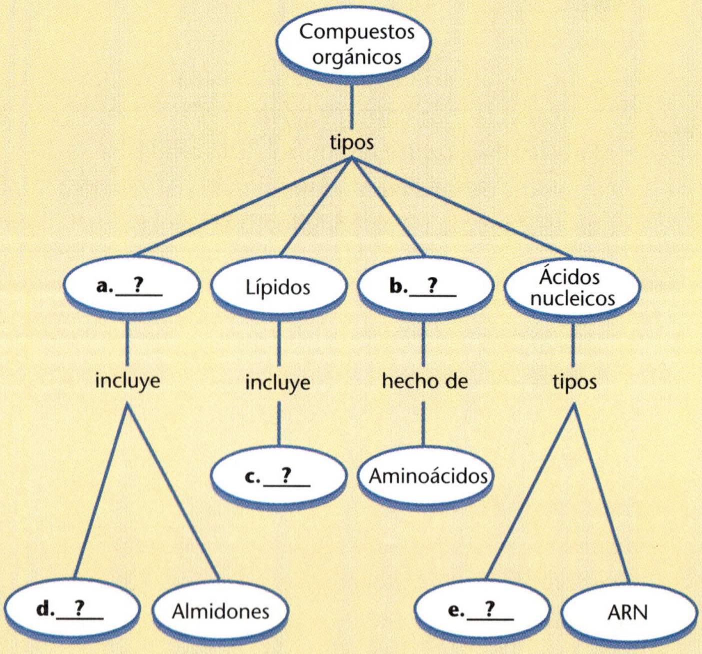

Aplicar las destrezas

Un científico regó la planta de la Figura A con agua salada. Después de 30 minutos, la planta tenía el aspecto que ves en la Figura B. Usa los dibujos para responder las Preguntas 18–20.

18. Observar ¿De qué manera cambiaron las células vegetales después de regar la planta?

19. Inferir Describe un proceso que podría ocasionar los cambios de las células vegetales.

20. Predecir Imagina que el científico regó la planta B con agua dulce. Predice lo que sucedería con la planta. Explica tu predicción.

Razonamiento crítico

21. Relacionar causa y efecto Imagina que se ha inventado un microscopio que los científicos podrían utilizar para ver las moléculas en el interior de los organelos celulares. ¿Cómo contribuiría este microscopio a una mejor comprensión de la célula?

22. Aplicar los conceptos Explica cómo se aplica la teoría celular a un perro.

23. Predecir ¿Crees que una célula podría sobrevivir sin membrana celular? Ofrece argumentos para respaldar tu respuesta.

24. Hacer generalizaciones ¿Por qué es importante el estudio de la química para entender a los seres vivos?

25. Comparar y contrastar ¿Cuál es la diferencia entre transporte activo y ósmosis?

Evaluación del rendimiento

PROYECTO DEL CAPÍTULO 1

Para terminar

Presenta tu proyecto Lleva a la escuela el huevo, tu gráfica y los diagramas que hayas realizado. Analicen los resultados y las conclusiones como clase o en grupos. Luego, en grupos, traten de llegar a un acuerdo sobre las respuestas a estas preguntas: ¿Qué ocurrió con el cascarón? ¿Qué procesos se llevaron a cabo durante cada etapa del experimento?

Reflexiona y anota Describe qué aprendiste en este experimento. ¿Qué parte del proyecto te sorprendió más? ¿Cuándo comenzaste a entender lo que ocurría en el huevo? Si repitieras el proyecto? ¿qué cambiarías ¿Por qué?

Participa

En tu escuela Con un grupo de compañeros, crea una obra teatral para que los estudiantes más pequeños conozcan la célula y sus partes. Cada miembro del grupo interpretará el papel de una parte distinta de la célula. La obra de teatro deberá enseñar algo sobre la función de cada estructura de la célula. Tal vez podrían diseñar disfraces para su interpretación.

CAPÍTULO 2

Procesos celulares y energía

LO QUE ENCONTRARÁS

SECCIÓN 1 **Fotosíntesis**

Descubre ¿De dónde viene la energía?
Mejora tus destrezas Inferir

SECCIÓN 2 **Respiración**

Descubre ¿Cuál es un producto de la respiración?
Inténtalo ¿Qué contiene tu aliento?
Laboratorio real Gases en equilibrio

SECCIÓN 3 **División celular**

Descubre ¿Qué están haciendo las células?
Inténtalo Modelo de mitosis
Mejora tus destrezas Interpretar datos
Laboratorio de destrezas Multiplicación por división

PROYECTO 2

¡Sigue brillando!

Cada mañana, al amanecer, fábricas diminutas empiezan su proceso de producción. Estas "fábricas" son células que contienen cloroplastos. La energía que utilizan es la luz solar. El proceso de fabricación se llama fotosíntesis.

En este capítulo aprenderás qué hacen las células durante la fotosíntesis y por qué casi todos los organismos dependen de este proceso. Inicia el estudio investigando de qué manera afecta la luz a un conocido grupo de fotosintetizadores: las plantas.

Tu objetivo Determinar cómo las distintas condiciones de iluminación afectan la salud y el crecimiento de las plantas.

Para completar este proyecto con éxito, tendrás que:

- escribir un plan para cultivar plantas en distintas condiciones de iluminación
- cuidar de tus plantas todos los días, y llevar un registro detallado de su salud y crecimiento durante tres semanas
- hacer una gráfica con los datos y sacar conclusiones sobre el efecto de la luz en el crecimiento de las plantas
- seguir los lineamientos de seguridad del Apéndice A

Para empezar Busca con tus compañeros la respuesta a estas preguntas: ¿Cuáles son las distintas condiciones de iluminación que podrían probar? ¿Qué plantas usarán? ¿Cómo medirán las condiciones de salud y crecimiento? ¿Cómo pueden asegurarse de que los resultados sean causados por las condiciones de iluminación? Escriban su proyecto y preséntenlo al maestro.

Comprueba tu aprendizaje Trabajarás en este proyecto mientras estudias el capítulo. Para mantener tu proyecto en marcha, revisa los cuadros de Comprueba tu aprendizaje en los puntos siguientes:

Repaso de la Sección 1, página 54: Coloca las plantas en distintas condiciones de iluminación.

Repaso de la Sección 3, página 68: Observa tus plantas todos los días.

Repaso de la Sección 4, página 73: Analiza los datos y grafícalos.

Para terminar Al final del capítulo (página 77) presentarás los resultados a tus compañeros de clase.

SECCIÓN 4 *Integrar la salud*

Cáncer

Descubre ¿Qué sucede cuando hay demasiadas células?

Estas plantas, llamadas pincel e higuera loca enana, crecen en el Parque Nacional Bahía Glaciar, Alaska, y adquieren su energía del sol.

SECCIÓN 1

Fotosíntesis

DESCUBRE

ACTIVIDAD

¿De dónde viene la energía?

1. Consigue una calculadora de energía solar que no use baterías. Coloca la calculadora bajo una luz directa.
2. Cubre las celdillas solares con tu dedo. Observa cómo esta acción modifica la pantalla de números.
3. Descubre las celdillas solares. ¿Qué ocurre en la pantalla?
4. Ahora cubre todas las celdillas solares, menos una. ¿De qué manera afecta esto a la pantalla?

Reflexiona sobre

Inferir A partir de tus observaciones, ¿qué puedes inferir sobre la energía que hace funcionar a la calculadora?

GUÍA DE LECTURA

- **¿Qué sucede durante el proceso de fotosíntesis?**
- **¿Cómo proporciona el sol la energía que necesitan todos los seres vivos?**

Sugerencia de lectura **Al leer, crea un diagrama de flujo que demuestre los pasos necesarios para el proceso de fotosíntesis.**

Es una hermosa tarde de verano, un día perfecto para comer al aire libre. El aroma del pollo asado a las brasas impregna el aire. Tu perro se dedica a buscar varas bajo un árbol cercano. En lo alto, un azulejo se lanza en picada desde las ramas de un árbol, buscando comida. "Vamos a montar en bicicleta antes de comer", sugiere tu primo. "Estupenda idea", respondes y se alejan pedaleando por el camino.

Perros que corren, aves que vuelan, personas que montan bicicletas, todas estas actividades requieren energía. ¿De dónde crees que procede esta energía? Aunque no lo creas, toda la energía que se utiliza para realizar estas actividades, viene del sol. De hecho, el sol proporciona casi toda la energía que usan los seres vivos de la Tierra.

¿Qué es la fotosíntesis?

Todos los seres vivos necesitan energía. Todas las células necesitan energía para realizar sus funciones como producir proteínas y transportar sustancias al interior y al exterior. Tu almuerzo proporciona a las células la energía que necesitan. Pero las plantas y otros organismos, como algas y algunas bacterias, obtienen la energía de distinta manera. Estos organismos usan la energía solar para producir su propio alimento.

El proceso por el cual la célula capta la energía del sol y la aprovecha para producir alimento se llama **fotosíntesis**. El término fotosíntesis se deriva de las raíces *foto-*, que significa "luz" y *síntesis*, que significa "hacer unir". De este modo, fotosíntesis significa usar luz para hacer comida.

Un proceso de dos etapas

La fotosíntesis es un proceso muy complicado. **Durante la fotosíntesis, las plantas y algunos otros organismos usan la energía solar para convertir dióxido de carbono y agua en oxígeno y azúcares, incluyendo glucosa.** Puedes imaginar que la fotosíntesis ocurre en dos etapas: atrapar la energía del sol y producir azúcares. Tal vez ya estás familiarizado con diversos procesos que ocurren en dos etapas. Por ejemplo, para preparar un pastel la primera etapa consiste en combinar los ingredientes para formar la masa. La segunda etapa es hornear la masa. Para obtener el resultado deseado —el pastel—, es necesario que las dos etapas se lleven a cabo en el orden adecuado.

Captar la energía solar La primera etapa de la fotosíntesis consiste en captar la energía de la luz solar. En las plantas, este proceso se lleva a cabo en las hojas y otras partes verdes. En el Capítulo 1 viste que los cloroplastos son unos organelos verdes que están dentro de las células vegetales. En la mayoría de las plantas, las células de las hojas contienen más cloroplastos que las células de las partes restantes.

Figura 1 La fotosíntesis se lleva a cabo en los cloroplastos de las células de plantas o algunos otros organismos. Los cloroplastos son las estructuras verdes de la célula que puedes ver en el recuadro. **Aplicar los conceptos** *¿En qué parte de la planta hay células con gran cantidad de cloroplastos?*

Mejora tus destrezas

Inferir

ACTIVIDAD

En esta actividad observarás los pigmentos de una hoja.

1. Corta una tira de filtro para café de 5 cm por 20 cm.
2. Coloca una hoja sobre la tira de papel, como a 2 cm del extremo inferior.
3. Pasa el borde de una moneda por una parte de la hoja, para dejar la marca de una banda angosta sobre el papel.
4. Vierte alcohol medicinal en una taza de plástico de 1 cm de profundidad. Coloca la tira de papel en posición vertical dentro de la taza, de modo que la franja de color quede a 1 cm de la superficie del alcohol. Dobla el extremo superior de la tira de papel sobre el borde de la taza.
5. Después de 10 minutos, retira la tira de papel y déjala secar. Obsérvala.
6. Lávate las manos.

¿Qué indica el aspecto de la tira de papel acerca de la presencia de pigmentos en la hoja?

Los cloroplastos de las células vegetales dan el color verde a las plantas. El color verde proviene de **pigmentos**, compuestos químicos de color que absorben la luz. El principal compuesto de los cloroplastos se llama **clorofila**. Los cloroplastos de las plantas también contienen pigmentos amarillos y anaranjados, pero éstos casi siempre están ocultos por el color verde de la clorofila.

La clorofila y otros pigmentos funcionan de manera similar a las "celdillas" de la calculadora de energía solar. Las celdillas captan la energía de la luz y la usan para que funcione la calculadora. Del mismo modo, los pigmentos capturan la energía luminosa y la utilizan para llevar a cabo la segunda etapa de la fotosíntesis.

Usar la energía para elaborar alimento En la segunda etapa de la fotosíntesis, las células usan la energía captada para producir azúcares. Las células necesitan dos materias primas en esta etapa: agua (H_2O) y dióxido de carbono (CO_2). Las raíces de las plantas absorben agua del suelo. El agua se desplaza a través del tallo hasta las hojas. El dióxido de carbono es uno de los gases del aire. Entra en la planta a través de pequeños orificios que se encuentran en la cara inferior de las hojas, llamados **estomas**. Una vez en las hojas, el agua y el dióxido de carbono se desplazan al interior de los cloroplastos.

Al entrar en los cloroplastos, el agua y el dióxido de carbono sufren una serie de complejas reacciones químicas. Estas reacciones son precipitadas por la energía captada en la primera etapa. Uno de los productos de la reacción es oxígeno (O_2). Los otros productos son azúcares, como glucosa ($C_6H_{12}O_6$). En el Capítulo 1 estudiaste que los azúcares son una clase de carbohidrato. Las células pueden utilizar la energía de los azúcares para realizar importantes funciones celulares.

☑ *Punto clave* *¿Por qué son verdes las plantas?*

Figura 2 Los estomas son pequeños orificios en la cara inferior de las hojas. Los estomas pueden abrirse (izquierda) o cerrarse (derecha) para controlar el movimiento de dióxido de carbono y oxígeno.

Figura 3 Durante la fotosíntesis, la clorofila y otros pigmentos captan la energía de la luz solar. Las células utilizan esta energía, además de agua y dióxido de carbono, para producir azúcares y oxígeno. ***Interpretar diagramas*** *¿Qué sucede con el oxígeno que se produce durante la fotosíntesis?*

La ecuación de la fotosíntesis

Las etapas de la fotosíntesis pueden resumirse en la siguiente ecuación química:

$$\underset{\text{dióxido de carbono}}{6\,CO_2} + \underset{\text{agua}}{6\,H_2O} \xrightarrow{\text{energía luminosa}} \underset{\text{glucosa}}{C_6H_{12}O_6} + \underset{\text{oxígeno}}{6\,O_2}$$

INTEGRAR LA QUÍMICA Observa que la materia prima —seis moléculas de dióxido de carbono y seis moléculas de agua— se encuentran en el lado izquierdo de la ecuación. Los productos —una molécula de glucosa y seis moléculas de oxígeno— quedan en el lado derecho. Una flecha, que significa "produce", une la materia prima con los productos. La energía luminosa, necesaria para que ocurra la reacción química, aparece escrita encima de la flecha.

¿Qué sucede con los productos de la fotosíntesis? Las células vegetales se alimentan con una parte del azúcar. Las células degradan las moléculas de azúcar para liberar la energía que contienen. Esta energía puede usarse entonces para realizar las funciones de la planta. Algunas moléculas de azúcar se convierten en otros compuestos, como celulosa. Otras más se almacenan en las células de la planta para usarlas posteriormente. Cuando comes alimentos vegetales, como papas o zanahorias, consumes la energía almacenada en las plantas.

El otro producto de la fotosíntesis es el oxígeno. En su mayor parte, el oxígeno sale por los estomas de la planta hacia el aire. Todos los organismos que realizan la fotosíntesis liberan oxígeno.

Figura 4 Tanto la oruga como el azulejo obtienen su energía indirectamente del sol.

Fotosíntesis y vida

INTEGRAR LAS CIENCIAS DEL AMBIENTE Si fueras una oruga, estarías posado en una planta, comiendo una hoja. La planta es un **autótrofo**, esto es, un organismo que elabora su propio alimento. Las hojas de las plantas contienen azúcares producidos durante la fotosíntesis. También contienen almidones, celulosa y otros compuestos hechos de azúcares. La energía de estos compuestos provino, originalmente, del sol.

La oruga es un **heterótrofo**, un organismo que no puede elaborar su propio alimento. A fin de vivir, crecer y realizar otras funciones propias, la oruga necesita la energía contenida en los azúcares de la planta. Al consumir plantas, la oruga recibe la energía del sol, pero de manera indirecta.

¡Cuidado, un pájaro! El ave, otro heterótrofo, obtiene su energía comiendo orugas. Como la energía de la oruga procede indirectamente del sol, el ave también vive de la energía solar. **Casi todos los seres vivos obtienen energía, directa o indirectamente, de la energía solar atrapada durante la fotosíntesis.**

La fotosíntesis también es esencial para el aire que respiras. La mayoría de los seres vivos necesita oxígeno para sobrevivir. Cerca del 21% de la atmósfera terrestre está compuesto del oxígeno que liberan las plantas y otros organismos que realizan la fotosíntesis. Casi todo el oxígeno de la atmósfera terrestre fue producido por seres vivos a través del proceso de fotosíntesis.

Repaso de la sección 1

1. ¿Cuáles son las materias primas necesarias para la fotosíntesis? ¿Cuáles son los productos?
2. ¿Cómo obtienen energía las plantas? ¿Cómo obtienen energía los animales?
3. ¿Cuál es el papel de la clorofila en la fotosíntesis? ¿En dónde se encuentra la clorofila?
4. **Razonamiento crítico** **Aplicar los conceptos** Enumera tres autótrofos importantes para ti en estos momentos.

Comprueba tu aprendizaje

PROYECTO DEL CAPÍTULO 2

Realiza todas las revisiones necesarias de tu plan experimental. Luego crea una tabla de datos para anotar tus observaciones cada día. Es hora de colocar tus plantas en distintas condiciones de iluminación. (*Sugerencia*: Asegúrate de que todas las condiciones restantes sean iguales durante todo el experimento. Por ejemplo, riega todas las plantas con la misma cantidad de agua.)

SECCIÓN 2 Respiración

DESCUBRE ACTIVIDAD

¿Cuál es un producto de la respiración?

1. Ponte las gafas protectoras. Llena dos tubos de ensayo a la mitad, con agua tibia. Añade 5 mililitros de azúcar a uno de los tubos. Coloca los tubos de ensayo en una gradilla.
2. Agrega 0.5 mililitros de levadura seca (organismo unicelular) a cada tubo. Revuelve el contenido de cada tubo con un popote. Coloca un tapón en cada tubo.
3. Observa los cambios que ocurran en los dos tubos de ensayo durante los próximos 10 a 15 minutos.

Reflexiona sobre

Observar ¿Qué cambios ocurrieron en cada tubo? ¿Cómo explicas las diferencias que observaste?

GUÍA DE LECTURA

- **¿Qué sucesos ocurren durante la respiración?**
- **¿Cómo se relacionan la respiración y la fotosíntesis?**
- **¿Qué es la fermentación?**

Sugerencia de lectura **Antes de leer, escribe una definición de *respiración*. Durante la lectura, revisa tu definición con base en lo que has aprendido.**

Tu amigo se detiene en el camino frente a ti y grita: "¡Vamos a comer!" Da un vistazo a los alrededores para encontrar una roca plana donde sentarse. Ya estás listo para almorzar. No desayunaste esta mañana y has estado caminando por el campo durante una hora. Al mirar alrededor, ves que aún no han alcanzado la pendiente más elevada del camino. Necesitarás mucha energía para llegar a la cima.

Todos saben que los alimentos proporcionan energía. Pero no todos saben *cómo* proporcionan energía los alimentos. La comida que consumes no da energía a tu cuerpo tan pronto como lo has ingerido. Primero, el alimento debe pasar por el tubo digestivo. Allí, la comida se degrada en pequeñas moléculas. Luego, esas moléculas salen del tubo digestivo hacia el torrente sanguíneo. A continuación, viajan por la sangre hasta las células del cuerpo. Una vez dentro de las células, se libera la energía contenida en las moléculas. En esta sección aprenderás cómo las células de tu cuerpo obtienen energía de los alimentos que consumes.

Figura 5 Todos los organismos necesitan energía para vivir. **A.** Esta rana leopardo utiliza la energía almacenada en los carbohidratos para saltar grandes distancias. **B.** Aunque estos hongos no se mueven necesitan un suministro constante de energía para crecer y reproducirse. ***Aplicar los conceptos*** *¿Cómo se llama el proceso por el cual las células obtienen la energía que necesitan?*

Almacenamiento y liberación de energía

Para entender cómo las células utilizan la energía, piensa en las personas que guardan dinero en el banco. Por ejemplo, podrías depositar algún dinero en una cuenta de ahorros. Luego, cuando quieras comprar algo, retiras parte del dinero. Las células almacenan y utilizan energía de una manera parecida. Durante la fotosíntesis, las plantas captan la energía solar y la "ahorran" en forma de carbohidratos, azúcares y almidones. Cuando necesitan energía, las células la "retiran" degradando los carbohidratos. Este proceso libera energía. Del mismo modo, cuando ingieres un alimento, añades energía a la cuenta de ahorros de energía de tu cuerpo. Cuando tus células necesitan energía, hacen un retiro y degradan la comida para liberar energía.

Respiración

Después de comer, tu cuerpo convierte los carbohidratos del alimento en glucosa, una clase de azúcar. El proceso por el cual las células "retiran" energía de la glucosa se denomina **respiración. Durante la respiración, las células degradan moléculas simples de alimento, como glucosa, y liberan la energía que contienen.** Debido a que los seres vivos necesitan una fuente continua de energía, las células de todos los organismos vivos respiran continuamente.

El término *respiración* puede resultar algo confuso. Tal vez lo has utilizado para referirte exclusivamente a la entrada y salida de aire de los pulmones. Debido a esto, el proceso de oxigenación que ocurre dentro de las células a veces recibe el nombre específico de respiración celular.

El término *respiración* sugiere una relación que no debes olvidar. La respiración lleva oxígeno a los pulmones, y el oxígeno es necesario para la respiración celular de la mayoría de las células. Algunas células obtienen energía de la glucosa sin necesidad de oxígeno. Pero el medio más eficaz para obtener energía de la glucosa requiere de la presencia del oxígeno.

La ecuación de la respiración Aunque la respiración celular se lleva a cabo con una serie de complejas etapas, el proceso general puede resumirse en la siguiente ecuación:

$$\underset{\text{glucosa}}{C_6H_{12}O_6} + \underset{\text{oxígeno}}{6\,O_2} \longrightarrow \underset{\text{dióxido de carbono}}{6\,CO_2} + \underset{\text{agua}}{6\,H_2O} + \text{energía}$$

Observa que la materia prima de la respiración es glucosa y oxígeno. Las plantas y otros organismos que realizan la fotosíntesis producen su propia glucosa. La glucosa de las células de animales y de otros organismos procede del alimento que consumen. El oxígeno se toma del aire o el agua que rodea al organismo.

Las dos etapas de la respiración Al igual que la fotosíntesis, la respiración es un proceso de dos etapas. La primera ocurre en el citoplasma de las células del organismo. Allí, las moléculas de glucosa se descomponen en moléculas más pequeñas. El oxígeno no participa en esta parte de la respiración. En esta etapa, sólo se libera una pequeña cantidad de la energía contenida en la glucosa.

La segunda etapa de la respiración se lleva a cabo en las mitocondrias. En este lugar, las pequeñas moléculas se descomponen en moléculas aún más diminutas. Estas reacciones químicas requieren de oxígeno y liberan gran cantidad de energía. Es por eso que las mitocondrias a veces son llamadas las "fuentes de poder" de la célula.

La Figura 6 resume el proceso de la respiración. Si sigues todos los pasos de la degradación de glucosa, verás que se libera energía en las dos etapas. La respiración genera otros dos productos: dióxido de carbono y agua. Estos productos se difunden al exterior de la célula. En los animales, el dióxido de carbono y parte del agua abandonan el cuerpo por la exhalación. Por eso, cuando inhalas o inspiras aire, tomas oxígeno que es una materia prima de la respiración. Cuando exhalas el aire, liberas dióxido de carbono y agua que son productos de la respiración.

☑ **Punto clave** *¿Cuáles son las materias primas de la respiración?*

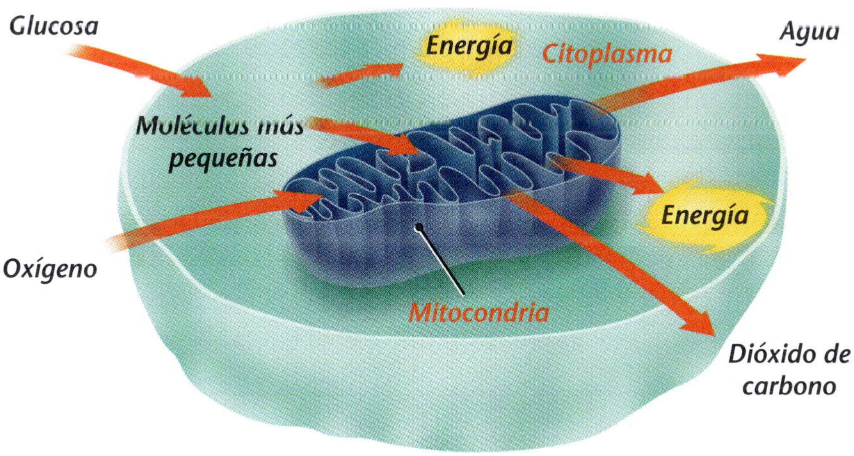

Figura 6 La primera etapa de la respiración se lleva a cabo en el citoplasma y libera una pequeña cantidad de energía. La segunda etapa ocurre en las mitocondrias. En esta etapa se libera una gran cantidad de energía.

INTÉNTALO

¿Qué contiene tu aliento?

ACTIVIDAD

1. Párate frente a un espejo, una ventana o una superficie de metal.
2. Con la boca bien abierta, exhala para que tu aliento dé contra la superficie.
3. Observa la superficie. Tócala con la punta de un dedo.

Inferir ¿Qué sustancia se acumuló en la superficie? ¿De dónde crees que salió? Explica.

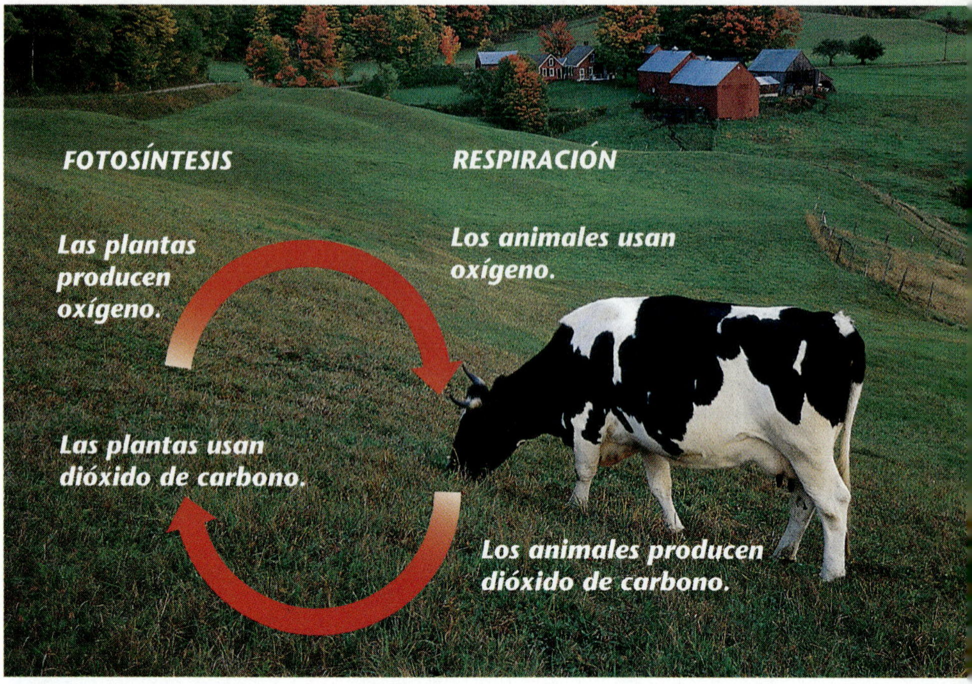

Figura 7 La fotosíntesis y la respiración pueden considerarse procesos opuestos. *Interpretar fotografías ¿De qué manera estos dos procesos mantienen constantes los niveles de oxígeno y dióxido de carbono en la atmósfera?*

Comparar fotosíntesis y respiración

¿Observaste algo familiar en la ecuación de la respiración? Estás en lo cierto si dijiste que es lo contrario a la ecuación de la fotosíntesis. Es importante que recuerdes esto. Durante la fotosíntesis, el dióxido de carbono y el agua sirven para producir azúcares y oxígeno. Durante la respiración, la glucosa (un azúcar) y el oxígeno sirven para producir dióxido de carbono y agua. **La fotosíntesis y la respiración pueden considerarse dos procesos opuestos.** En conjunto, estos dos procesos forman un ciclo que mantiene niveles más o menos constantes de dióxido de carbono y oxígeno en la atmósfera. Como puedes ver en la Figura 7, los seres vivos usan estos dos gases una y otra vez.

Fermentación

Algunas células tienen la capacidad de obtener energía de los alimentos sin utilizar oxígeno. Por ejemplo, algunos organismos unicelulares viven donde no hay oxígeno, como en el fondo marino o en el fango de lagos o pantanos. Estos organismos obtienen energía a través de la **fermentación,** proceso por el cual las células degradan las moléculas para liberar energía, sin usar oxígeno. **La fermentación proporciona energía a las células sin usar oxígeno.** Sin embargo, la cantidad de energía liberada de cada molécula de azúcar durante la fermentación, es mucho menor que la liberada durante la respiración.

Estudios sociales CONEXIÓN

Muchos platillos orientales se producen mediante la fermentación. Por ejemplo, el kimchee es un platillo coreano parecido a la col agria o sauerkraut. Está hecho con col asiática, sal y especias. Las bacterias que se encuentran en estado natural, fermentan los azúcares de la col mediante el ácido láctico. El ácido láctico que se produce durante el proceso de fermentación provee un sabor penetrante al kimchee. Entre los platillos orientales producidos por fermentación, se encuentran la salsa de soya y el mijo.

En tu diario

Escribe un anuncio para el kimchee u otros alimentos fermentados. Incluye información sobre la forma como se produce y utiliza el alimento.

Fermentación alcohólica Las levaduras y otros organismos unicelulares sufren una clase de fermentación. Este proceso a veces recibe el nombre de fermentación alcohólica porque el alcohol es uno de los productos que se forman cuando los organismos degradan los azúcares. Los otros productos son dióxido de carbono y una pequeña cantidad de energía.

Los productos de la fermentación alcohólica son importantes para los panaderos y cerveceros. El dióxido de carbono producido por la levadura ocasiona que la masa suba y cree las bolsas de aire que puedes ver en el pan. El dióxido de carbono también ocasiona las burbujas de diversas bebidas alcohólicas, como la cerveza y el vino espumoso.

Fermentación por ácido láctico INTEGRAR LA SALUD En tu cuerpo a veces ocurre otra clase de fermentación cuyos efectos quizás has experimentado. Recuerda alguna ocasión en que corriste tan rápido y tanto tiempo como te fue posible. Los músculos de tus piernas empujaban con fuerza contra el pavimento y respirabas con mucha agitación. Sin embargo, a la larga tus piernas comenzaron a fatigarse y no pudiste correr más.

No importó cuán rápido respiraras, tus células musculares agotaron el oxígeno antes de poder reemplazarlo. Debido a que las células carecían de oxígeno, ocurrió una fermentación. Un producto de esta clase de fermentación es el ácido láctico. Cuando el ácido láctico se acumula, experimentas una sensación dolorosa en los músculos. Los sientes débiles y doloridos.

Figura 8 Cuando los músculos de un atleta se quedan sin oxígeno, ocurre la fermentación por ácido láctico. El atleta siente los músculos agotados y doloridos.

Repaso de la sección 2

1. ¿Por qué la respiración es importante para la célula?
2. Explica la relación entre fotosíntesis y respiración.
3. ¿Qué materia prima *no* es necesaria para la fermentación?
4. ¿De qué manera las plantas y los animales mantienen el nivel de oxígeno en la atmósfera?
5. **Razonamiento crítico Aplicar los conceptos** ¿Crees que las células vegetales necesitan respirar? Explica.

Las ciencias en casa

Pide a un adulto de tu familia que te ayude a preparar pan con levadura, siguiendo la receta de un libro de cocina. Explica a tu familia qué hace que la masa se abulte. Después de hornear el pan, observa una rebanada y busca alguna prueba de la fermentación.

Laboratorio real

Tú y tu ambiente

Gases en equilibrio

Problema

¿Cómo se relacionan la fotosíntesis y la respiración?

Enfoque en las destrezas

controlar variables, interpretar datos

Materiales

plumones
popotes
2 plantas *Elodea*
fuente de luz
probeta de plástico de 100 ml.
azul de bromotimol
3 matraces de 250 ml, con tapones

Procedimiento

1. Puedes usar el azul de bromotimol para probar la presencia de dióxido de carbono. Para conocer el funcionamiento de este tinte, vierte 100 ml de la solución en un matraz. Anota su color. **PRECAUCIÓN:** *El azul de bromotimol puede manchar tu piel y ropa. Evita derramarlo o salpicarte.*
2. Provee el dióxido de carbono soplando con un popote, hasta que la solución cambie de color. Anota el nuevo color. **PRECAUCIÓN:** *No inhales los vapores.*
3. Copia la tabla de datos en un cuaderno. Vierte 100 ml de azul de bromotimol en los otros matraces. Luego sopla usando popotes limpios en cada solución, hasta cambiar su color.
4. Ahora harás una prueba para ver qué gas usa una planta en presencia de luz. Consigue dos plantas *Elodea* de más o menos el mismo tamaño.
5. Coloca una planta en el primer matraz. Etiquétalo con “L”, de luz. Coloca la otra planta en el segundo matraz. Etiquétalo con “O”, de oscuridad. Etiqueta el tercer matraz con una “C”, de control. Cierra los matraces.

TABLA DE DATOS

	Color de la solución	
Frasco	Día 1	Día 2
L (luz)		
O (oscuridad)		
C (control)		

6. Anota los colores de las tres soluciones en la columna Día 1 de tu tabla de datos.
7. Coloca los matraces L y C en un lugar iluminado, según indicaciones de tu maestro. Pon el matraz O en un lugar oscuro, según indicaciones de tu maestro. Lava bien tus manos cuando hayas terminado.
8. El Día 2, examina los matraces y anota los colores de las soluciones en tu tabla de datos.

Analizar y concluir

1. Explica por qué cambió o no el color de cada solución entre los Días 1 y 2.
2. ¿Por qué fue importante incluir el matraz C como parte del experimento?
3. Predice lo que habría sucedido si hubieses soplado dentro del matraz L después de concluir el Paso 8. Explica tu predicción.
4. **Aplicar** ¿De qué forma demuestra este experimento que la fotosíntesis y la respiración son procesos opuestos? ¿Por qué ambos procesos son necesarios para mantener un ambiente adecuado para los seres vivos?

Explorar más

Imagina que pones una planta *Elodea* y un pez pequeño en un matraz con tapón. Predice qué sucedería con los niveles de oxígeno y dióxido de carbono del matraz. Explica tu predicción.

SECCIÓN 3

División celular

DESCUBRE ACTIVIDAD

¿Qué están haciendo las células?

1. Usa un gotero de plástico para transferir algunas células de levadura de un cultivo de levaduras a un porta objetos. Tu maestro ha preparado la platina con azul de metileno como secante. Coloca el cubre objetos y deposita la platina bajo el microscopio.

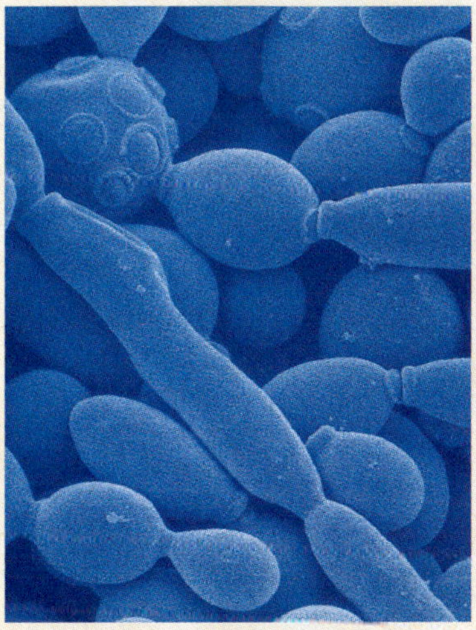

2. Examina las células de la preparación. Primero usa una potencia baja, luego una potencia alta. Busca qué se parece a dos células pegadas. Una puede ser más grande que la otra. Dibuja lo que ves.

Reflexiona sobre

Desarrollar una hipótesis ¿Qué proceso crees que están experimentando las "células dobles"? Desarrolla una hipótesis que explique lo que ves.

GUÍA DE LECTURA

- **¿Qué ocurre durante las tres etapas del ciclo celular?**
- **¿Cuál es el papel de la replicación del ADN?**

Sugerencia de lectura **Antes de leer, utiliza los encabezados para hacer un bosquejo del proceso de división celular. Al leer, anota la información bajo cada encabezado.**

A principios del otoño, muchas ferias locales organizan una competición de calabazas. Los orgullosos granjeros inscriben sus calabazas más grandes con la esperanza de ganar un premio. Si jamás has visto calabazas premiadas, te llevarás una sorpresa. Algunas tienen un peso de casi 400 kilogramos y pueden ser tan grandes como una perrera. Lo más asombroso es que estas calabazas gigantes comenzaron como pequeñas flores en plantas de calabaza. ¿Cómo fue que crecieron tanto?

Una calabaza crece cuando sus células aumentan en tamaño y número. Una sola célula se divide y forma dos células. Luego las dos células se dividen formando cuatro, y así sucesivamente. Este proceso de división celular no sólo se presenta en las calabazas. De hecho, muchas células de tu cuerpo pasan por una división celular mientras lees esta página.

Figura 9 Las células que forman a este joven mono tienen el mismo tamaño que las de su madre. Sin embargo, el adulto tiene muchas más células en el cuerpo.

El ciclo celular

Piensa en las células que estudiaste en el Capítulo 1. Cada una contiene muchas estructuras distintas como membrana celular, núcleo, mitocondrias y ribosomas. A fin de dividirse en partes iguales, la célula necesita duplicar las estructuras o dividirlas de manera equitativa entre las dos células nuevas. Ambas células tendrán entonces todo lo que necesitan para sobrevivir y realizar sus funciones vitales.

La secuencia normal de crecimiento y división que experimentan las células, se conoce como **ciclo celular.** Puedes ver los detalles del ciclo celular en *Explorar el ciclo celular*, páginas 64 y 65. Observa que el ciclo celular se divide en tres etapas principales. Mientras lees cada etapa, sigue con atención los sucesos que ocurren cuando una célula "madre" se divide para formar dos células "hijas" idénticas.

Etapa 1: Interfase

La primera etapa del ciclo celular se denomina **interfase.** La interfase es el periodo que precede a la división celular. Aunque no está dividida, la célula se encuentra muy activa durante esta etapa. **Durante la interfase, la célula alcanza su tamaño máximo, copia el ADN y se prepara para dividirse en dos células.**

Crecimiento En la primera parte de la interfase, la célula duplica su tamaño y produce todas las estructuras necesarias para realizar sus funciones. Por ejemplo, aumenta el tamaño de su retículo endoplásmico, crea nuevos ribosomas y produce enzimas. Las mitocondrias y los cloroplastos hacen copias de sí mismos durante la etapa de crecimiento. La célula madura adquiere su tamaño y estructura completos.

Replicación del ADN Después que la célula adquiere su tamaño máximo, se inicia la siguiente etapa de la interfase. La célula realiza una copia del ADN de su núcleo mediante un proceso llamado **replicación.** Recuerda que el ADN es un ácido nucleico que se encuentra en la cromatina del núcleo celular. El ADN contiene toda la información que necesita la célula para realizar sus funciones. La replicación del ADN es fundamental porque, para sobrevivir, cada célula hija debe contar con un juego completo de ADN. Al finalizar la replicación del ADN, la célula contiene dos juegos idénticos de ADN. Un juego será transmitido a cada una de las células hijas. En esta sección conocerás los detalles de la replicación del ADN.

Preparación para la división Una vez que se ha replicado el ADN de la célula, se inicia la preparación para la división celular. La célula produce estructuras que usará para dividirse durante el resto del ciclo celular. Al final de la interfase, la célula está lista para la división.

Etapa 2: Mitosis

Cuando termina la interfase, se inicia la segunda etapa del ciclo celular. La **mitosis** es la etapa durante la cual el núcleo de la célula se divide en dos. **Durante la mitosis, una copia del ADN se transmite a cada una de las dos células hijas.**

Los científicos dividen la mitosis en cuatro partes o etapas: profase, metafase, anafase y telofase. En la profase, los filamentos de cromatina del núcleo celular comienzan a condensarse y enrollarse, como la línea de una caña de pescar, alrededor de una pelota. Bajo el microscopio de luz, la cromatina condensada parece pequeños bastones, como los que puedes ver en la Figura 10. Como el ADN de la célula se ha replicado, cada bastón está duplicado. Cada uno es una copia exacta del otro. El nombre científico de los bastones dobles de cromatina condensada es **cromosoma**. Cada bastón o cadena idéntica de un cromosoma se denomina **cromátida.** Las dos cadenas se mantienen unidas mediante una estructura conocida como centrómeros.

Al pasar por las etapas de metafase, anafase y telofase, las cromátidas se separan y desplazan hacia los polos opuestos de la célula. Luego se forman dos núcleos alrededor de las cromátidas que están en ambos extremos de la célula. Puedes observar este proceso en *Explorar el ciclo celular*.

☑ ***Punto clave*** *¿En qué etapa de la mitosis se condensa la cromatina y forma estructuras que parecen pequeños bastones?*

INTÉNTALO

Modelo de mitosis

ACTIVIDAD

Consulta *Explorar el ciclo celular* mientras realizas esta actividad.

1. Construye el modelo de una célula con tres cromosomas. Usa un trozo de cartulina para representar a la célula. Usa limpiadores para pipa de distintos colores para representar los cromosomas. Asegúrate de que los cromosomas parezcan bastones dobles.
2. Coloca los cromosomas dentro de la célula en el sitio donde se encontrarían durante la profase.
3. Repite el Paso 2 para la metafase, anafase y telofase.

Hacer modelos ¿Cómo te ayudó el modelo a entender lo que ocurre durante la mitosis?

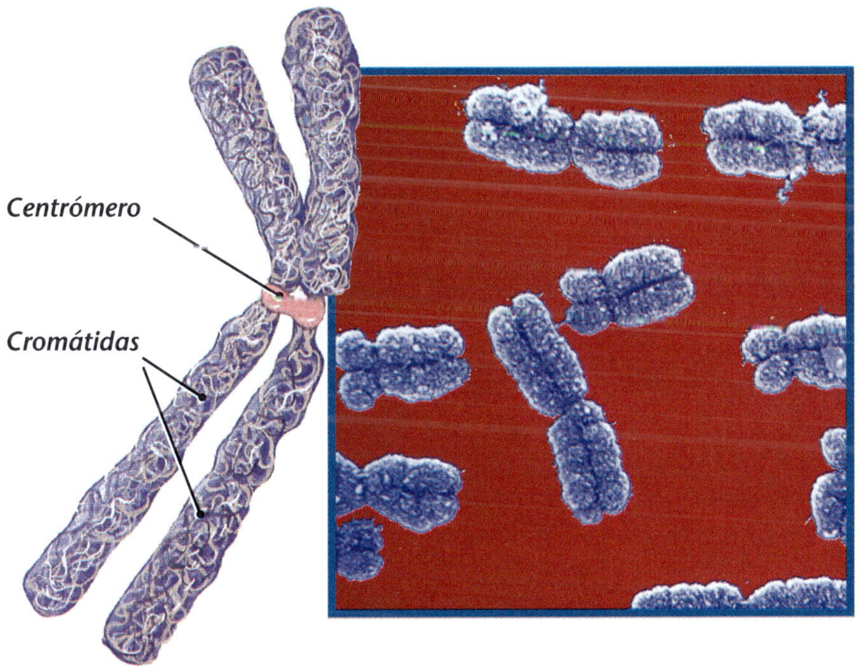

Figura 10 Durante la mitosis, la cromatina se condensa y forma bastoncillos llamados cromosomas. Cada cromosoma consiste de dos cadenas idénticas, o cromátidas. ***Interpretar diagramas*** *¿Cuál es el nombre de la estructura que mantiene unidas a las cromátidas?*

EXPLORAR *el ciclo celular*

Al crecer y dividirse las células pasan por una secuencia ordenada de acontecimientos. Esta es la secuencia típica del ciclo celular de una célula animal. El ciclo celular de las plantas es diferente.

1 INTERFASE
La célula adquiere su máximo tamaño, copia su ADN y se prepara para dividirse en dos células.

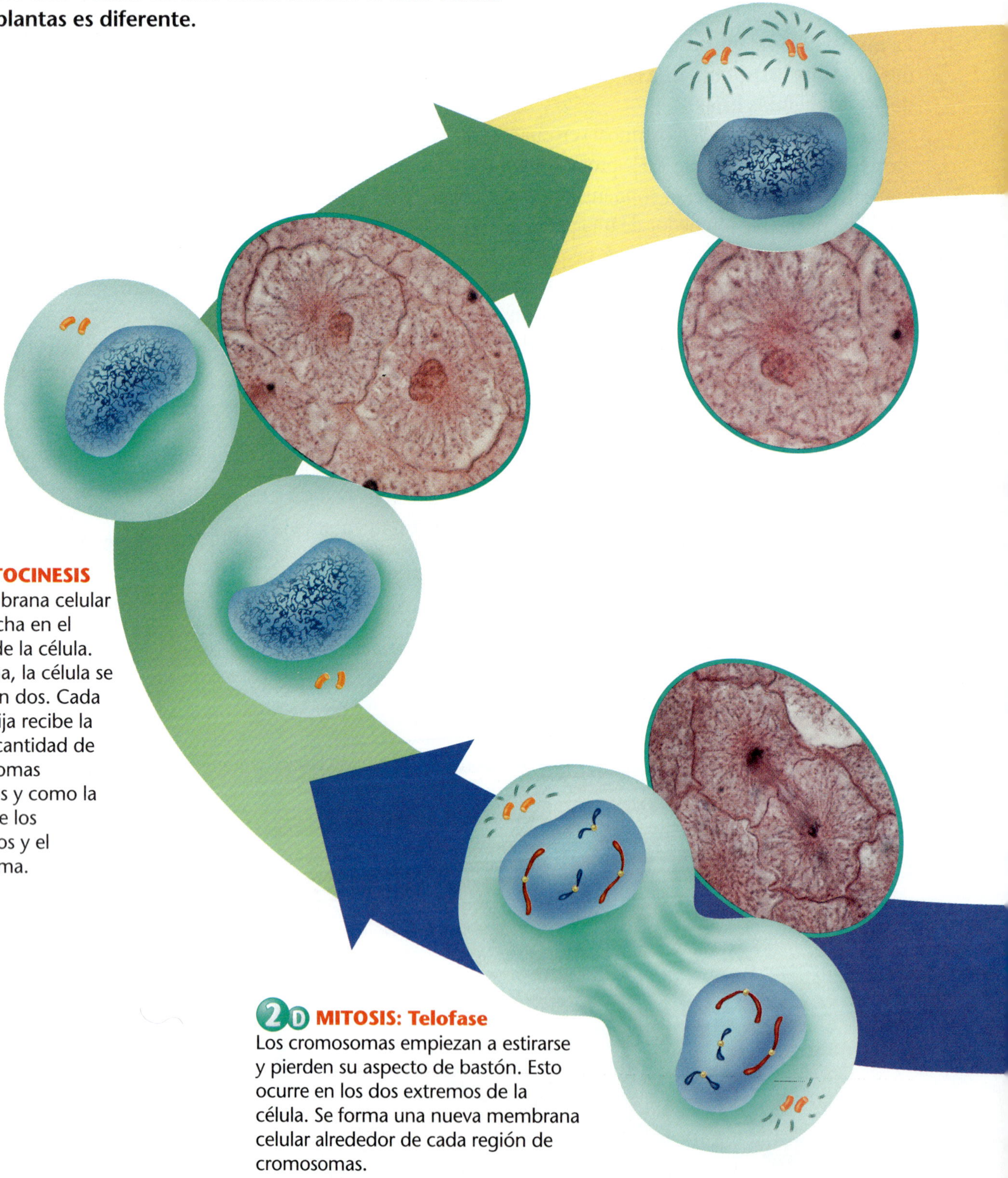

3 CITOCINESIS
La membrana celular se estrecha en el centro de la célula. A la larga, la célula se divide en dos. Cada célula hija recibe la misma cantidad de cromosomas idénticos y como la mitad de los organelos y el citoplasma.

2D MITOSIS: Telofase
Los cromosomas empiezan a estirarse y pierden su aspecto de bastón. Esto ocurre en los dos extremos de la célula. Se forma una nueva membrana celular alrededor de cada región de cromosomas.

2A MITOSIS: Profase

La cromatina del núcleo se condensa formando los cromosomas. Las estructuras llamadas husos acromáticos forman un puente entre los extremos de la célula. La membrana nuclear se rompe.

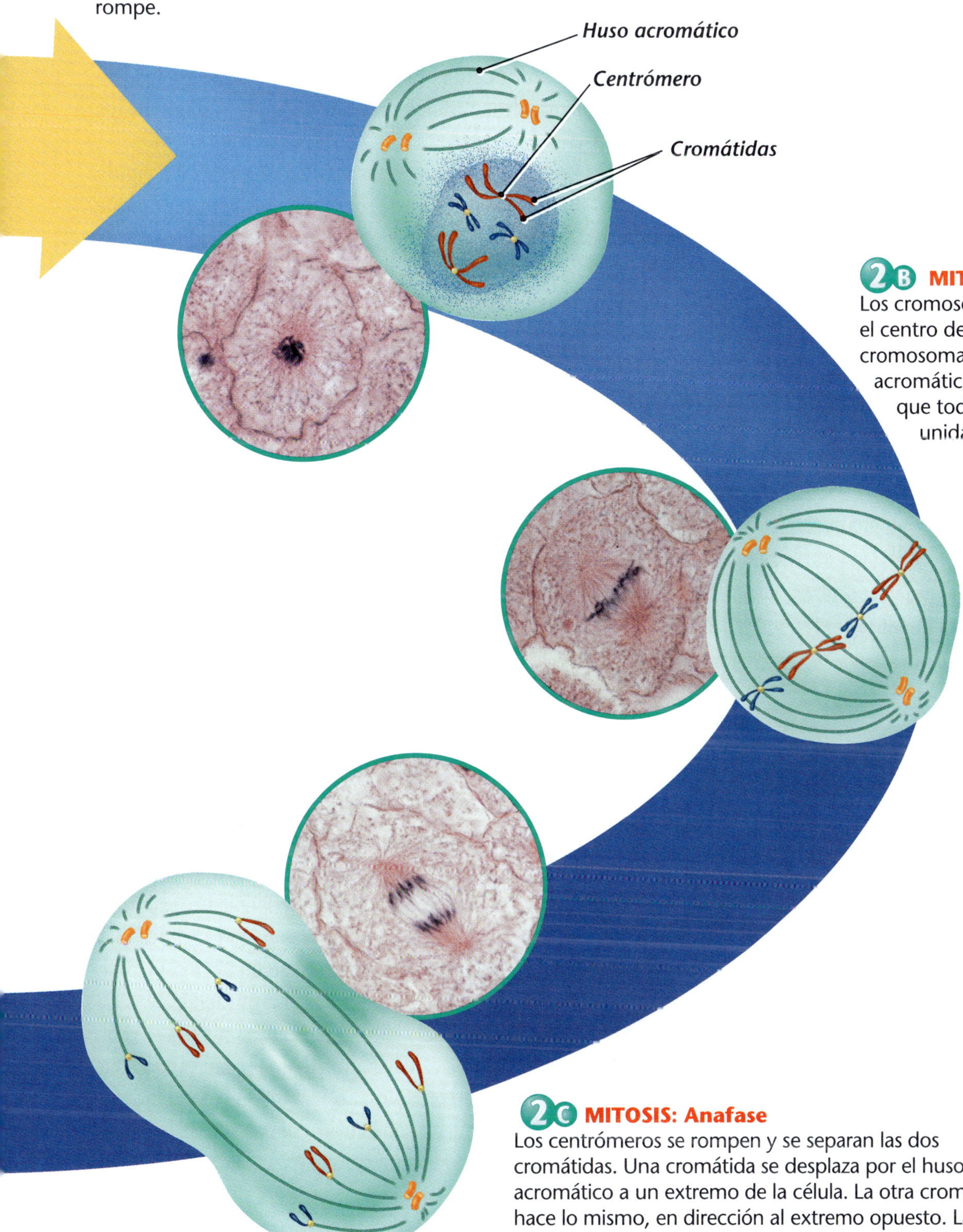

2B MITOSIS: Metafase

Los cromosomas se alinean en el centro de la célula. Cada cromosoma se une a un huso acromático en el centrómero, que todavía mantiene unidas las cromátidas.

2C MITOSIS: Anafase

Los centrómeros se rompen y se separan las dos cromátidas. Una cromátida se desplaza por el huso acromático a un extremo de la célula. La otra cromátida hace lo mismo, en dirección al extremo opuesto. La célula se estrecha en el centro, a la vez que los extremos opuestos empiezan a tirar en direcciones opuestas.

Mejora tus destrezas

Interpretar datos

ACTIVIDAD

Utiliza la gráfica circular de la Figura 11 para responder las siguientes preguntas:

1. ¿Cuánto dura el ciclo celular que presenta la gráfica?
2. ¿En qué etapa del ciclo celular se encuentra la mayor cantidad de células en un momento determinado: interfase, mitosis y citocinesis? Explica.

Figura 11 Las principales etapas del ciclo celular son interfase, mitosis y citocinesis. Esta gráfica muestra la duración promedio de cada etapa en la célula hepática humana.

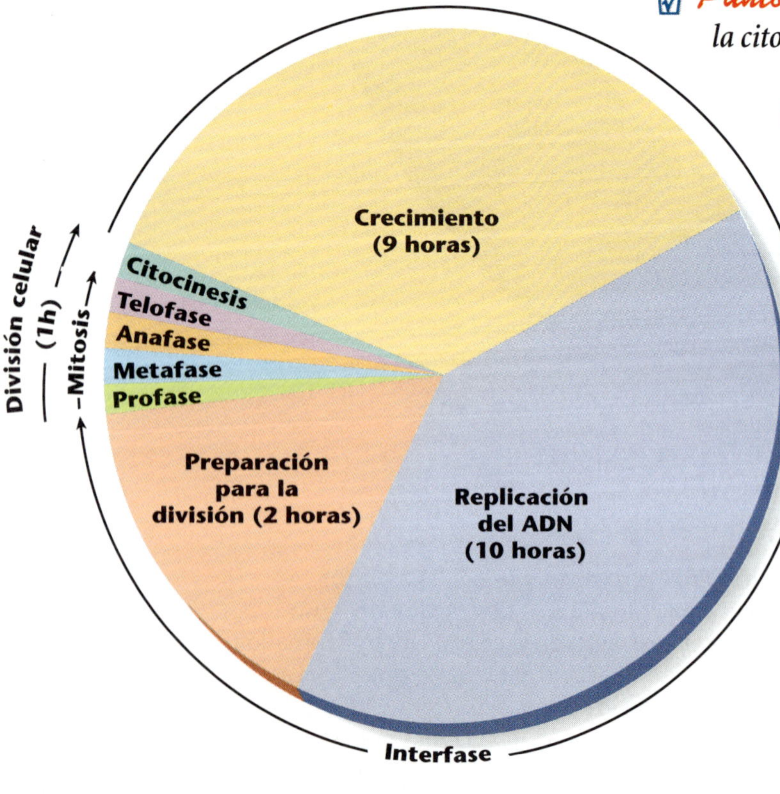

Etapa 3: Citocinesis

Al concluir la mitosis, se lleva a cabo la última etapa del ciclo celular, la **citocinesis,** que completa el proceso de división celular. **Durante la citocinesis, el citoplasma se divide y distribuye los organelos entre las dos nuevas células.** La citocinesis suele iniciarse casi al mismo tiempo que la telofase.

Durante la citocinesis de las células animales, la membrana celular se estrecha en el centro de la célula. El citoplasma se separa formando dos células hijas, cada una de las cuales contiene cerca de la mitad de los organelos.

La citocinesis es un poco distinta en las células vegetales. La rígida pared celular de las plantas no puede estrecharse del mismo modo que la membrana celular. En vez de ello, en el centro de la célula se forma una estructura llamada placa celular. La placa celular desarrolla, poco a poco, una nueva membrana celular entre las dos células hijas. También se forman nuevas paredes celulares alrededor de las membranas celulares.

Hay numerosas variaciones en el patrón básico de la citocinesis. Por ejemplo, las células de levadura se dividen pero no de manera igual. Una pequeña célula hija, o yema, se desprende de la célula madre. A continuación, la yema crece hasta adquirir el tamaño de una célula de levadura adulta.

La citocinesis pone fin al ciclo celular. Se han formado dos nuevas células. Cada célula hija presenta el mismo número de cromosomas que la célula madre original. Al terminar la citocinesis, cada célula entra en interfase y vuelve a iniciarse el ciclo.

☑ ***Punto clave*** *¿En qué momento del ciclo celular se inicia la citocinesis?*

Duración del ciclo celular

¿Cuánto tarda una célula en pasar por todo el ciclo celular? La respuesta depende de la clase de célula. Por ejemplo, en un erizo marino joven, el ciclo celular tarda alrededor de dos horas. En contraste, las células hepáticas humanas realizan el ciclo completo en 22 horas, como muestra la Figura 11. La duración de cada etapa del ciclo celular también varía mucho de una célula a otra. Algunas células, como las del cerebro humano, jamás se dividen, sino que permanecen en la primera parte de la interfase durante toda su vida.

Replicación del ADN

Una célula copia su ADN antes de la mitosis. **La replicación del ADN asegura que cada célula hija tenga toda la información genética que necesita para realizar sus actividades.**

En los últimos 50 años, los científicos han logrado entender la importancia del ADN. A principios de la década de 1950, el trabajo de varios investigadores demostró que el ADN contiene todas las instrucciones de la célula. También descubrieron que el ADN pasaba de la célula madre a sus hijas. En 1953, los científicos James Watson y Francis Crick lograron descifrar la estructura del ADN. Este descubrimiento reveló información muy importante sobre la forma como se copia el ADN.

La estructura del ADN En la Figura 12 puedes ver que una molécula de ADN parece una escalera retorcida o en espiral. Debido a su forma, la molécula del ADN a menudo recibe el nombre de "doble hélice". Una hélice es una forma helicoidal que se enreda, como la cuerda de un tornillo.

Los dos lados de la escalera del ADN están compuestos por moléculas de azúcar llamadas desoxirribosa, las cuales se alternan con moléculas conocidas como fosfatos. Cada peldaño de la escalera de ADN está formado por un par de moléculas llamadas bases nitrogenadas. Las bases nitrogenadas son moléculas que combinan nitrógeno con otros elementos. Hay cuatro clases de bases nitrogenadas: adenina, timina, guanina y citosina. Las letras A, T, G y C se utilizan para representar estas cuatro bases.

Analiza la Figura 12. Observa que las bases de un lado de la escalera se unen de una manera específica a las bases del otro lado. La adenina (A) sólo hace pareja con la timina (T), mientras que la guanina (G) sólo se une a la citosina (C). Este patrón de aparejamiento es fundamental para entender cómo se lleva a cabo la replicación del ADN.

Figura 12 La molécula de ADN tiene forma de una escalera retorcida. Los lados están compuestos por moléculas de azúcar y fosfatos. Los peldaños están formados por parejas de bases nitrogenadas.
Clasificar *¿Cuál es la base que siempre hace pareja con la adenina?*

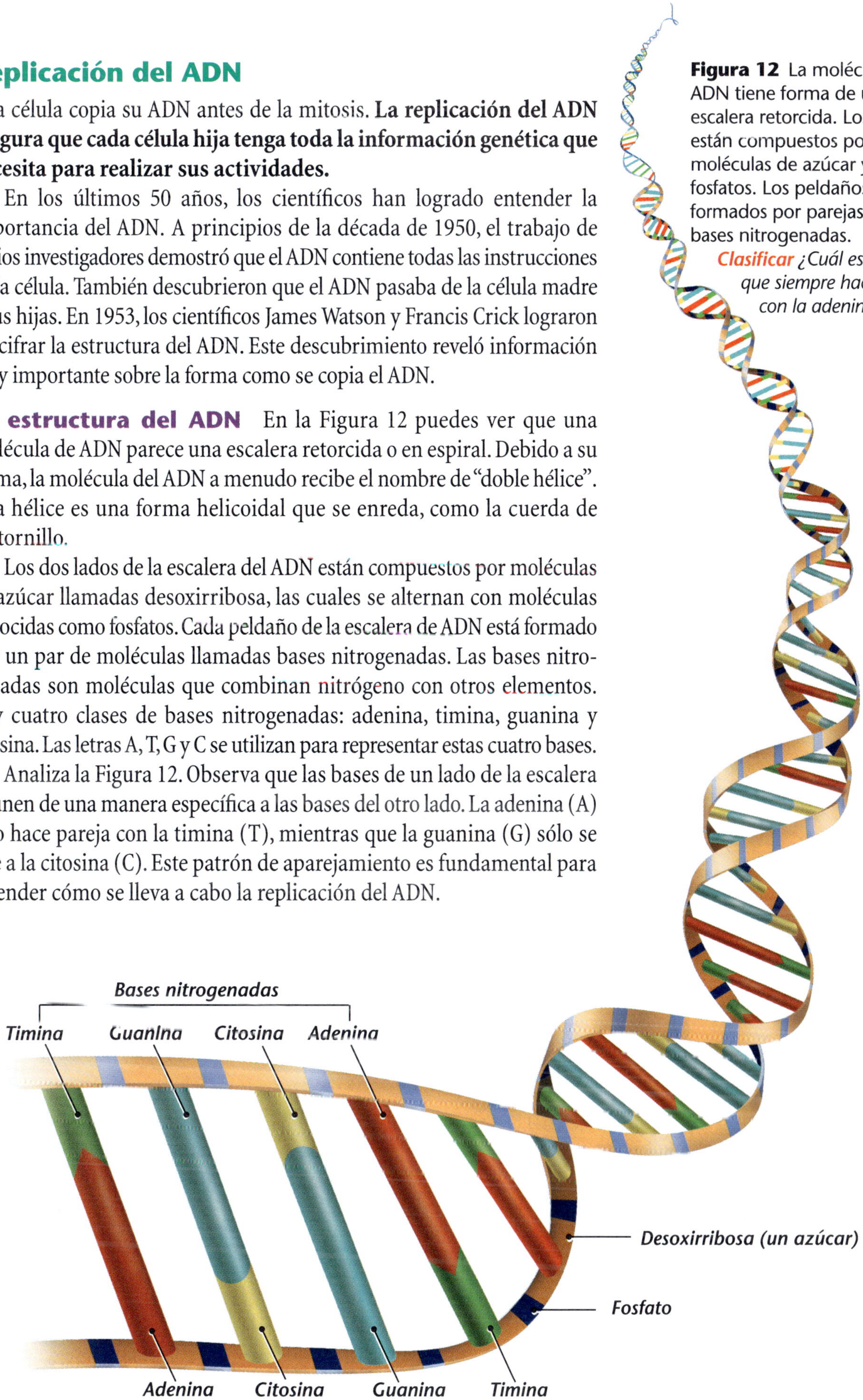

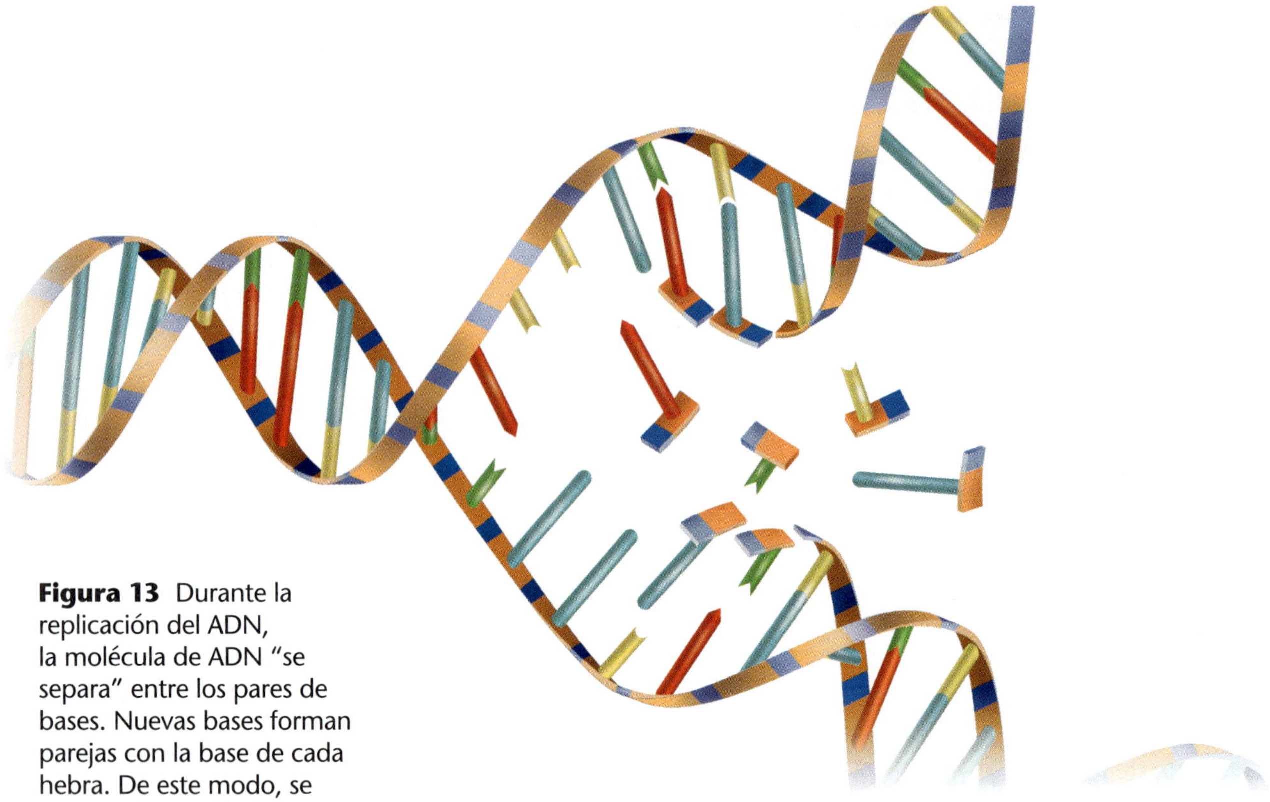

Figura 13 Durante la replicación del ADN, la molécula de ADN "se separa" entre los pares de bases. Nuevas bases forman parejas con la base de cada hebra. De este modo, se forman dos moléculas idénticas de ADN.

El proceso de replicación La replicación del ADN se inicia cuando los dos lados de la molécula se desdoblan y separan, como si abrieras una cremallera. Como puedes ver en la Figura 13, la molécula se separa entre las parejas de bases nitrogenadas de cada peldaño. A continuación, las bases nitrogenadas que flotan en el núcleo hace pareja con las bases de cada mitad de la molécula de ADN. Recuerda que la formación de parejas de bases tiene reglas muy precisas: A siempre se une a T, mientras que G siempre hace pareja con C. Una vez que se han adherido las nuevas bases, se forman dos nuevas moléculas de ADN. El orden de las bases en cada nueva molécula de ADN será exactamente igual al orden que tenían en la molécula original.

Repaso de la sección 3

1. ¿Cuáles son las tres etapas principales del ciclo celular? Describe brevemente lo que sucede en cada etapa.
2. ¿Por qué el ADN de la célula se replica antes de la división?
3. ¿Cómo difiere la citocinesis en las células vegetales y animales?
4. **Razonamiento crítico** **Predecir** Imagina que durante la anafase, los centrómeros no se separaron y tampoco las cromátidas. Predice los resultados.

PROYECTO DEL CAPÍTULO 2

Comprueba tu aprendizaje

En este punto, deberás observar el estado de tus plantas y medir su crecimiento. Haz dibujos para mostrar el aspecto de las plantas en las distintas etapas del proyecto. (*Sugerencia:* Además de la altura total, tal vez podrías anotar el número y la longitud de sus tallos, así como el número, tamaño, color y firmeza de las hojas.)

Laboratorio de destrezas

Calcular

Multiplicación por división

Problema

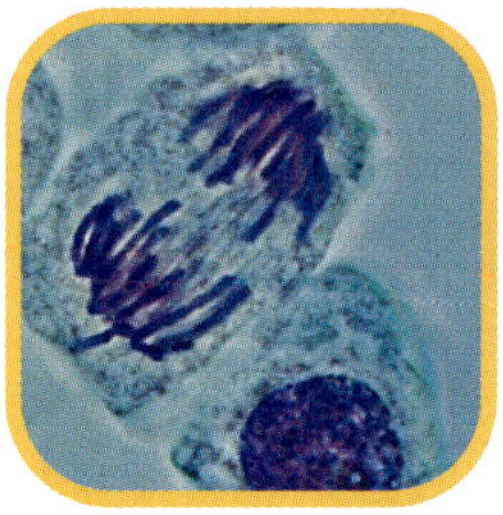

¿Cuánto tardan las etapas del ciclo celular?

Materiales

microscopio
lápices de colores
calculadora (opcional)
platinas con células de raíz de cebolla durante la división celular

Procedimiento

1. Coloca la platina en el portaobjetos del microscopio. Usa una potencia baja para localizar una célula en interfase. Luego cambia a máxima potencia y dibuja la célula con rótulos. **PRECAUCIÓN:** *Las platinas y los cubreobjetos se rompen con facilidad. No toques la platina con el objeto.*
2. Repite el Paso 1 para buscar células en profase, metafase, anafase y telofase. Luego copia la tabla de datos en tu cuaderno.
3. Vuelve a usar una potencia baja. Halla un área con división celular. Cambia a un aumento que te permita ver unas 50 células al mismo tiempo (por ejemplo, 100 ×).

TABLA DE DATOS

Etapa del ciclo celular	Primera muestra	Segunda muestra	Cantidad total
Interfase			
Mitosis: Profase			
Metafase			
Anafase			
Telofase			
Número total de células			

4. Examina las células fila por fila y cuenta las que están en interfase. Anota la cantidad en la tabla de datos, en la columna *Primera muestra*.
5. Examina las células fila por fila cuatro veces más, contando las que están en profase, metafase, anafase y telofase. Anota los resultados.
6. Mueve el objetivo a otra área de la platina. Repite los Pasos 3–5 y anota las cantidades en la columna *Segunda muestra*.
7. Llena la columna *Cantidad total*, sumando las cantidades de cada fila de la tabla.
8. Suma los totales de las cinco etapas para conocer el número total de células que has contado.

Analizar y concluir

1. ¿Qué etapa del ciclo celular observaste con mayor frecuencia?
2. El ciclo celular de la raíz de cebolla tarda alrededor de 720 minutos (12 horas). Utiliza tus datos y la siguiente fórmula para determinar los minutos que tarda cada etapa.

$$\text{Tiempo de cada etapa} = \frac{\text{Número de células en cada etapa}}{\text{Número total de células contadas}} \times 720 \text{ min}$$

3. **Piensa en esto** Usa tus datos para comparar el tiempo de la mitosis con el tiempo total del ciclo celular.

Explorar más

Examina platinas de células animales durante la división celular. Utiliza dibujos y descripciones para comparar la mitosis de plantas y animales.

SECCIÓN 4 Cáncer

DESCUBRE — ACTIVIDAD

¿Qué sucede cuando hay demasiadas células?

1. Con cinta adhesiva marca un espacio de un metro cuadrado en el suelo. Esto representa un área dentro del cuerpo humano. Pide a dos estudiantes que se coloquen dentro del cuadrado, representando a las células.
2. Supón que cada célula se divide cada 30 segundos, y luego muere. Modela esta situación con un grupo de estudiantes. Después de 30 segundos, dos nuevos estudiantes deberán entrar en el cuadrado y uno de los otros tendrá que salir.
3. Modela otra ronda de división celular pidiendo a tres nuevos estudiantes que entren en el cuadrado mientras que otro sale de él. Continúa hasta que ya no quepan más estudiantes en el cuadrado.

Reflexiona sobre

Predecir Usa esta actividad para predecir qué sucedería si algunas células del cuerpo se dividieran más rápido de lo debido.

GUÍA DE LECTURA

- **¿Cómo se relaciona el cáncer con el ciclo celular?**
- **¿De qué manera puede tratarse el cáncer?**

Sugerencia de lectura
Mientras lees, haz una lista de las principales causas del cáncer y cómo evitarlas.

Imagina que tienes proyectado plantar un jardín de flores en tu casa. Después de realizar cuidadosos planes, siembras dragones, geranios y petunias justo en el sitio donde te parece que lucirán más. También plantas una hiedra terrestre porque te parece que resaltaría la belleza de las flores. Riegas tu jardín y esperas a que florezca.

Con gran horror, después de unos meses, observas que la hiedra se ha apropiado del jardín. Donde debía haber flores, sólo hay enredaderas. Unas cuantas flores han sobrevivido. La hiedra ha ocupado mucho más jardín y robado más nutrientes de los que le correspondían. Un vecino comenta: "Esa enredadera está tan fuera de control, que parece un cáncer".

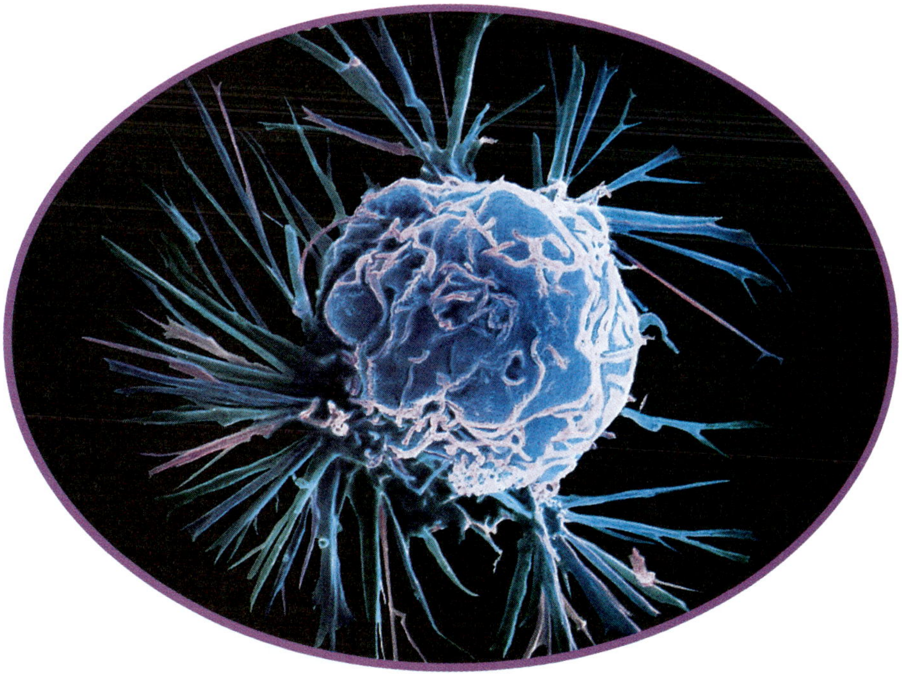

Figura 14 Un tumor canceroso se inicia con una sola célula anormal, como esta célula de cáncer de mama. El ADN de la célula sufre una mutación y altera el ciclo celular normal. ***Relacionar causa y efecto*** *¿Cómo se comporta la célula como resultado de la mutación?*

¿Qué es el cáncer?

Tu vecino comparó la hiedra con un cáncer, porque creció sin control y destruyó otras plantas. El **cáncer** es una enfermedad en la cual las células crecen y se dividen sin control.

El cáncer no es una sola enfermedad. De hecho, hay más de 100 tipos de cáncer. El cáncer se presenta en cualquier parte del cuerpo. El cáncer a menudo recibe el nombre de la parte del cuerpo donde se origina. En la actualidad, en Estados Unidos, el cáncer pulmonar es la principal causa de muerte por cáncer en hombres y mujeres.

Cómo se origina el cáncer Los científicos consideran que el cáncer empieza cuando algo daña una porción del ADN de un cromosoma. El daño ocasiona un cambio en el ADN llamado **mutación**. Recuerda que el ADN contiene todas las instrucciones necesarias para la vida. Cualquier daño al ADN puede ocasionar que las células funcionen de manera anormal.

En condiciones normales, las células de una parte del cuerpo viven en armonía con todas las células que las rodean. Las células que experimentan la división celular, se dividen de manera controlada. Hay otras células que no se dividen. **El cáncer comienza cuando las mutaciones alteran el ciclo celular normal y ocasionan que las células se dividan sin control.** Las células dejan de actuar con normalidad, crecen demasiado y se dividen con excesiva frecuencia.

Cómo se propaga el cáncer Al principio, una célula se desarrolla de manera anormal. Al dividirse, cada vez más células anormales crecen a su alrededor. Con el tiempo, estas células forman un tumor. Un **tumor** es una masa de células anormales que se desarrolla cuando las células cancerosas se dividen y crecen sin control.

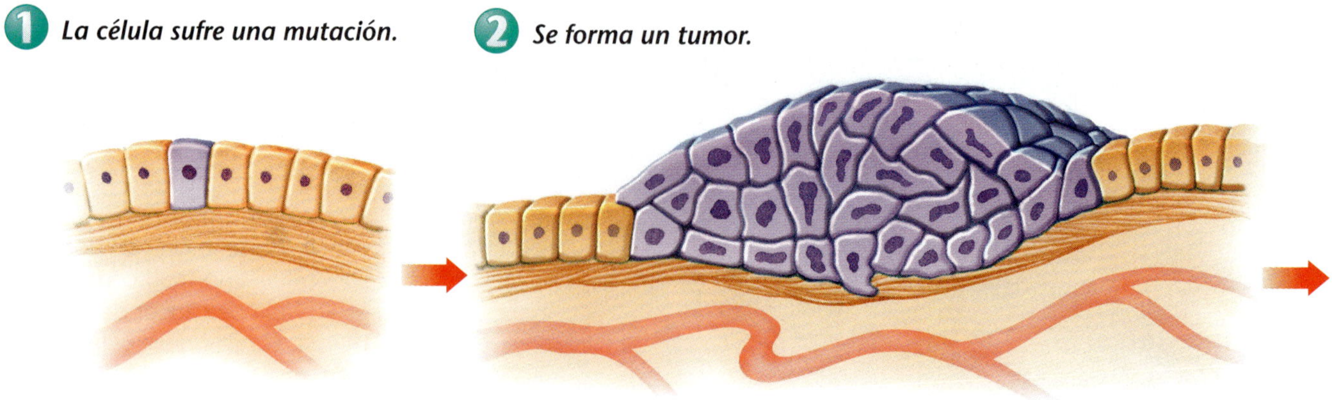

Figura 15 Un tumor es una masa de células que se dividen sin control. Pueden transcurrir muchos años antes que el tumor crezca lo suficiente para ser descubierto. *Interpretar diagramas* *¿Cómo se propaga el cáncer de un lugar a otro del cuerpo?*

La Figura 15 muestra el proceso por el cual se forma un tumor. Los tumores pueden tardar años en crecer a un tamaño notable. Durante ese tiempo, las células se vuelven cada vez más anormales mientras continúan dividiéndose. Algunas células cancerosas se desprenden del tumor y entran en el torrente sanguíneo. Es así como el cáncer puede propagarse a otras partes del cuerpo.

☑ *Punto clave* *¿Cuál es el primer paso que conduce al desarrollo de un tumor?*

Tratamiento del cáncer

Cuando una persona desarrolla cáncer, recibe distintos tratamientos que pueden resultar eficaces para combatir la enfermedad. **Los médicos suelen tratar el cáncer con uno o más de estos tres métodos: cirugía, radiación o medicamentos que destruyen las células cancerosas.**

Cuando se detecta el cáncer antes que pase a otras partes del cuerpo, el tratamiento más recomendable es la cirugía. Si los doctores logran extraer todo el tumor canceroso, el paciente queda curado de la enfermedad. Sin embargo, si el cáncer se ha propagado o no es posible extirpar el tumor, los doctores pueden utilizar radiaciones, que son flujos de ondas de alta energía. Las células cancerosas tienen un crecimiento más acelerado y son más susceptibles a la radiación que las células normales.

Otra forma de tratamiento es la **quimioterapia** o uso de fármacos para matar células cancerosas. La quimioterapia resulta eficaz porque las sustancias se distribuyen por todo el cuerpo, matando a las células cancerosas o frenando su crecimiento.

Por desgracia, no hay un tratamiento perfecto para el cáncer. Casi todos tienen efectos secundarios desagradables o incluso peligrosos. Los científicos siguen buscando nuevos métodos para tratar el cáncer. Por ejemplo, si descubren la forma de controlar a la célula, podrían encontrar la manera de evitar que las células cancerosas realicen el ciclo celular.

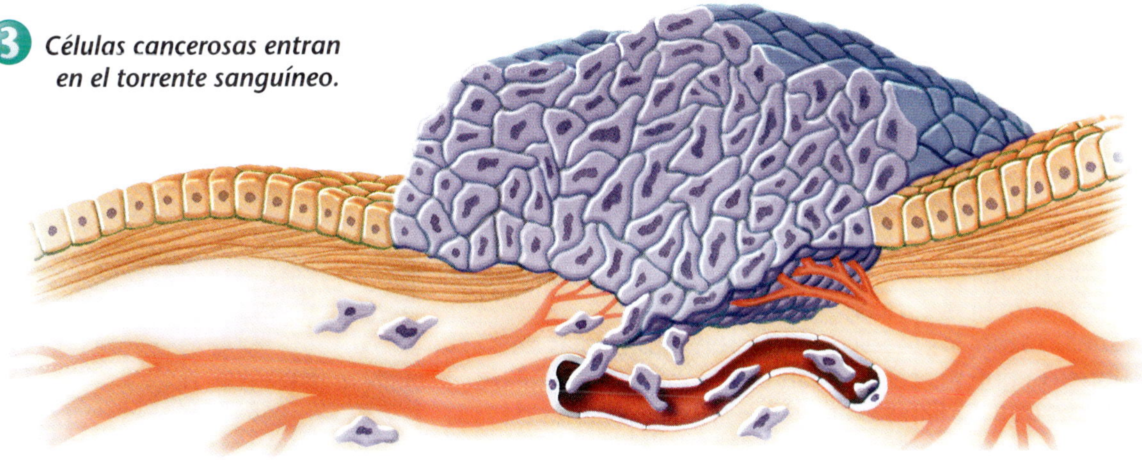

Podrían "apagar" el cáncer antes que cause daños excesivos en el cuerpo. Otra posibilidad de tratamiento para el cáncer es usar medicamentos que impidan el flujo de sangre hacia los tumores. Si no reciben sangre, los tumores no siguen creciendo.

Prevención del cáncer

Los científicos calculan que casi dos terceras partes de las muertes por cáncer se deben al consumo de tabaco o dietas poco saludables. El tabaquismo es la principal causa de cáncer pulmonar. Cuando una persona expone su cuerpo constantemente a las sustancias químicas del tabaco, las células pueden quedar dañadas. Esto podría desarrollar un cáncer.

Te sorprenderá saber que una dieta poco saludable puede ocasionar tantas muertes por cáncer como el tabaquismo. La dieta rica en grasas es particularmente dañina. El consumo habitual de alimentos ricos en grasa, como carnes grasosas y platillos fritos, puede aumentar el riesgo de desarrollar cáncer. Una dieta con abundantes frutas, verduras y granos reduce el riesgo de desarrollar algunos tipos de cáncer.

Repaso de la sección 4

1. Explica la relación entre el cáncer y el ciclo celular.
2. Describe las tres formas de tratamiento para el cáncer.
3. Menciona dos hábitos higiénicos que pueden evitar el cáncer.
4. **Razonamiento crítico** **Relacionar causa y efecto** ¿De qué manera el tabaco ocasiona que se desarrolle el cáncer pulmonar?

PROYECTO DEL CAPÍTULO 2

Comprueba tu aprendizaje

Ha llegado el momento de hacer las últimas observaciones de tus plantas. Luego examina todos los datos que has reunido. ¿Cuáles puedes presentar en una gráfica? ¿Qué diagramas muestran las principales diferencias entre tus dos plantas? Escribe un breve resumen que describa tu plan experimental y los resultados.

CIENCIAS Y SOCIEDAD

¿A quién pertenecen tus células?

John Moore estaba gravemente enfermo. Tenía leucemia, cáncer de las células sanguíneas, y su bazo estaba a punto de estallar. Los médicos extirparon el bazo, pero el estado de Moore aún era crítico. Sin embargo, Moore tuvo una recuperación asombrosa. Los médicos se preguntaron si el cuerpo de Moore producía células de defensa para combatir el cáncer.

Sin explicarle la razón, los médicos reunieron más células de Moore. Descubrieron que sus células eran una "fábrica" natural de sustancias químicas que podían salvar vidas. Después de años de investigación, los médicos vendieron las células por varios millones de dólares a una compañía que quería usarlas para producir medicinas. Cuando Moore se enteró, demandó a los médicos, argumentando que él era dueño de sus células. ¿Crees que tenía razón?

Temas de debate

¿Los pacientes tienen derecho sobre sus células? Una vez que las células salen del cuerpo, la persona ya no puede controlarlas. Por ejemplo, los individuos que donan sangre no pueden indicar al banco de sangre lo que deben hacer con ella. Cualquier persona puede decidirse o no a donar sus órganos al morir. Hay muchos que creen que deben tener la posibilidad de elegir si sus células pueden utilizarse en investigaciones médicas.

¿Los médicos tienen el derecho de usar células de otras personas? Algunos médicos consideran que si la gente pudiera controlar lo que se hace con sus células, surgirían dificultades para encontrar nuevas curas a diversas enfermedades. Los científicos necesitan libertad para experimentar y aprender de sus investigaciones. Pero ¿quién debe recibir el dinero obtenido de una investigación que podría salvar vidas? Los médicos argumentaron que las ganancias de la venta de las células de Moore les pertenecían. Moore había firmado un consentimiento que concedía a sus médicos el permiso para operar y extraer sus células. El arduo trabajo y los conocimientos de sus médicos habían convertido las células en objetos valiosos.

Otras personas argumentan que los pacientes no tienen suficiente protección. Cuando Moore aceptó la operación, no pensó en lo que ocurriría con sus células. Su única preocupación era que necesitaba una operación para salvar su vida.

¿Cuál fue la decisión? En el caso de Moore, la Suprema Corte de California dictaminó que los médicos eran propietarios de las células cuando éstas salieron del cuerpo de Moore. Sin embargo, la Corte agregó que los médicos debieron solicitar un permiso específico de Moore para utilizar sus células. Moore recibió una pequeña cantidad de dinero, apenas suficiente para cubrir sus gastos legales.

Tú decide

1. Identifica el problema
Describe, en tus propias palabras, la controversia generada por la demanda de John Moore contra sus médicos.

2. Analiza las opciones
Enumera las opciones que pudo haber considerado la Suprema Corte de California al tomar una decisión. Asegúrate de incluir soluciones en las que ni Moore ni sus médicos obtengan todo lo que piden.

3. Encuentra una solución
Imagina que eres jurado en el caso Moore. Elige una solución que te parezca justa para Moore y sus médicos, y que además sea lo mejor para la sociedad. Explica tus razones para respaldar esta decisión.

GUÍA DE ESTUDIO

CAPÍTULO 2 REPASO

SECCIÓN 1 Fotosíntesis

Ideas clave

- Durante la fotosíntesis, las plantas y algunos otros organismos usan la energía del sol para transformar dióxido de carbono y agua en oxígeno y azúcares, como glucosa.
- Durante la primera etapa de la fotosíntesis, la clorofila y otros pigmentos vegetales captan la energía de la luz solar. En la segunda etapa, la célula usa esta energía para producir azúcares a partir de dióxido de carbono y agua.
- Casi todos los seres vivos obtienen la energía que necesitan, directa o indirectamente, del sol.

Términos clave

fotosíntesis, clorofila, autótrofo, pigmento, estomas, heterótrofo

SECCIÓN 2 Respiración

Ideas clave

- La respiración es un proceso por el cual la célula degrada alimentos simples, como glucosa, y libera la energía que contienen.
- Durante la respiración, la glucosa y el oxígeno se convierten en dióxido de carbono y agua.
- La fotosíntesis y la respiración pueden considerarse procesos opuestos. Estos dos procesos forman un ciclo que mantiene constantes los niveles de oxígeno y dióxido de carbono en la atmósfera.
- La fermentación proporciona energía a las células sin necesidad de utilizar oxígeno.

Términos clave

respiración, fermentación

SECCIÓN 3 División celular

Ideas clave

- Las células pasan por un ciclo normal de crecimiento y división llamado ciclo celular.
- Durante la interfase, la célula crece a su máximo tamaño, copia el ADN y se prepara para dividirse en dos células. Durante la mitosis, una copia del ADN se distribuye a cada una de las dos células hijas. Durante la citocinesis se divide el citoplasma celular y se distribuyen los organelos en cada una de las dos células nuevas.
- La replicación del ADN garantiza que cada célula hija tenga toda la información genética que necesita para realizar sus actividades.

Términos clave

ciclo celular, interfase, replicación, mitosis, cromosoma, cromátida, citocinesis

SECCIÓN 4 Cáncer

INTEGRAR LA SALUD

Ideas clave

- El cáncer se inicia cuando el ciclo celular normal se ve alterado por mutaciones que hacen que las células se dividan sin control.
- Mientras las células sigan dividiéndose, se desarrollará un tumor. Algunas células cancerosas pueden desprenderse del tumor, entrar en el torrente sanguíneo y propagarse hacia otras partes del cuerpo.
- El cáncer suele tratarse con cirugía, radiación o quimioterapia.

Términos clave

cáncer, mutación, tumor, quimioterapia

ACTIVIDAD

USAR LA INTERNET

www.science-explorer.phschool.com

Repaso del contenido

Para repasar los conceptos clave, consulta el Interactive Student Tutorial CD-ROM.

Opción múltiple

Elige la letra de la respuesta correcta.

1. El organelo donde se lleva a cabo la fotosíntesis es
- **a.** mitocondria.
- **b.** cloroplasto.
- **c.** clorofila.
- **d.** núcleo.

2. ¿Qué proceso es el responsable de producir la mayor cantidad del oxígeno de la Tierra?
- **a.** fotosíntesis
- **b.** replicación
- **c.** mutación
- **d.** respiración

3. El proceso por el cual la célula hace una copia exacta de su ADN es
- **a.** fermentación.
- **b.** respiración.
- **c.** replicación.
- **d.** reproducción.

4. Las cromátidas se mantienen unidas mediante un
- **a.** huso.
- **b.** cloroplasto.
- **c.** centrómero.
- **d.** membrana celular.

5. Una masa de células cancerosas se conoce como
- **a.** tumor.
- **b.** cromosoma.
- **c.** mutación.
- **d.** mitocondria.

Falso o verdadero

Si el enunciado es verdadero, escribe verdadero. Si es falso, cambia la palabra o palabras subrayadas para hacer verdadero el enunciado.

6. Un organismo que produce su propia comida es un autótrofo.

7. El proceso de la respiración se lleva a cabo principalmente en las mitocondrias.

8. Un proceso que libera energía y no requiere oxígeno es la replicación.

9. La etapa del ciclo celular en que ocurre la replicación del ADN es la telofase.

10. La división celular descontrolada es una característica del cáncer.

Revisar los conceptos

11. Explica brevemente lo que sucede con la energía del sol durante la fotosíntesis.

12. Explica de qué manera los heterotrofos dependen de la energía del sol.

13. ¿Por qué los organismos necesitan realizar el proceso de respiración?

14. Describe lo que ocurre durante la interfase.

15. ¿De qué manera el ciclo celular asegura que las células hijas sean idénticas a la célula madre?

16. Describe cómo suele iniciarse el cáncer en el cuerpo.

17. Escribir para aprender Escribe un párrafo describiendo el viaje de una molécula de oxígeno que pasa de una planta a otro organismo.

Razonamiento gráfico

18. Diagrama de ciclos En una hoja de papel, copia el diagrama del ciclo celular. Después complétalo y ponle un título. (Para más información acerca de los diagramas de ciclos, consulta el Manual de destrezas.)

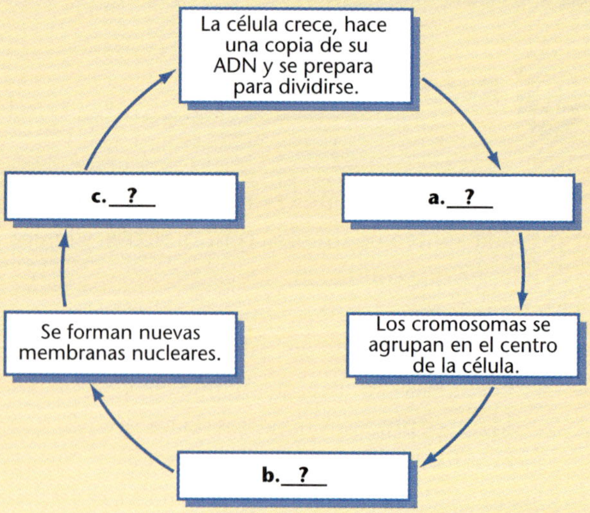

Aplicar las destrezas

Usa esta tabla para responder las Preguntas 19–21.

Porcentajes de bases nitrogenadas en el ADN de diversos organismos

Base nitrogenada	Humano	Trigo	Bacteria *E. coli*
Adenina	30%	27%	24%
Guanina	20%	23%	26%
Timina	30%	27%	24%
Citosina	20%	23%	26%

19. Hacer gráficas Dibuja una gráfica de barras para cada organismo, mostrando los porcentajes de cada base nitrogenada en su ADN.

20. Interpretar datos ¿Cuál es la relación entre las cantidades de adenina y timina en el ADN de cada organismo? ¿Entre las cantidades de guanina y citosina?

21. Inferir Con base en tu respuesta de la Pregunta 20, ¿qué puedes inferir sobre la estructura del ADN de estos tres organismos?

Razonamiento crítico

22. Predecir Imagina que un volcán lanzó tanta ceniza al aire, que bloqueó el paso de casi toda la luz solar que llega a la Tierra. ¿Cómo afectaría esto la capacidad de los animales para obtener la energía necesaria para vivir?

23. Aplicar los conceptos Explica la relación entre los procesos de respiración y respiración pulmonar.

24. Comparar y contrastar Compara y contrasta fotosíntesis y respiración en términos de materias primas, productos y el lugar donde se llevan a cabo.

25. Inferir Imagina que una cadena de la molécula de ADN contiene las siguientes bases: A C G T C T G. ¿Cuáles serían las bases de la otra cadena?

26. Hacer generalizaciones Imagina que quieres reducir tu riesgo de desarrollar cáncer. Describe tres medidas que podrías adoptar para disminuir tu riesgo.

Evaluación del rendimiento

PROYECTO DEL CAPÍTULO 2

Para terminar

Presenta tu proyecto Lleva tus plantas, observaciones y gráficas a la escuela para compartirlas con la clase. Prepárate para describir tu plan experimental y los resultados. ¿Qué te enseñó el experimento sobre la fotosíntesis y la luz?

Reflexiona y anota ¿Pudiste seguir bien tu plan experimental? Describe las dificultades o sorpresas que tuviste. Si tuvieras que realizar otro estudio de plantas y luz, ¿qué cambiarías? ¿Por qué?

Participa

En tu escuela Crea un tablero informativo con artículos de periódicos y revistas recientes que analicen los adelantos en la investigación del cáncer. Busca artículos sobre distintos tipos de cáncer, las causas de la enfermedad y nuevos desarrollos en el tratamiento. Escribe un párrafo por cada artículo, resumiendo los hallazgos.

CAPÍTULO

3 Genética: La ciencia de la herencia

LO QUE ENCONTRARÁS

Integrar las matemáticas

PROYECTO 3

Todo en familia

¿Te has preguntado por qué unos hijos se parecen a sus padres y otros no? En este capítulo aprenderás cómo es que los hijos llegan a tener características similares a sus progenitores. En este proyecto, crearás una familia de "mascotas de papel" para explorar cómo se transmiten las características de padres a hijos.

Tu objetivo Crear una "mascota de papel" que se cruzará con la mascota de algún compañero y determinarás las características de su descendencia.

Para completar este proyecto con éxito, tendrás que:

- crear tu propia mascota de papel con cinco características exclusivas
- cruzar tu mascota con otra para producir seis crías
- determinar las características que tendrán los hijos y explicar cómo las adquirieron

Para empezar Recorta tu mascota en cartulina azul o amarilla. Elige otras características de esta lista: género masculino o femenino; ojos cuadrados o redondos; nariz ovalada o triangular; dientes puntiagudos o cuadrados. Luego, crea la mascota con los materiales de tu elección.

Comprueba tu aprendizaje Trabajarás en este proyecto mientras estudias el capítulo. Para mantener tu proyecto en marcha, revisa los cuadros de Comprueba tu aprendizaje en los puntos siguientes:

Repaso de la Sección 1, página 85: Identifica el genotipo de tu mascota.

Repaso de la Sección 3, página 100: Determina las características que tendrán las crías de tu mascota.

Repaso de la Sección 4, página 106: Haz una presentación de la familia de tu mascota.

Para terminar Al final del capítulo (página 109), tu compañero y tú presentarán la familia de sus mascotas y analizarán los patrones de la herencia.

Estos cachorros de bóxer y su madre se parecen entre sí en muchas formas. Sin embargo, hay notables diferencias entre un perro y otro.

SECCIÓN 4 **La conexión del ADN**

Descubre ¿Puedes descifrar el código?
Mejora tus destrezas Predecir

SECCIÓN 1 El trabajo de Mendel

DESCUBRE ACTIVIDAD

¿Qué aspecto tiene el padre?

1. Observa los colores de cada cría de gato en la foto. Anota el color y características de sus pieles. Incluye todos los detalles posibles.
2. Observa a la gata de la foto. Anota el color y las características de su piel.

Reflexiona sobre

Inferir Con base en tus observaciones, describe el posible aspecto del padre de los gatitos. Identifica las pruebas que apoyen tu inferencia.

GUÍA DE LECTURA

- **¿Qué factores controlan los rasgos hereditarios de un organismo?**

Sugerencia de lectura **Antes de leer, revisa la sección y enumera los términos que aparecen resaltados en negritas. Mientras lees, escribe la definición de cada término usando tus propias palabras.**

Gregor Mendel en el jardín del monasterio ▼

Era el año 1851. Gregor Mendel, joven sacerdote de un monasterio en Europa Central, ingresó en la Universidad de Viena para estudiar matemáticas y ciencias. Dos años más tarde, Mendel volvió al monasterio y empezó a dar clases en un bachillerato cercano.

Mendel también atendía el jardín del monasterio, donde cultivaba cientos de plantas de guisantes. Se sintió intrigado al observar que algunas plantas tenían diferentes características físicas o **rasgos.** Algunas plantas de guisantes crecían muy alto, mientras que otras eran cortas. Algunas producían semillas verdes y otras, amarillas.

Mendel observó que los rasgos de las plantas a menudo eran similares a los caracteres de las plantas que las originaron. Sin embargo, a veces las plantas tenían rasgos distintos de sus padres. La transmisión de rasgos de padres a hijos se conoce como **herencia.** Durante más de diez años, Mendel experimentó con miles de plantas de guisantes para comprender el proceso de la herencia. El trabajo de Mendel se convirtió en el fundamento de la **genética,** la ciencia que estudia la herencia.

Los guisantes de Mendel

Mendel tomó una sabia decisión cuando decidió estudiar guisantes en vez de otras plantas del jardín de su monasterio. Las plantas de guisantes son fáciles de estudiar debido a que muchos de sus rasgos sólo se presentan en dos formas. Por ejemplo, los tallos son largos o cortos, no hay un tamaño intermedio. Asimismo, los guisantes de jardín producen muchos retoños en una misma generación. Por consiguiente, es fácil reunir gran cantidad de datos para analizarlos.

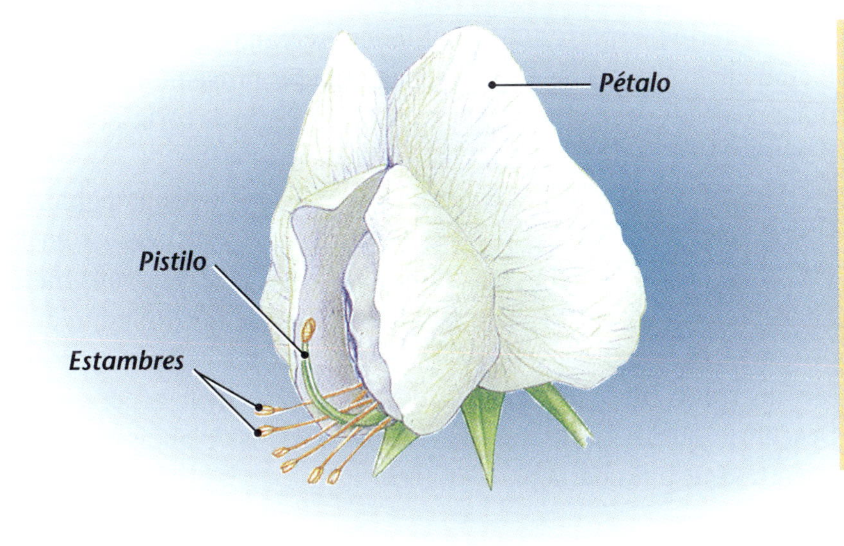

Figura 1 Los guisantes de jardín suelen reproducirse por autopolinización. El polen de los estambres cae en el pistilo de la misma flor. Las plantas que resultan de la autopolinización heredan las características de una planta progenitora única. **Aplicar los conceptos** *¿Cómo impidió Mendel que las plantas se autopolinizaran?*

La Figura 1 muestra una planta de guisantes en flor. Observa que los pétalos de la flor rodean al pistilo y los estambres.El pistilo produce células sexuales femeninas u óvulos, mientras que los estambres producen las células sexuales masculinas o polen.

Las plantas de guisantes suelen autopolinizarse en condiciones naturales. Esto significa que el polen cae en el pistilo de la misma flor. Mendel desarrolló un método para realizar una polinización cruzada o "cruza" plantas de guisantes. A fin de cruzar dos plantas, quitó el polen de la flor de una planta y lo frotó en la flor de otra. Para evitar que las plantas se autopolinizaran, quitó con sumo cuidado los estambres de las flores de la segunda planta.

Los experimentos de Mendel

Imagina que tienes un jardín lleno de plantas de guisantes y quieres estudiar la herencia de rasgos. ¿Qué harías? Mendel decidió cruzar plantas con formas opuestas de cierto rasgo, por ejemplo, plantas altas con plantas cortas. Inició sus experimentos con plantas de cepa pura. Una planta de **cepa pura** siempre produce retoños con los mismos rasgos de la planta progenitora. Por ejemplo, los guisantes cortos de cepa pura siempre producen retoños cortos. Los guisantes altos producen siempre retoños altos. Para producir plantas de cepa pura, Mendel permitió que los guisantes de un rasgo particular se autopolinizaran durante varias generaciones. Como usaba plantas de cepa pura, sabía que los rasgos de los retoños siempre serían idénticos a los de los progenitores.

En su primer experimento, Mendel cruzó plantas altas de cepa pura con plantas cortas de cepa pura. Dio a las plantas originales el nombre de generación progenitora o generación P. Los retoños de esta cruza fueron la primera generación filial o generación F_1. El término *filial* significa "hijo" en latín

Artes del lenguaje CONEXIÓN

Gregor Mendel presentó una detallada descripción de sus observaciones en un artículo científico publicado en 1866. En el siguiente extracto, observa la claridad con que describe sus observaciones de dos diferentes formas de semilla de guisante.

"Estas son redondas o redondeadas y las depresiones, si las hay, ocurren en la superficie, siendo siempre poco profundas; o bien son irregularmente angulares y están profusamente arrugadas."

En tu diario

Elige un objeto común, como un trozo de fruta o un bolígrafo. Enumera sus características. Luego escribe un párrafo describiendo el objeto. Utiliza un lenguaje claro y preciso en la descripción.

La Figura 2 presenta los resultados de la primera cruza de Mendel. Para la enorme sorpresa de Mendel, todos los retoños de la generación F_1 fueron altos. A pesar de que una de las plantas progenitoras era corta, ninguno de los retoños adquirió ese rasgo. ¡El rasgo de corta altura había desaparecido!

Mendel permitió que la generación F_1 creciera y se autopolinizara. Los resultados de este experimento también lo sorprendieron. Las plantas de la generación F_2 (segunda generación filial) eran una mezcla de plantas altas y cortas. Esto ocurrió a pesar de que ninguno de los progenitores F_1 era corto. El rasgo de corta altura había reaparecido. Mendel contó el número de plantas altas y bajas de la generación F_2. Descubrió que cerca de tres cuartas partes de las plantas eran altas, mientras que una cuarta parte eran cortas.

☑ *Punto clave* *¿Qué es una planta de cepa pura?*

Otros rasgos

Además de la altura del tallo, Mendel estudio otros seis rasgos de los guisantes de jardín: forma de la semilla, color de la semilla, color del tegumento, forma de la vaina, color de la vaina y disposición de las flores. La Figura 3 presenta una comparación de las dos formas de cada rasgo. Mendel cruzó plantas de estos rasgos con la misma técnica que usó para la altura del tallo. Los resultados de cada experimento fueron similares a los que observó en el tallo. En la generación F_1 aparecía un solo rasgo. Sin embargo, en la generación F_2 el rasgo "perdido" siempre volvía a presentarse en la cuarta parte de las plantas.

Figura 2 Cuando Mendel cruzó guisantes de cepa pura con tallo alto y corto, todos los retoños de la generación F_1 fueron altos. En la generación F_2, tres cuartas partes de las plantas fueron altas y una cuarta parte fueron cortas.

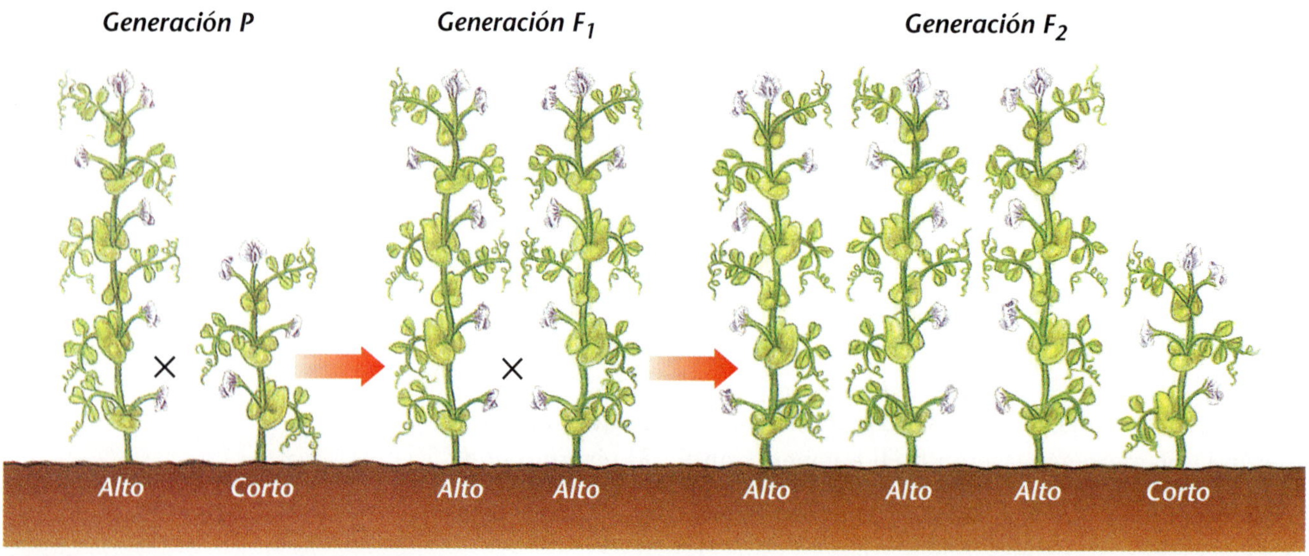

Genética de las plantas de guisantes

Rasgos	Forma de la semilla	Color de la semilla	Color del tegumento	Forma de la vaina	Color de la vaina	Disposición de las flores	Altura del tallo
Controlado por alelo dominante	Redonda	Amarillo	Gris	Lisa	Verde	Lateral	Alto
Controlado por alelo recesivo	Arrugada	Verde	Blanca	Rugosa	Amarillo	Final	Corto

Figura 3 Mendel estudió siete rasgos distintos en las plantas de guisantes. Cada rasgo tiene dos formas distintas. ***Interpretar diagramas*** *¿Las semillas de color amarillo están controladas por un alelo dominante o recesivo? ¿Qué clase de alelo controla las vainas de forma rugosa?*

Alelos dominantes y recesivos

A partir de sus resultados, Mendel dedujo que había factores individuales que controlaban los rasgos heredados en los guisantes. Los factores que controlan los rasgos siempre se presentan en pares. La madre aporta un factor y el padre proporciona el otro.

Mendel concluyó que un factor del par puede ocultar al otro factor. Por ejemplo, el factor de tallo alto ocultó el factor de tallo corto en la generación F_1.

En la actualidad, los científicos llaman **genes** a los factores que controlan los rasgos. Asimismo, las diferentes formas de un gen se denominan **alelos.** Por ejemplo, el gen que controla la altura del tallo de guisantes tiene un alelo para tallos altos y un alelo para tallos cortos. Cada planta de guisantes hereda una combinación de alelos de sus progenitores, que pueden ser dos alelos para tallo alto, dos alelos para tallo corto, o un alelo para cada tipo de tallo.

Los alelos individuales controlan la herencia de rasgos. Algunos alelos son dominantes, mientras que otros son recesivos. Un **alelo dominante** es aquel cuyo rasgo siempre es visible en un organismo cuando el alelo está presente. Por otra parte, un **alelo recesivo** queda oculto o encubierto cuando hay un alelo dominante. El rasgo controlado por el alelo recesivo sólo se manifiesta cuando el organismo no tiene el alelo dominante.

En las plantas de guisantes, el alelo de tallos altos domina sobre el alelo de tallos cortos. Las plantas de guisantes con un alelo de tallo alto y un alelo de tallo corto, siempre son altas. Es decir, el alelo de tallo alto oculta al alelo de tallo corto. Sólo las plantas que heredan dos alelos recesivos son cortas.

Figura 4 Estos conejos tienen algunos rasgos controlados por alelos dominantes y otros controlados por alelos recesivos. Por ejemplo, el alelo de pelaje negro domina sobre el alelo de pelaje blanco. **Inferir** *¿Qué combinación de alelos debe tener un conejo blanco?*

Comprensión de las cruzas de Mendel

Puedes comprender los resultados de Mendel si sigues el rastro de la herencia de alelos en sus experimentos. Así, las plantas de cepa pura en la generación P tenían dos alelos idénticos para la altura del tallo. Las plantas altas de cepa pura tenían dos alelos para tallos altos. Las plantas cortas de cepa pura tenían dos alelos para tallo corto. En la generación F_1, todas las plantas recibieron un alelo para tallo alto de un progenitor. También recibieron un alelo para tallo corto del otro progenitor. Las plantas F_1 se conocen como **híbridos** porque tienen dos alelos distintos para un rasgo. Todas las plantas F_1 son altas porque el alelo dominante para tallo largo enmascara al alelo recesivo para tallo corto.

Cuando Mendel cruzó las plantas híbridas de la generación F_1, algunos descendientes heredaron dos alelos dominantes para tallo largo. Estas plantas fueron altas. Otras heredaron un alelo dominante para tallo largo y uno recesivo para tallo corto. Estas plantas también fueron altas. Las demás heredaron dos alelos recesivos para tallo corto. Estas plantas fueron cortas.

☑ *Punto clave* *¿Qué combinaciones de alelos puede tener una planta de guisantes con tallo alto?*

Uso de símbolos en genética

Los genetistas modernos usan un método estándar de abreviaturas para describir los alelos de cruzas genéticas. En vez de escribir palabras completas, como "tallos altos", para representar alelos, sólo utilizan letras. Un alelo dominante se representa con una letra mayúscula. Por ejemplo, el alelo para tallos altos se representa con una *T* (por la palabra *tall*, en inglés). El alelo recesivo se representa con la misma letra, pero en minúscula. De este modo, el alelo para tallo corto estaría representado por una *t*. Si la planta hereda dos alelos dominantes para tallo largo, sus alelos se representan como *TT*. Cuando la planta hereda dos alelos recesivos para tallo corto, los alelos son *tt*. Si la planta hereda un alelo para tallo largo y otro para tallo corto, los alelos se expresan como *Tt*.

Figura 5 El alelo dominante para los calabacines de cáscara amarilla se representa con la letra *Y* (por *yellow*, en inglés). El alelo recesivo para los calabacines de cáscara verde se representa como *y*.

La contribución de Mendel

En 1866, Mendel presentó sus resultados ante una sociedad científica que se reunía regularmente cerca del monasterio. En su artículo, Mendel describió los principios de la herencia que había descubierto. Por desgracia, los demás científicos no entendieron la importancia del trabajo de Mendel. Algunos pensaron que había simplificado en exceso el proceso de la herencia. Otros jamás leyeron el artículo o ni siquiera oyeron hablar de sus trabajos. En aquellos días, los científicos de distintas partes del mundo vivían aislados. Mendel se encontraba aún más solo porque no formaba parte de una universidad. Recuerda que no había teléfonos ni computadoras para enviar correo electrónico.

El trabajo de Mendel cayó en el olvido durante 34 años. En 1900, tres científicos descubrieron los trabajos de Mendel. Cada uno había realizado las mismas observaciones y reconocieron de inmediato la importancia de los trabajos de Mendel. Muchos principios genéticos descubiertos por Mendel todavía tienen validez en la actualidad. Debido a su trabajo, Mendel es considerado el Padre de la genética.

Repaso de la sección 1

1. Explica cómo se controla la herencia de rasgos en los organismos. Utiliza los términos *genes* y *alelos* en tu explicación.
2. ¿Qué es un alelo dominante? ¿Qué es un alelo recesivo? Da un ejemplo de cada uno.
3. El alelo de semillas redondas se representa con una *R*. Imagina que la planta de guisantes heredó dos alelos recesivos para semillas arrugadas. ¿Cómo escribirías los símbolos de estos alelos?
4. **Razonamiento crítico** **Aplicar los conceptos** ¿Crees que una planta de guisantes de tallo corto puede ser un híbrido? ¿Por qué?

PROYECTO DEL CAPÍTULO 3

Comprueba tu aprendizaje

Ya debes haber construido tu mascota de papel. Ahora, escribe por detrás los alelos que tiene tu mascota para cada rasgo. Usa XX para la hembra y XY para el macho. Los alelos dominantes de los otros cuatro rasgos son: *B* (por *blue*, para piel azul), *R* (ojos redondos), *T* (nariz triangular) y *P* (dientes puntiagudos). (*Sugerencia:* Si tu mascota tiene un rasgo controlado por un alelo dominante, puedes elegir las posibles combinaciones de alelos de tu mascota.)

Desarrollar hipótesis

Un estudio de la clase

En este experimento explorarás cuánto pueden variar los rasgos en un grupo de personas: tus compañeros.

Problema

¿Consideras que los rasgos controlados por alelos dominantes son más comunes que los rasgos controlados por alelos recesivos?

Materiales

espejo (opcional) papel FTC

Procedimiento

Parte 1 Alelos dominantes y recesivos

1. Escribe una hipótesis que refleje tus opiniones sobre el problema planteado. Luego copia la tabla de datos.
2. Trabaja con un compañero en los rasgos A, B, C, D y E, para determinar cuáles tienes. Circula los rasgos en la tabla.
3. Para el rasgo F, lava y seca bien tus manos. Prueba el papel FTC que te entregará el maestro. Circula "percibe el sabor FTC" o "No percibe el sabor FTC" en la tabla de datos. **PRECAUCIÓN:** *Nunca pruebes una sustancia del laboratorio, a menos que lo indique tu maestro.*
4. Cuenta el número de estudiantes que tienen cada uno de los rasgos. Anota la cantidad en tu tabla. También debes anotar el número total de estudiantes.

TABLA DE DATOS

Cantidad total _______

	Rasgo 1	Cantidad	Rasgo 2	Cantidad
A	Lóbulos sueltos		Lóbulos unidos	
B	Vello en los dedos		Sin vello en los dedos	
C	Pico de viuda		Sin pico de viuda	
D	Cabello rizado		Cabello lacio	
E	Barbilla hendida		Barbilla lisa	
F	Percibe el sabor FTC*		No percibe el sabor FTC*	

*FTC significa feniltiocarbamida.

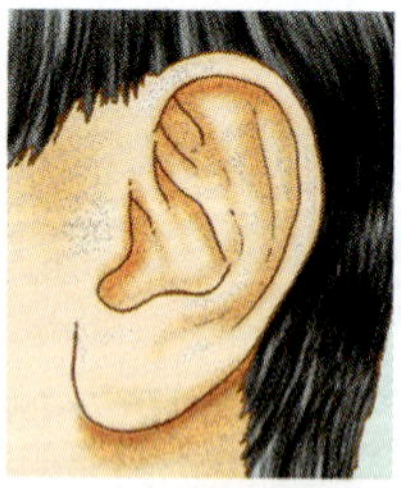
Lóbulo suelto

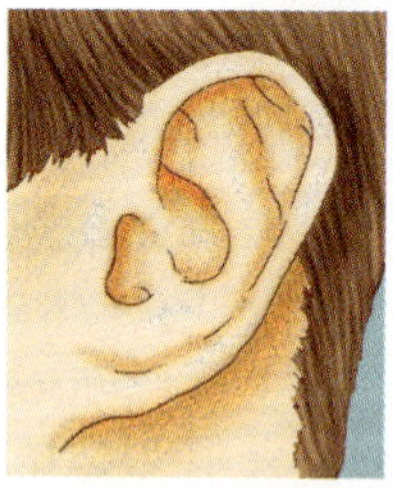
Lóbulo unido

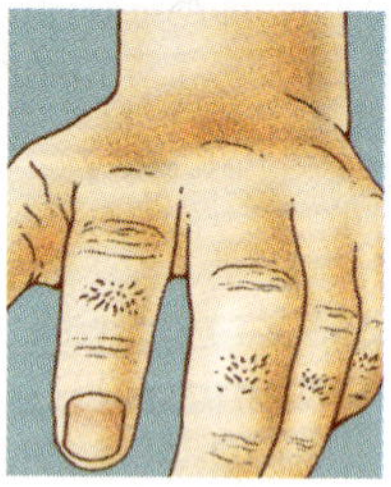
Vello en los dedos

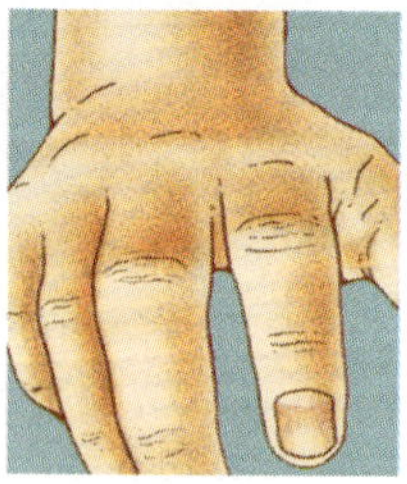
Sin vello en los dedos

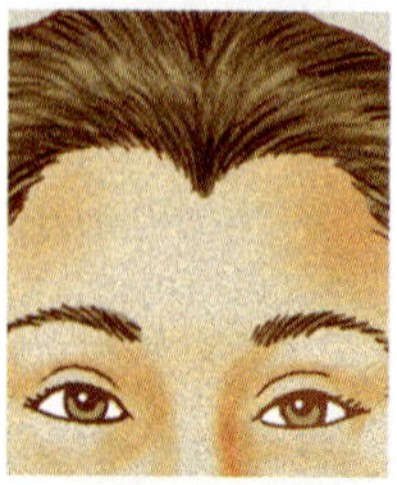
Pico de viuda

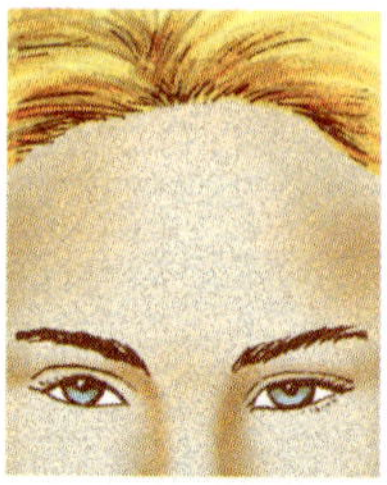
Sin pico de viuda

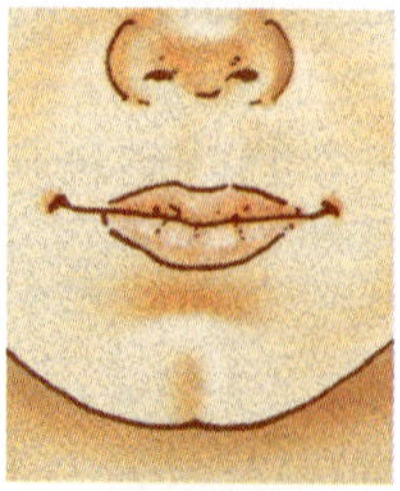
Barbilla hendida

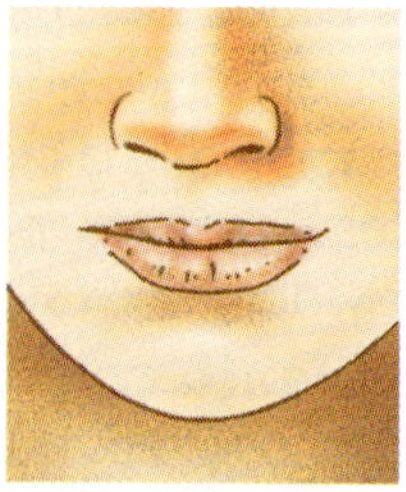
Barbilla lisa

Parte 2 ¿Tus rasgos son únicos?

5. Observa este círculo de rasgos. Los rasgos de tu tabla aparecen en el círculo. Coloca el borrador de tu lápiz en el círculo central, sobre un rasgo que se aplique a ti.
6. Observa los dos rasgos que colindan con el espacio donde está el borrador. Desliza el borrador a la siguiente descripción que se aplique a ti. Sigue el rastro de tus rasgos, hasta llegar a un número del anillo exterior del círculo. Comparte el número con tus compañeros.

Analizar y concluir

1. Los rasgos bajo Rasgos 1 en la tabla de datos los controla un alelo dominante. Los rasgos bajo Rasgos 2 los controla un alelo recesivo.¿Cuáles de los rasgos controlados por alelos dominantes son visibles en la mayoría de los estudiantes?¿Cuáles de los rasgos controlados por alelos recesivos son visibles en la mayoria de los estudiantes?
2. ¿Cuántos estudiantes tuvieron el mismo número en el círculo de rasgos? ¿Cuántos estudiantes fueron los únicos en obtener un número determinado? ¿Qué indican los resultados acerca de la combinación de rasgos de una persona?
3. **Piensa en esto** ¿Tus datos apoyan la hipótesis que propusiste en el Paso 1? Explica tu respuesta con ejemplos.

Crear un experimento

¿Crees que las personas emparentadas tienen más semejanzas genéticas entre sí que con las personas que no pertenecen a la familia? Escribe una hipótesis. Luego diseña un experimento para comprobar tu hipótesis.

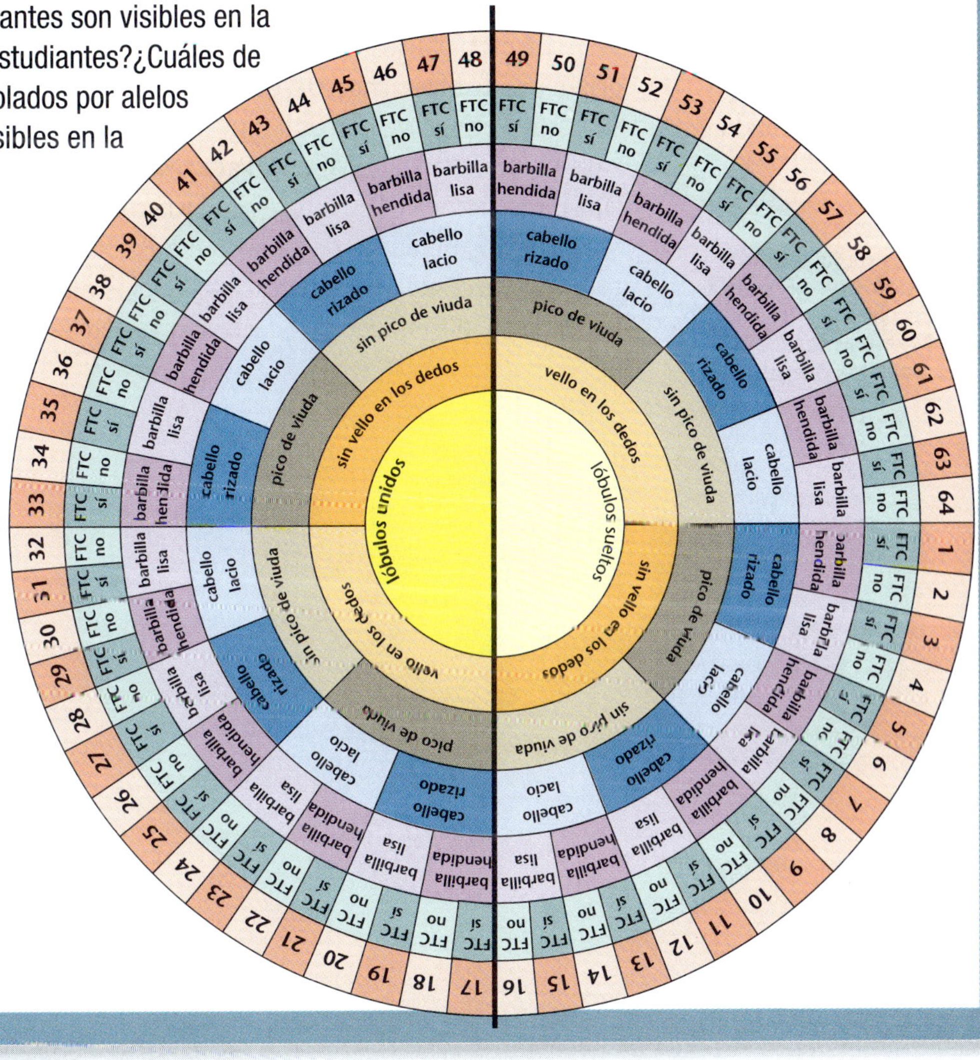

SECCIÓN 2 Probabilidad y genética

DESCUBRE ACTIVIDAD

¿Cuál es la probabilidad?

1. Imagina que lanzas una moneda al aire 20 veces. Predice cuántas veces la moneda caerá "cara" y cuántas "cruz".
2. Ahora prueba tu predicción lanzando la moneda 20 veces. Anota el número de veces que la moneda cae cara y el número de veces que cae cruz.
3. Combina los datos de toda la clase. Anota el número total de lanzamientos, el número de caras y el número de cruces.

Reflexiona sobre

Predecir ¿Cómo se comparan los resultados del Paso 2 con tus predicciones? ¿Cómo explicas las diferencias entre tus resultados y de la clase?

GUÍA DE LECTURA

- ¿Cómo podemos explicar los resultados de Mendel mediante la probabilidad?
- ¿Cómo se usan los cuadrados de Punnett en genética?

Sugerencia de lectura Antes de leer, escribe los encabezados de la sección convirtiéndolos en preguntas que empiecen con *cómo, qué* o *por qué.* Mientras lees, busca la respuesta a estas preguntas.

A mediados del siglo XIX se fundó la ciudad de Portland, Oregón. Dos hombres, Asa L. Lovejoy y Francis W. Pettygrove eran propietarios de las tierras donde se levantó la ciudad. Lovejoy, originario de Massachusetts, quería llamar Boston a la nueva ciudad. Por su parte, Pettygrove opinaba que la población debía llamarse como su ciudad natal, Portland, Maine. Para resolver sus diferencias, decidieron lanzar una moneda. Pettygrove ganó y la ciudad se llamó Portland.

¿Qué posibilidades de ganar tenía Pettygrove? Para responder esta pregunta, necesitas entender los principios de la probabilidad. **Probabilidad** es la posibilidad de que un suceso ocurra.

Los principios de la probabilidad

Si realizaste la actividad en Descubrir, utilizaste los principios de la probabilidad para predecir los resultados de un acontecimiento particular. Cada vez que lanzas la moneda, ésta sólo puede caer en dos posiciones: cara o cruz. Estas posiciones tienen igual número de posibilidades de ocurrir. En términos matemáticos, puedes decir que la probabilidad de que una moneda caiga cara es de 1 en 2. La probabilidad de que la moneda caiga cruz también es de 1 en 2. La probabilidad de 1 en 2 puede expresarse como la fracción $\frac{1}{2}$ o en forma de porcentaje: 50 por ciento.

Si lanzas la moneda 20 veces, podrías esperar que cayera 10 veces cara y 10 veces cruz. Sin embargo, es posible que no hayas obtenido ese resultado. Tal vez obtuviste 11 caras y 9 cruces u 8 caras y 12 cruces. Recuerda que las leyes de probabilidad predicen lo que puede ocurrir, y no necesariamente lo que ocurrirá en realidad. Sin embargo, a mayor número de lanzamientos de la moneda, el resultado será más parecido a la predicción que hiciste usando la probabilidad.

Cuando lanzas la moneda más de una vez, el resultado de un lanzamiento anterior no afecta el resultado del siguiente. Cada resultado ocurre de manera independiente. Por ejemplo, supongamos que lanzas la moneda cinco veces y en cada ocasión cayó cara. ¿Cuál es la probabilidad de que el próximo lanzamiento sea cara? Como la moneda cayó cara en las cinco ocasiones anteriores, pensarás que es posible que vuelva a caer en esa posición con el siguiente lanzamiento. Pero no es así. La probabilidad de que la moneda caiga cara en el siguiente lanzamiento sigue siendo de 1 en 2, o 50 por ciento. Los resultados de los primeros cinco lanzamientos no afectan el resultado del sexto.

☑ ***Punto clave*** *¿Por qué la probabilidad de que la moneda caiga cara es de 1 en 2?*

Herramientas MATEMÁTICAS

Calcular porcentajes

El porcentaje es una manera de expresar la probabilidad. El porcentaje (%) es un número comparado con 100. Por ejemplo, 50% equivale a 50 de 100 casos.

Imagina que 3 de 5 lanzamientos de moneda fueron cara. Puedes calcular el porcentaje en que resulte cara, de la siguiente manera:

1. Escribe la comparación como una fracción.

   $$3 \text{ de } 5 = \frac{3}{5}$$

2. Multiplica la fracción por 100% para expresarla en forma de porcentaje.

   $$\frac{3}{5} \times \frac{100\%}{1} = 60\%$$

   60% de las monedas cayeron cara.

Ahora, supón que 3 de 12 monedas cayeron cruz. ¿Cómo expresarías ese porcentaje?

Figura 6 Según las leyes de probabilidad, existe un 50 por ciento de probabilidad de que la moneda caiga cara. **Calcular** *¿Cuál es la probabilidad de que la moneda caiga cruz?*

Mendel y la probabilidad

¿Cómo se relaciona la probabilidad con la genética? Para conocer la respuesta, piensa en los experimentos de Mendel con guisantes. Recuerda que Mendel contó cuidadosamente a los descendientes de cada cruza que realizó. Cuando cruzaba dos plantas que eran híbridas de tallo alto (*Tt*), tres cuartas partes de las plantas F_1 tenían tallos altos. Una cuarta parte tenía tallo corto.

Cada vez que Mendel repetía la cruza, obtenía resultados similares. De este modo, se dio cuenta que los principios matemáticos de la probabilidad se aplicaban a su trabajo. Pudo haber dicho que la probabilidad de que una cruza produjera una planta alta era de 3 en 4, y la probabilidad de producir una planta corta era de 1 en 4. **Mendel fue el primer científico en reconocer que los principios de la probabilidad sirven para predecir los resultados de cruzas genéticas.**

Cuadrados de Punnett

Las herramientas que te ayudan a comprender cómo se aplican las leyes de probabilidad en genética, se denominan cuadrados de Punnet. Un **cuadrado de Punnett** es una tabla que muestra todas las posibles combinaciones de alelos en una cruza genética. **Los genetistas usan cuadrados de Punnett para representar todos los resultados posibles de una cruza genética y para determinar la probabilidad de un resultado particular.**

El cuadrado de Punnett de la Figura 7 muestra la cruza de dos plantas híbridas de tallo alto (*Tt*). Cada progenitor puede transmitir uno de sus alelos, *T* o *t*, a los retoños. Los alelos que puede transmitir una planta progenitora están escritos en la parte superior del cuadrado. Los alelos que puede transmitir la otra planta progenitora se encuentran escritos en la parte inferior izquierda del cuadrado de Punnett. Las casillas del cuadrado representan las posibles combinaciones de alelos que heredarán los retoños. Las casillas se llenan como una multiplicación, con uno de los alelos aportados por cada progenitor.

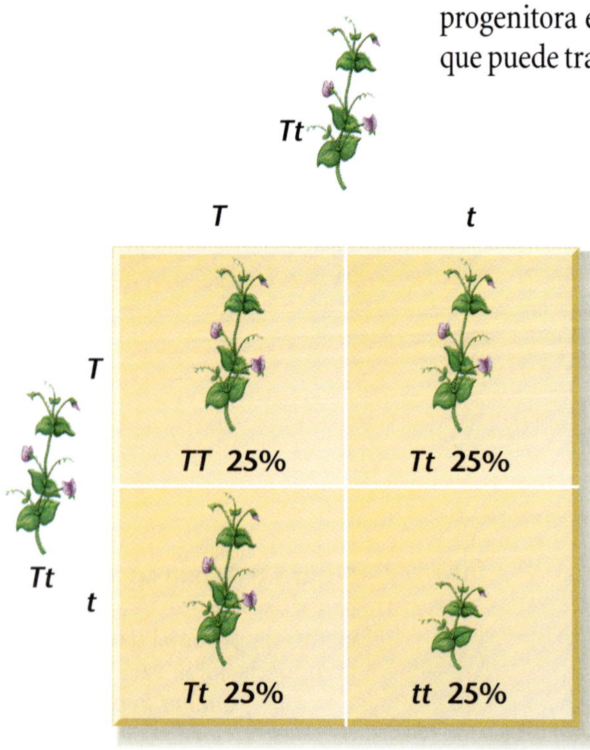

Uso del cuadrado de Punnett

Puedes utilizar el cuadrado de Punnett para calcular la probabilidad de que los hijos tengan una cierta combinación de alelos. El alelo de cada progenitor se transmitirá con base en la casualidad, igual que el

Figura 7 Este cuadrado de Punnett muestra una cruza entre dos plantas híbridas de guisantes con tallo alto. *Interpretar gráficas ¿Qué combinaciones de alelos darán origen a retoños de tallo alto?*

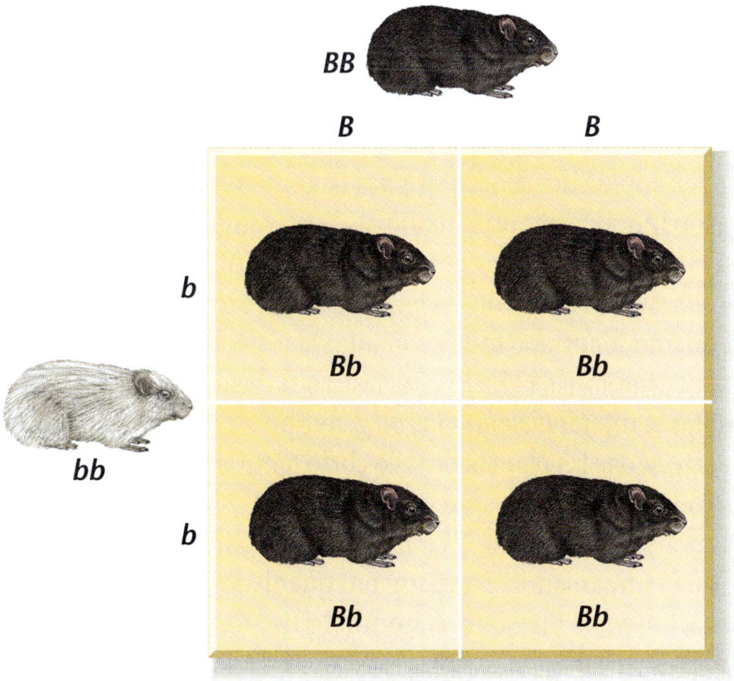

Figura 8 Este cuadrado de Punnett muestra la cruza entre un conejillo de indias negro (*BB*) y otro blanco (*bb*). **Calcular** *¿Cuál es la probabilidad de que las crías tengan pelaje blanco?*

lanzamiento de una moneda. Por consiguiente, hay cuatro combinaciones de alelos posibles. La probabilidad de que un retoño sea *TT* es de 1 en 4, o 25 por ciento. La probabilidad de que otro retoño sea *tt* también es de 1 en 4, o 25 por ciento. No obstante, observa que la combinación de alelos *Tt* aparece en dos casillas del cuadrado de Punnett. Esto se debe a que hay dos posibilidades de que ocurra esta combinación. Así pues, la probabilidad de que una planta sea *Tt* es de 2 en 4, o 50 por ciento.

Recuerda que cuando Mendel realizó esta cruza, descubrió que tres cuartas partes de las plantas (75%) tenían tallo alto. La cuarta parte restante (25%) tenía tallo corto. Ahora entiendes por qué ocurrió. Las plantas que tenían la combinación de alelos *TT* debían ser altas, al igual que las plantas con la combinación *Tt*. No olvides que el alelo dominante oculta al alelo recesivo. Sólo las plantas que tenían la combinación *tt* podían ser cortas.

Predecir probabilidades También puedes utilizar el cuadrado de Punnett para predecir probabilidades. Por ejemplo, la Figura 8 muestra una cruza entre un conejillo de indias negro de raza pura y un conejillo de indias blanco de raza pura. El alelo de pelaje negro (*B*, por *black*, en inglés) domina sobre el alelo de pelaje blanco. Observa que las crías sólo pueden recibir una combinación de alelos: *Bb*. De este modo, todas las crías heredarán el alelo dominante de pelaje negro. Por consiguiente, todas las crías tendrán pelaje negro. Puedes predecir que existe un 100% de probabilidad de que las crías sean negras.

Punto clave *¿Si cruzas dos conejillos de indias con alelos Bb, cuál es la probabilidad de que una cría tenga pelaje blanco?*

INTÉNTALO

Cruzas de monedas

ACTIVIDAD

Usa monedas para modelar la cruza de Mendel entre dos plantas *Tt*.

1. Coloca un pequeño trozo de cinta adhesiva en ambos lados de dos monedas.
2. Escribe *T* (alto) en un lado de cada moneda y *t* (corto) en el otro.
3. Lanza ambas monedas al mismo tiempo, 20 veces. Anota las combinaciones de letras obtenidas después de cada lanzamiento.

Interpretar datos ¿Cuántos retoños serían plantas altas? (*Sugerencia*: ¿Cuáles son las combinaciones de letras que producirían una planta alta?) ¿Cuántos serían plantas cortas? Convierte los resultados en porcentajes. Luego compara tus resultados con los de Mendel.

Fenotipos y genotipos	
Fenotipo	**Genotipo**
Alta	*TT*
Alta	*Tt*
Corta	*tt*

Figura 9 El fenotipo de un organismo es su aspecto físico. El genotipo es su composición genética.

Fenotipos y genotipos

Los genetistas utilizan dos vocablos muy útiles para describir a los organismos: fenotipo y genotipo. El **fenotipo** de un organismo es su aspecto físico o los rasgos visibles. Por ejemplo, las plantas de guisantes pueden tener uno de dos fenotipos para la altura del tallo: alto o corto.

El **genotipo** de un organismo es su composición genética o combinación de alelos. Para entender la diferencia entre fenotipo y genotipo, observa el cuadro de la Figura 9. Aunque todas las plantas altas tienen el mismo fenotipo (todas son altas), es posible que posean dos genotipos distintos: *TT* o *Tt*. Si observaras todas las plantas altas, no podrías notar la diferencia entre las de genotipo *TT* y las de genotipo *Tt*. Por otra parte, todas las plantas de tallo corto tendrían el mismo fenotipo (tallo corto) y también el mismo genotipo: *tt*.

Los genetistas utilizan dos términos adicionales para describir el genotipo de un organismo. El organismo que tiene dos alelos idénticos para un solo rasgo se dice que es **homocigoto.** La planta de guisantes alta con alelos *TT* y la planta corta con alelos *tt* son homocigotas. Un organismo que tiene dos alelos distintos para un rasgo se considera **heterocigoto.** La planta alta con alelos *Tt* es heterocigota. Mendel utilizó el término *híbrido* para describir a las plantas de guisantes heterocigotas.

☑ *Punto clave* *¿Si una planta tiene genotipo Tt, cuál será su fenotipo?*

Codominancia

Los rasgos que estudió Mendel tenían un alelo dominante y otro recesivo. Pero esto no siempre sucede. En algunos alelos existe un patrón llamado codominancia. En la **codominancia,** los alelos no son dominantes ni recesivos. Por consiguiente, ningún alelo queda oculto en los descendientes.

Observa el cuadrado de Punnett en la Figura 11. El principio de alelos dominantes y recesivos de Mendel no explica por qué los gallos heterocigotos tienen plumas blancas y negras. Los alelos para el color del plumaje son codominantes, es decir, ni dominantes ni recesivos. Como puedes ver, ningún alelo está oculto en los gallos heterocigotos. Observa también que los alelos codominantes están escritos en letras mayúsculas con superíndice: F^B (por *black*, en inglés) para el alelo de

Figura 10 En los gallos de la variedad Erminette, los alelos para plumas blancas y negras son codominantes.

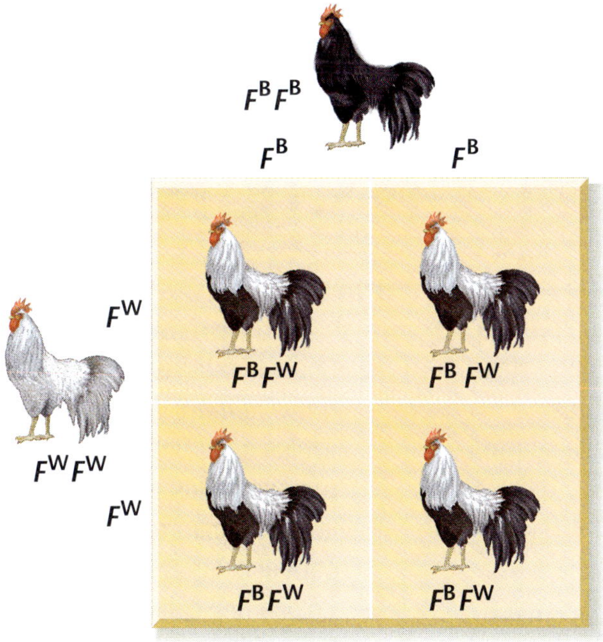

Figura 11 Las crías de la cruza en este cuadrado de Punnett tendrán tanto plumas blancas como negras. **Clasificar** *¿Las crías serán homocigotas o heterocigotas? Explica tu respuesta.*

plumas negras y F^W (por *white*, en inglés) para plumas blancas. Como muestra el cuadrado de Punnett, los gallos heterocigotos tienen la combinación de alelos F^BF^W.

Puedes hallar otros ejemplos de codominancia en el ganado vacuno. Así, el pelaje bayo y el pelaje blanco son codominantes. El ganado heterocigoto tiene pelaje blanco y bayo. Desde lejos, estos animales tienen un color bayo rosado, llamado ruano.

Repaso de la sección 2

1. ¿Qué significa el término *probabilidad*? ¿Cómo se relaciona la probabilidad con la genética?
2. ¿Cuál es la utilidad de los cuadrados de Punnett en genética?
3. ¿Cuál es la diferencia entre fenotipo y genotipo? Da un ejemplo de cada término.
4. Una vaca blanca se cruza con un toro bayo. El becerro no es ni blanco ni bayo, sino ruano. Explica qué sucedió.
5. **Razonamiento crítico** **Resolver problemas** En las plantas de guisantes, el alelo de semillas redondas (*R*) es dominante sobre el alelo de semillas arrugadas (*r*). Haz un cuadrado de Punnett que muestre la cruza entre una heterocigota de semillas redondas (*Rr*) y una homocigota de semillas arrugadas (*rr*). ¿Cuál es la probabilidad de que un retoño tenga semillas arrugadas?

Las ciencias en casa

Pide a un miembro de tu familia que piense en un número del 1 al 5. Luego trata de adivinar el número. Analiza la probabilidad de adivinar el número correcto. Luego adivina cuatro veces más. ¿Cómo se compara tu tasa de éxito con la probabilidad de adivinar correctamente? ¿Cómo explicas la diferencia entre tu tasa de éxito y las predicciones que hiciste usando la probabilidad?

Laboratorio de destrezas

Hacer modelos

¡ADIVINA Y ACIERTA!

Sabes que predecir es una parte importante de las ciencias. Una predicción precisa demuestra que entiendes lo que estás estudiando. En este experimento harás predicciones modelando sucesos que ocurren durante las cruzas genéticas.

Problema

¿Cómo predecir los resultados de las cruzas genéticas?

Materiales

2 bolsas de papel pequeñas
marcador
3 canicas azules
3 canicas blancas

Procedimiento

1. Rotula una bolsa como "Bolsa 1, Progenitora". Rotula la otra como "Bolsa 2, Progenitor". A continuación, lee las Partes 1, 2 y 3 de este experimento. Escribe una predicción sobre la clase de hijos que esperas obtener de cada cruza.

Parte 1 Cruza de dos progenitores homocigotos

2. Copia la tabla de datos y titúlala *Tabla de datos número 1.* Luego coloca dos canicas azules en la Bolsa 1. Este par de canicas representa los alelos de la progenitora. Usa la letra A para representar el alelo dominante para el color azul.
3. Coloca dos canicas blancas en la Bolsa 2. Usa la letra *a* para representar el alelo recesivo del color blanco.
4. En la Prueba 1, saca una canica de la Bolsa 1 sin mirar el interior. Anota el resultado en tu tabla de datos. Regresa la canica a la bolsa. Una vez más, sin mirar el interior, extrae una canica de la Bolsa 2. Anota el resultado en tu tabla de datos. Devuelve la canica a la bolsa.
5. En la columna *Alelos de los hijos,* escribe *BB* (por *blue*, en inglés) si sacaste dos canicas azules, *bb* si sacaste dos canicas blancas, o *Bb* si sacaste una canica azul y otra blanca.
6. Repite los Pasos 4 y 5 nueve veces.

TABLA DE DATOS

Cantidad ______

Prueba	Alelo de la Bolsa 1 (Progenitora)	Alelo de la Bolsa 2 (Progenitor)	Alelos de los hijos
1			
2			
3			
4			
5			
6			

Parte 2 Cruza de un progenitor homocigoto con un progenitor heterocigoto

7. Coloca dos canicas azules en la Bolsa 1. Coloca una canica blanca y otra azul en la Bolsa 2. Vuelve a copiar la tabla de datos y rotúlala como *Tabla de datos número 2.*
8. Repite los Pasos 4 y 5 diez veces.

Parte 3 Cruza de dos progenitores heterocigotos

9. Coloca una canica azul y una blanca en la Bolsa 1. Coloca una canica azul y otra blanca en la Bolsa 2. Vuelve a copiar la tabla de datos y rotúlala como *Tabla de Datos número 3.*
10. Repite los Pasos 4 y 5 diez veces.

Analizar y concluir

1. Crea un cuadrado de Punnett para cada una de las cruzas que modelaste en las Partes 1, 2 y 3.
2. Según los resultados de la Parte 1, ¿cuántas clases distintas de hijos son posibles cuando se cruzan padres homocigotos (*BB* y *bb*)? ¿Los resultados que obtuviste usando el modelo de canicas concuerdan con los resultados que demuestra el cuadrado de Punnett?
3. Según los resultados de la Parte 2, ¿qué porcentaje de hijos será homocigoto si cruzas un progenitor homocigoto (*BB*) y uno heterocigoto (*Bb*)? ¿Qué porcentaje de hijos será heterocigoto? ¿Tu modelo concuerda con los resultados del cuadrado de Punnett?
4. Según los resultados de la Parte 3, ¿cuántas clases distintas de hijos serían posibles si cruzaras dos progenitores heterocigotos (*B* × *Bb*)? ¿Qué porcentaje de cada clase de hijos se producirá? ¿El modelo concuerda con los resultados del cuadrado de Punnett?
5. Si hubieses realizado 100 pruebas en la Parte 3, en vez de 10, ¿crees que tus resultados serían más parecidos a los que muestra un cuadrado de Punnett? Explica.
6. **Piensa en esto** ¿Cómo se compara el modelo de canicas con el cuadrado de Punnett? ¿En qué se parecen? ¿En que difieren?

Explorar más

En el caso de los guisantes, el alelo de semillas amarillas (*Y*; por *yellow*) es dominante sobre el alelo de semillas verdes (*y*). ¿Qué posibles cruzas podría producir una planta heterocigota con semillas amarillas (*Yy*)? Usa el modelo de canicas y los cuadrados de Punnett para comprobar tus predicciones.

SECCIÓN 3

La célula y la herencia

DESCUBRE — ACTIVIDAD

Distingue los cromosomas

Mendel no sabía que los cromosomas tienen un papel importante en la genética. En la actualidad sabemos que los genes se encuentran en los cromosomas.

1. Rotula dos palitos de madera con la letra *A*. Estos palitos representan un par de cromosomas de la progenitora. Coloca los palitos cara abajo sobre una hoja de papel.
2. Rotula otros dos palitos con la letra *a*. Estos representan un par de cromosomas del progenitor. Coloca los palitos cara abajo sobre otra hoja de papel.
3. Da vuelta a un "cromosoma" de cada hoja de papel. Coloca los dos palitos en una tercera hoja. Esto representa un par de cromosomas del hijo. Observa la combinación de alelos que recibió el hijo.

Reflexiona sobre

Inferir Utiliza este modelo para explicar de qué manera participan los cromosomas en la herencia de alelos.

GUÍA DE LECTURA

- **¿Cuál es el papel de los cromosomas en la herencia?**
- **¿Qué fenómenos ocurren durante la meiosis?**

Sugerencia de lectura **Antes de leer, repasa *Explorar la meiosis,* página 99. Predice cuál es el papel de los cromosomas en la herencia de rasgos.**

Cuando los resultados de Mendel volvieron a salir a la luz en 1900, los científicos de todo el mundo se mostraron entusiasmados con sus principios de la herencia. Estaban deseosos de identificar las estructuras celulares que contenían los factores hereditarios de Mendel, o genes.

En 1903, Walter Sutton, genetista estadounidense, proporcionó información importante para que los científicos entendieran la genética. Sutton estudiaba células de saltamontes. Trataba de determinar cómo las células sexuales —espermatozoide y óvulo— se formaban. Durante sus investigaciones, Sutton examinó las células sexuales en distintas etapas de formación. Estaba particularmente interesado en el movimiento de los cromosomas durante la producción de células sexuales. Sutton planteó la hipótesis de que los cromosomas son fundamentales para entender por qué los hijos adquieren rasgos similares a los de sus progenitores.

Células espermáticas ▼

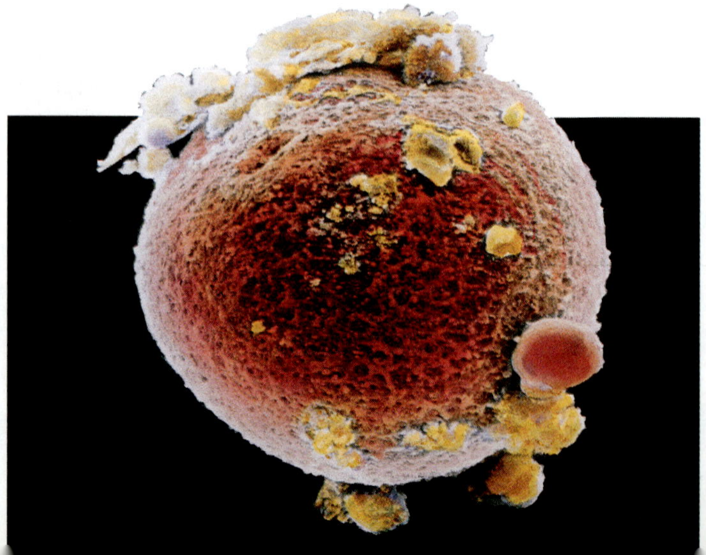

◄ Óvulo

Figura 12 Los saltamontes tienen 24 cromosomas en cada una de sus células. *Aplicar los conceptos* *¿Cuántos cromosomas observó Sutton en las células espermáticas y en los óvulos de los saltamontes?*

Cromosomas y herencia

Sutton sabía que las células contenían estructuras encargadas de transmitir genes. Pero necesitaba pruebas para respaldar su hipótesis de que los cromosomas eran las estructuras en cuestión. Así que comparó el número de cromosomas de las células sexuales de un saltamontes con el número de cromosomas en otras células del cuerpo del saltamontes. Como puedes ver en la Figura 12, las células del cuerpo de los saltamontes tienen 24 cromosomas. Para su sorpresa, Sutton descubrió que las células sexuales del saltamontes tenían sólo 12 cromosomas. En otras palabras, las células sexuales del saltamontes tenían exactamente la mitad de los cromosomas que había en otras células del cuerpo.

Sutton supo entonces que había descubierto algo importante. Observó lo que ocurría al unirse una célula espermática (12 cromosomas) con un óvulo (12 cromosomas). El óvulo fecundado tenía 24 cromosomas: la cantidad que buscaba. De este modo, la cría del saltamontes tenía en sus células exactamente el mismo número de cromosomas que sus padres. Los 24 cromosomas eran 12 pares. Un cromosoma de cada par pertenecía al progenitor, mientras que el otro cromosoma provenía de la progenitora.

Sutton concluyó que los cromosomas transferían, de una generación a otra, los factores hereditarios o genes que describió Mendel. Dicho de otra forma, los genes se localizan en los cromosomas. La idea de Sutton llegó a conocerse como teoría cromosómica de la herencia. **Según la teoría cromosómica de la herencia, los genes se transmiten de padres a hijos en los cromosomas.**

☑ *Punto clave* *¿Cómo se compara el número de cromosomas de una célula sexual del saltamontes, con el número de cromosomas de sus células?*

Meiosis

¿Por qué las células sexuales tienen la mitad de los cromosomas de las células del cuerpo? Para responder esta pregunta, necesitas entender lo que ocurre durante la meiosis. La **meiosis** es el proceso por el cual las células sexuales —espermatozoides y óvulos— reducen a la mitad su número de cromosomas.

Puedes observar la meiosis en *Explorar la meiosis*. En este ejemplo, cada célula progenitora tiene cuatro cromosomas organizados en dos pares. Durante la meiosis, los pares de cromosomas se separan y se distribuyen entre dos células distintas. Las células sexuales resultantes tienen sólo la mitad de los cromosomas que las otras células del cuerpo. En *Explorar la meiosis*, observa que las células sexuales terminan con sólo dos cromosomas cada una: la mitad del número que se encuentra en la célula que les dio origen. De este modo, sólo un cromosoma de cada par se transmite a cada célula sexual.

Cuando las células sexuales se combinan para producir hijos, cada una contribuye con la mitad del número normal de cromosomas. Por consiguiente, el hijo obtiene el número completo de cromosomas; la mitad de cada uno de los progenitores.

Punto clave *¿Qué clase de células se forman durante la meiosis?*

La meiosis y los cuadrados de Punnett

Los cuadrados de Punnett que estudiaste al principio de este capítulo, son una especie de nomenclatura que muestra lo que sucede durante la meiosis. Cuando los pares de cromosomas se dividen entre dos células sexuales distintas, lo mismo ocurre con los alelos de cada cromosoma. Un alelo de cada par se transmite a cada una de las células sexuales. En la Figura 13 puedes comprobar que el cuadrado de Punnett describe la forma como se separan los alelos durante la meiosis.

Como ves en la parte superior del cuadrado de Punnett, la mitad de las células espermáticas del progenitor recibe el cromosoma con el alelo *T*. La otra mitad de las células espermáticas recibe el cromosoma con el alelo *t*. En este ejemplo sucede lo mismo con los óvulos de la progenitora, como puedes observar en la parte inferior izquierda del cuadrado de Punnett. Las combinaciones de alelos que aparecen en cada casilla, dependen de cuál es la célula espermática que se combine con el óvulo.

Figura 13 Este cuadrado de Punnett muestra que los alelos se separan durante la meiosis, al formarse las células sexuales. También muestra las posibles combinaciones de alelos que pueden resultar después de la fertilización. ***Interpretar gráficas*** *¿Cuál es la probabilidad de que una célula espermática contenga un alelo* T*?*

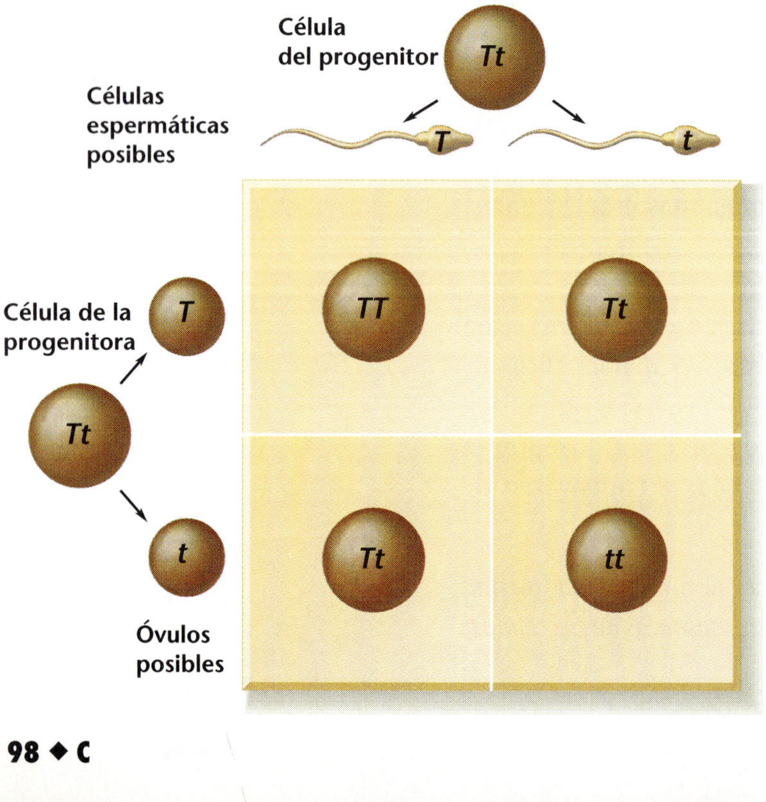

EXPLORAR *la meiosis*

Durante la meiosis, una célula se divide dos veces para producir células sexuales que contienen la mitad del número de cromosomas.

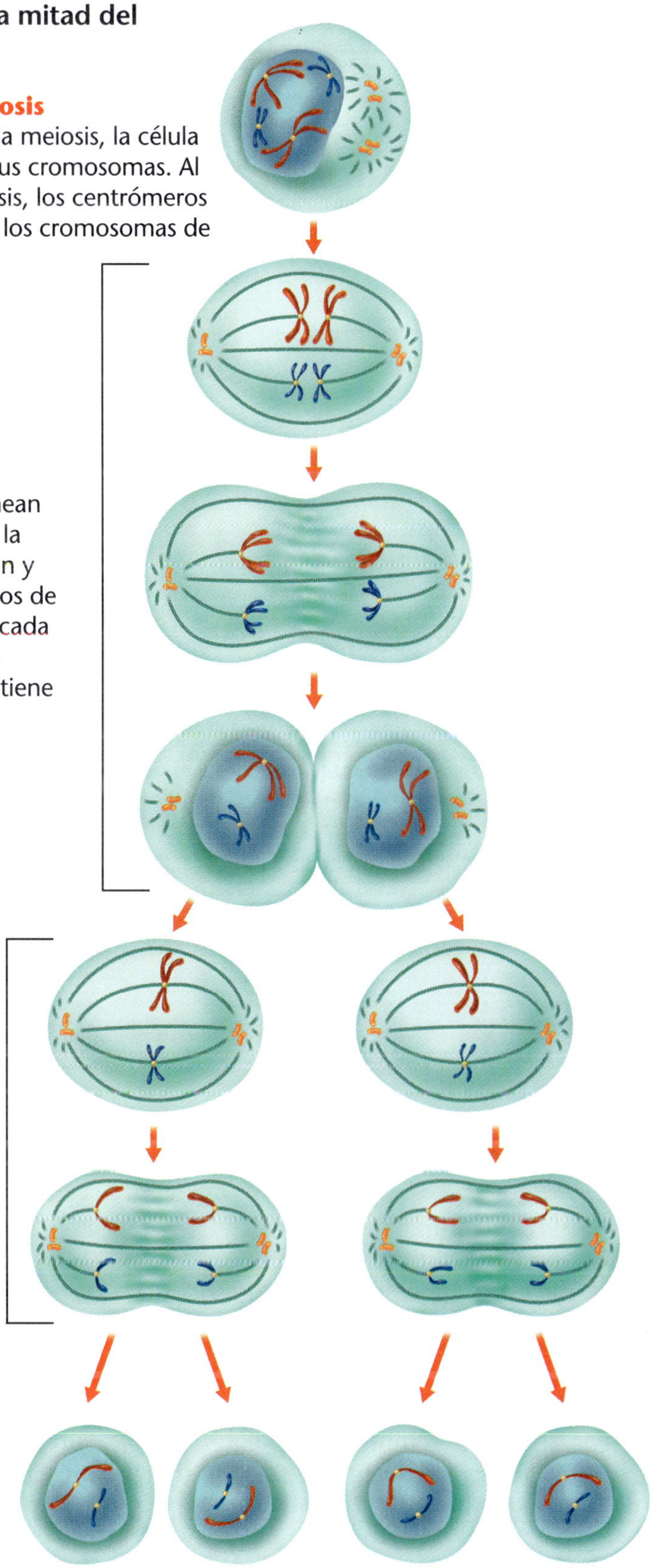

1 Inicio de la meiosis
Antes de comenzar la meiosis, la célula copia cada uno de sus cromosomas. Al igual que en la mitosis, los centrómeros mantienen unidos a los cromosomas de cadena doble.

2 Meiosis I
Los pares de cromosomas se alinean uno junto a otro en el centro de la célula. A continuación, se separan y desplazan a los extremos opuestos de la célula. Se forman dos células, cada una con la mitad del número de cromosomas. Cada cromosoma tiene aún cadena doble.

3 Meiosis II
Los cromosomas de cadena doble se desplazan hacia el centro de la célula. Los centrómeros se dividen y se separan las dos cadenas de cada cromosoma. Las cadenas se dirigen a los extremos opuestos de la célula.

4 Fin de la meiosis
Se han producido cuatro células sexuales. Cada célula tiene sólo la mitad del número de cromosomas que tenía la célula progenitora al inicio de la meiosis. Cada célula tiene sólo un cromosoma de cada par original.

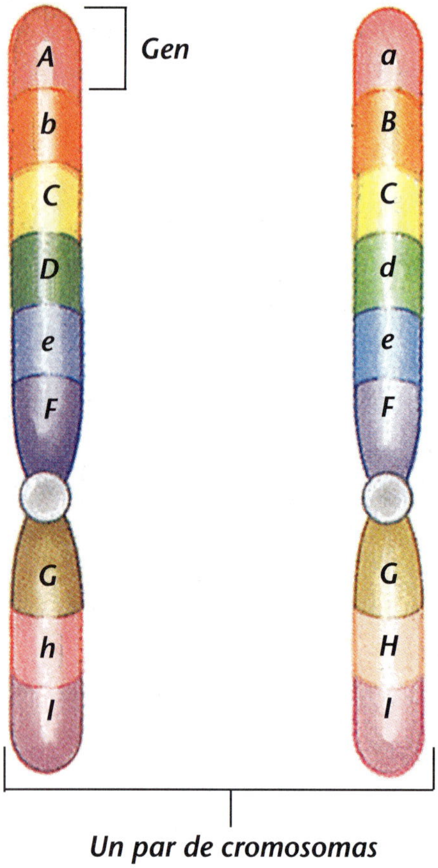

Figura 14 Los genes se localizan en los cromosomas. Los cromosomas de un par pueden tener distintos alelos en algunos genes y alelos iguales en otros. ***Clasificar*** *¿Cuáles genes hacen que este organismo sea homocigoto? ¿Cuáles genes lo hacen heterocigoto?*

Cromosomas

Desde los tiempos de Sutton, los científicos han estudiado los cromosomas de muchas clases de organismos. Por ejemplo, las células del cuerpo humano contienen 23 pares o 46 cromosomas. Las células de los perros tienen 78 cromosomas, mientras que las del gusano de seda tienen 56 cromosomas. Observa que los organismos más grandes no siempre tienen más cromosomas.

Los cromosomas están compuestos de muchos genes unidos como cuentas en un cordel. Sutton argumentaba que los cromosomas debían contener una gran cantidad de genes, debido a que los organismos poseen muchos rasgos. Aunque tienes sólo 23 pares de cromosomas, las células de tu cuerpo contienen más de 60,000 genes. Cada uno de los genes controla un rasgo particular.

Estudia el par de cromosomas de la Figura 14. Un cromosoma provino de la progenitora. El otro, del progenitor. Observa que cada cromosoma del par tiene los mismos genes. Los genes están alineados en el mismo orden de un extremo al otro del cromosoma. Sin embargo, los alelos de algunos genes pueden ser distintos. Por ejemplo, el organismo tiene el alelo *A* en un cromosoma y el alelo *a* en otro. Como puedes ver, el organismo es heterocigoto para algunos rasgos y homocigoto para otros.

Repaso de la sección 3

1. Explica el papel de los cromosomas en la herencia.
2. Describe brevemente lo que sucede con los cromosomas durante la meiosis.
3. ¿En qué estructuras se localizan los genes?
4. ¿Por qué el cuadrado de Punnett sirve de modelo para lo que ocurre durante la meiosis?
5. **Razonamiento crítico** **Inferir** Las células del cuerpo de un hámster tienen 44 cromosomas. ¿Cuántos cromosomas tienen las células sexuales del hámster?

PROYECTO DEL CAPÍTULO 3

Comprueba tu aprendizaje

En este momento, debes buscar un compañero de clase que tenga una mascota de papel del sexo opuesto. Imaginen que las dos mascotas se cruzan y producen seis crías. Lancen una moneda por cada rasgo, para determinar los alelos que la cría heredará de sus padres. Hagan una mascota de papel por cada cría, mostrando los rasgos que ha heredado cada una. En el dorso de las crías, escriban el genotipo de cada rasgo.

SECCIÓN 4 La conexión del ADN

DESCUBRE — ACTIVIDAD

A •–	N –•
B –•••	O –––
C –•–•	P •––•
D –••	Q ––•–
E •	R •–•
F ••–•	S •••
G ––•	T –
H ••••	U ••–
I ••	V •••–
J •–––	W •––
K –•–	X –••–
L •–••	Y –•––
M ––	Z ––••

¿Puedes descifrar el código?

1. Utiliza el código Morse de la tabla para descifrar la pregunta del mensaje que se encuentra a continuación. Las letras están separadas por una línea diagonal.

   –•• / ––– / –• / –•• / • / • / ••• / – / •– /–• / •–•• /
   ––– / ••• / – –• / • / –• / • / ••• /

2. Responde la pregunta usando el código Morse.
3. Intercambia tu respuesta codificada con un compañero. Luego descifra la respuesta de tu compañero.

Reflexiona sobre

Formular definiciones operativas Con base en los resultados de esta actividad, escribe una definición del vocablo *código*. Luego compára con la del diccionario.

GUÍA DE LECTURA

- **¿Qué significa el término "código genético"?**
- **¿Cómo produce la célula sus proteínas?**
- **¿Cómo afectan las mutaciones a un organismo?**

Sugerencia de lectura
Mientras lees, haz un diagrama de flujo que demuestre cómo las células producen proteínas.

En 1998, nació una cría de búfalo con pelaje blanco en Childs Place Farm cerca de Hanover, Michigan. Los búfalos blancos son muy raros, pues sólo aparece uno en cada 10 millones de nacimientos. ¿Por qué nació este animal con un fenotipo tan poco frecuente? Para responder esta interrogante, necesitas saber cómo los genes del cromosoma controlan los rasgos de un organismo.

El código genético

En la actualidad, los científicos saben que la función principal de los genes consiste en controlar la producción de proteínas en las células de un organismo. Las proteínas sirven para determinar el tamaño, la forma y muchos otros rasgos de un organismo.

Figura 15 El color blanco de esta cría de búfalo es poco común. Los dos progenitores tenían pelaje café.

En el Capítulo 2 aprendiste que los cromosomas están compuestos, casi en su totalidad, de ADN. En la Figura 16 puedes ver la relación entre los cromosomas y el ADN. Observa que una molécula de ADN está compuesta de cuatro bases nitrogenadas distintas: adenina (A), timina (T), guanina (G) y citosina (C). Estas fases forman los peldaños de la "escalera" de ADN. Un solo gen de un cromosoma puede contener cientos o millones de estas bases. Las bases están organizadas en un orden específico, por ejemplo: ATGACGTAC.

El orden de las bases nitrogenadas en el gen forma un código genético que especifica el tipo de proteína que se producirá. En el código genético, un grupo de tres bases codifica la unión de un aminoácido específico. Los aminoácidos son los elementos básicos de las proteínas. La secuencia de las bases determina el orden en que se unirán los aminoácidos para producir la proteína. Imagina que estas bases son palabras codificadas con tres letras. Estas palabras codificadas informan a la célula qué aminoácido debe añadir a la creciente cadena de proteína.

☑ *Punto clave* *¿Cuál es la función principal de los genes?*

Cómo producen proteínas las células

La producción de proteínas se conoce como síntesis proteica. **Durante la síntesis proteica, la célula utiliza información del gen de un cromosoma para producir una proteína específica.** La síntesis proteica se lleva a cabo en los ribosomas del citoplasma celular. Como sabes, el citoplasma es lo que rodea al núcleo. No obstante, los cromosomas están dentro del núcleo. Entonces, ¿cómo es posible que la información necesaria para producir proteínas salga del núcleo y pase al citoplasma?

Figura 16 Un cromosoma contiene miles de genes. La secuencia de bases del gen forma un código que informa a la célula qué proteína debe producir. *Interpretar diagramas ¿En dónde están los cromosomas dentro de la célula?*

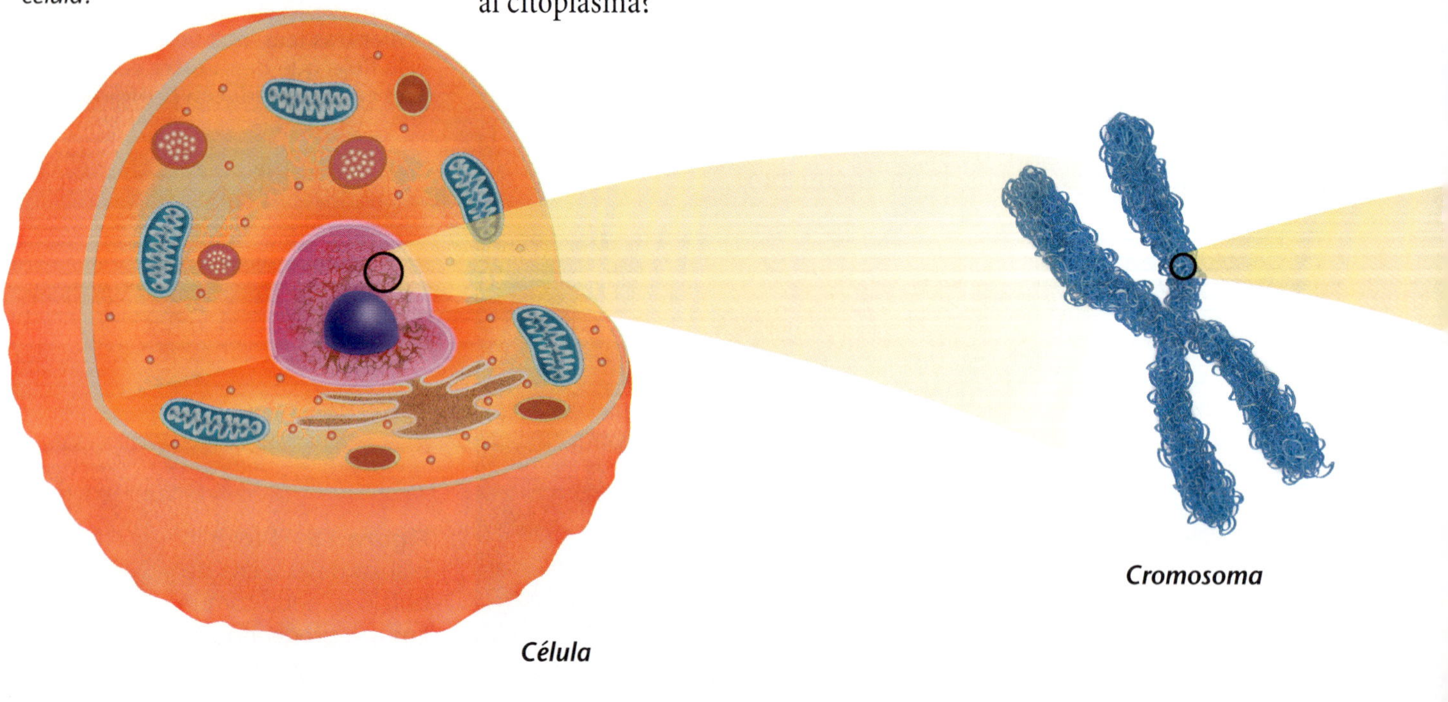

La función del ARN Antes de que pueda realizarse la síntesis proteica, debe haber un "mensajero" que transmita al citoplasma el código genético del ADN que hay en el núcleo. Este mensajero genético es el ácido ribonucleico o ARN.

Aunque el ARN es parecido al ADN, las dos moléculas difieren en aspectos fundamentales. A diferencia del ADN, que semeja una escalera retorcida o en espiral, una molécula de ARN la mayoría de las veces parece un solo lado o cadena de dicha escalera. Asimismo, el ARN contiene una molécula de azúcar distinta de la que hay en el ADN. Otra diferencia entre el ADN y el ARN consiste en sus bases nitrogenadas. Al igual que el ADN, el ARN contiene adenina, guanina y citosina. Sin embargo, en vez de timina, el ARN tiene uracilo.

Hay varias clases de ARN que participan en la síntesis proteica. **El ARN mensajero** copia el mensaje codificado del ADN del núcleo y lo lleva al citoplasma. Otro tipo de ARN, llamado **ARN de transferencia** transporta aminoácidos a los ribosomas y los agrega a la cadena proteica que se está formando.

Interpretación del código El proceso de la síntesis proteica está representado en la siguiente página en *Explorar la sístesis proteica*. El primer paso ocurre cuando la molécula de ADN "se abre" entre sus pares de bases. Luego, una de las cadenas de ADN dirige la producción de una cadena de ARN mensajero. A fin de producir la cadena de ARN, las bases del ARN se unen en pares con las bases del ADN. Pero en vez de timina, el uracilo se liga a la adenina. A continuación, el ARN mensajero sale del núcleo y se adhiere a un ribosoma del citoplasma. Una vez allí, las moléculas del ARN de transferencia recogen los aminoácidos especificados por cada palabra codificada con tres letras. Luego, cada molécula de ARN de transferencia coloca al aminoácido que transporta en el orden correcto dentro de la creciente cadena de proteína.

☑ **Punto clave** *¿Cuál es la función del ARN de transferencia?*

Mejora tus destrezas

Predecir ACTIVIDAD

Esta es una secuencia de las bases nitrogenadas de una molécula de ADN.

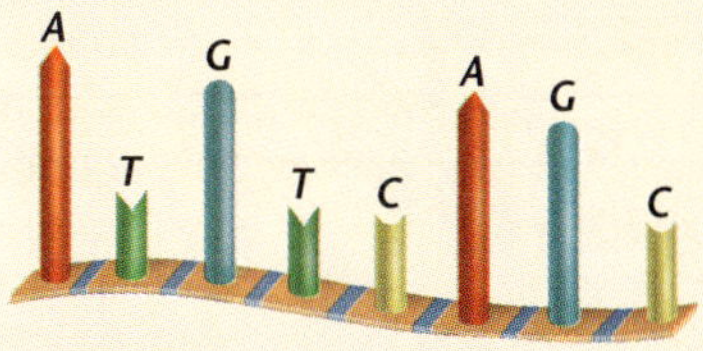

Escribe la secuencia de las bases del ARN que deben formar pares con las bases del ADN.

Bases nitrogenadas

Molécula de ADN

EXPLORAR *la síntesis proteica*

A fin de producir proteínas, el ARN mensajero copia la información del ADN que está en el núcleo. El ARN de transferencia utiliza esta información para producir proteínas en los ribosomas.

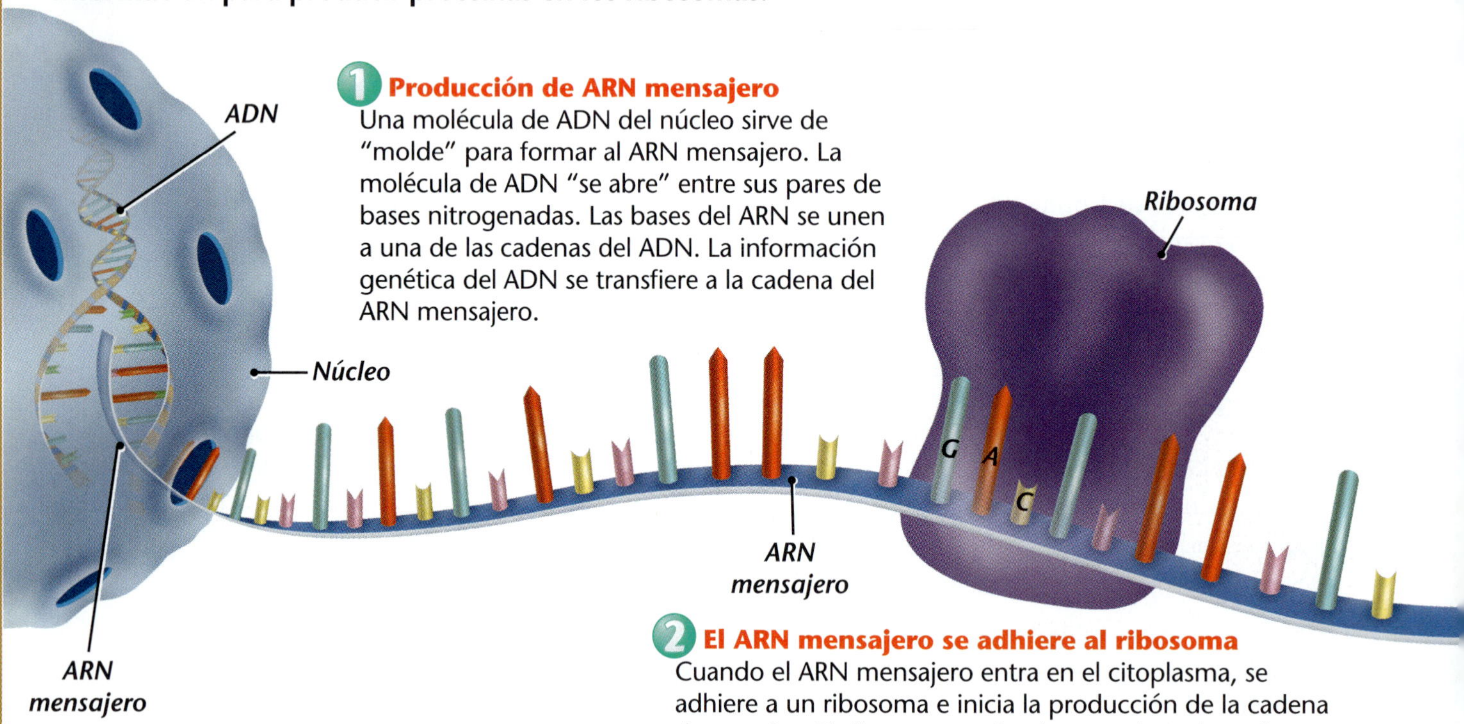

1 Producción de ARN mensajero
Una molécula de ADN del núcleo sirve de "molde" para formar al ARN mensajero. La molécula de ADN "se abre" entre sus pares de bases nitrogenadas. Las bases del ARN se unen a una de las cadenas del ADN. La información genética del ADN se transfiere a la cadena del ARN mensajero.

2 El ARN mensajero se adhiere al ribosoma
Cuando el ARN mensajero entra en el citoplasma, se adhiere a un ribosoma e inicia la producción de la cadena de proteica. El ribosoma se desplaza por la cadena de ARN mensajero y "lee" cada uno de los códigos de tres letras de las bases.

Mutaciones

Imagina que ocurre un error en el gen de un cromosoma. Por ejemplo, en vez de una base A, la molécula de ADN tenía la base G. Este error es un tipo de mutación que puede presentarse en el material hereditario de una célula. Las mutaciones ocasionan que la célula produzca una proteína incorrecta durante la síntesis proteica. En consecuencia, los rasgos o fenotipo del organismo serán diferentes de lo que serían en condiciones normales. De hecho, el término *mutación* se deriva de un vocablo latino que significa "cambio".

Tipos de mutaciones Algunas mutaciones son consecuencia de pequeños cambios en el material hereditario de un organismo, como la sustitución de una base por otra. Esta clase de mutación puede ocurrir durante el proceso de replicación del ADN. El pelaje blanco de la cría de búfalo mencionado al inicio de la sección, puede ser resultado de esta clase de mutación. También ocurren mutaciones si los cromosomas no

3 El ARN de transferencia se une al ARN mensajero

Las moléculas de ARN de transferencia transportan aminoácidos específicos al ribosoma. Allí se unen en pares con los códigos de tres letras de las bases del ARN mensajero. La cadena proteica crece cuando cada aminoácido se une en la secuencia adecuada.

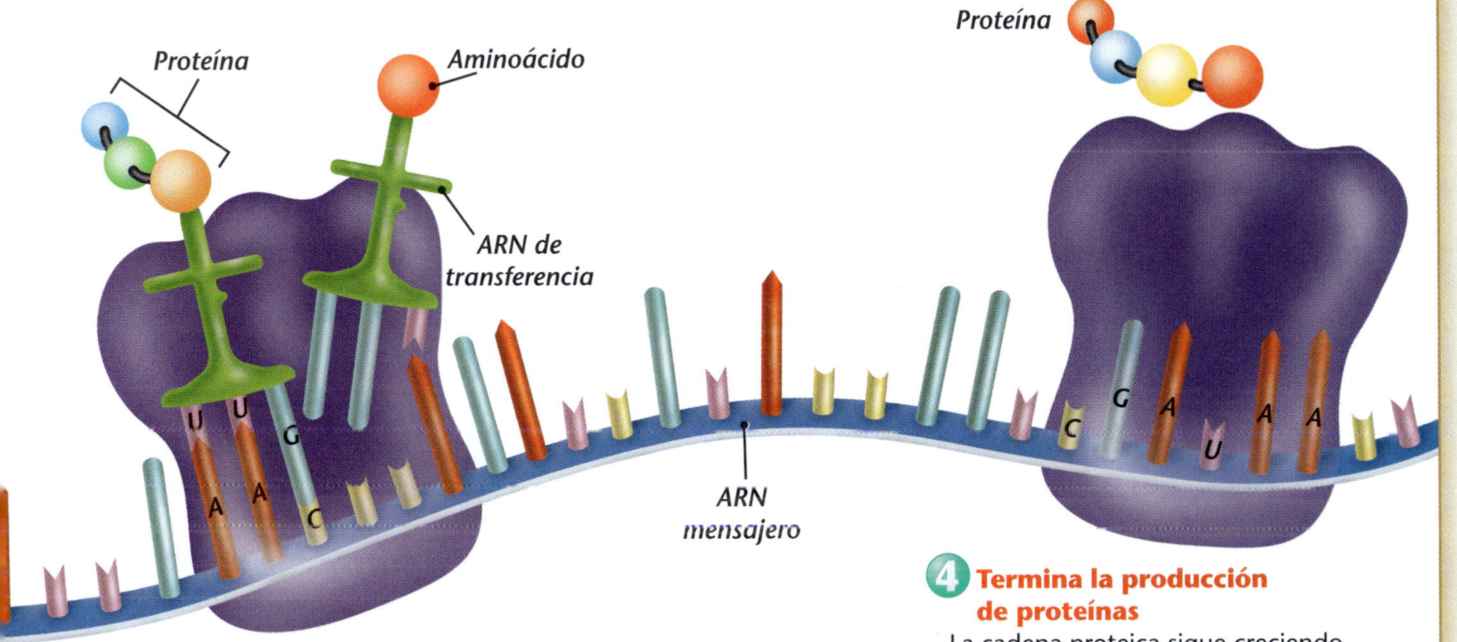

4 Termina la producción de proteínas

La cadena proteica sigue creciendo hasta que el ribosoma llega al código de tres letras que actúa como freno. Entonces, el ribosoma libera la cadena proteica terminada.

se separan correctamente durante la meiosis. Cuando se presenta esta clase de mutación, la célula puede terminar con un exceso o falta de cromosomas. También podría tener segmentos adicionales de cromosomas.

Si la mutación ocurre en una célula del cuerpo, como la piel, la mutación sólo afectará a la célula que la contiene. Pero, si ocurre en una célula sexual, puede transmitirse a los hijos y afectar su fenotipo.

Efectos de las mutaciones Como las mutaciones ocasionan cambios en un organismo, pueden dar origen a grandes variaciones genéticas. **Algunos de los cambios ocasionados por mutaciones son dañinos para el organismo. También hay mutaciones provechosas y otras que no son dañinas ni provechosas.** Una mutación es dañina para un organismo cuando reduce sus posibilidades de supervivencia y reproducción.

Figura 17 Las mutaciones pueden afectar los rasgos o fenotipo de un organismo. Las enormes fresas de la izquierda son resultado de una mutación. Las células de estas fresas tienen juegos adicionales de cromosomas.

El hecho de que la mutación sea dañina o no, depende en parte del entorno del organismo. La mutación que ocasionó la producción de un búfalo blanco posiblemente sería dañina para un animal salvaje. El color blanco lo haría más visible y por consiguiente, más fácil de detectar para los depredadores. Sin embargo, un búfalo blanco de criadero tiene las mismas posibilidades de sobrevivir que un búfalo café. En el criadero, la mutación es neutral: no beneficia ni daña al búfalo.

INTEGRAR LA SALUD Algunas enfermedades humanas son producto de mutaciones dañinas. Por ejemplo, ciertas formas de cáncer se deben a mutaciones en las células de un organismo. La exposición excesiva a la radiación ultravioleta solar puede provocar mutaciones que causan cáncer de piel. En el Capítulo 4 aprenderás más sobre otras enfermedades que pueden ser consecuencia de mutaciones.

En contraste, las mutaciones provechosas mejoran las posibilidades de supervivencia y reproducción del organismo. Por ejemplo, la mutación en los genes de una papa permitió la producción de una nueva variedad llamada Katahdin. Esta papa es resistente a ciertas enfermedades que atacan a otras variedades. Como beneficio adicional para los humanos, la papa Katahdin también tiene mejor aspecto y sabor que otras clases de papa.

Repaso de la sección 4

1. ¿De qué manera las bases nitrogenadas del gen sirven como código genético?
2. Describe brevemente el proceso por el cual la célula produce proteínas.
3. ¿Cómo puede afectar una mutación a un organismo?
4. ¿En qué parte de la célula se lleva a cabo la síntesis proteica?
5. **Razonamiento crítico** **Relacionar causa y efecto** ¿Por qué hay mutaciones que ocurren en las células del cuerpo de un organismo que no se trasmiten a su descendencia?

PROYECTO DEL CAPÍTULO 3

Comprueba tu aprendizaje

Presenta a tu familia de mascotas con tu compañero de proyecto. Rotula a los progenitores como generación P. Rotula a los hijos como generación F_1. Crea un cuadrado de Punnett para cada rasgo, a fin de explicar el patrón de herencia de la familia de tu mascota. (*Sugerencia*: Anexa las mascotas a tu presentación, de modo que el público pueda darles vuelta para leer los genotipos.)

GUÍA DE ESTUDIO

SECCIÓN 1 El trabajo de Mendel

Ideas clave

- El trabajo de Gregor Mendel fue la base para entender por qué los hijos adquieren rasgos parecidos a los de sus padres.
- Los rasgos están controlados por los alelos de los genes. Los organismos heredan un alelo de cada progenitor.
- Algunos alelos dominan sobre otros. Un alelo dominante es aquel cuyos rasgos siempre se manifiestan en el organismo cuando está presente. Un alelo recesivo queda oculto cada vez que el alelo dominante está presente.

Términos clave

rasgo
herencia
genética
cepa pura
gen
alelo
alelo dominante
alelo recesivo
híbrido

SECCIÓN 2 Probabilidad y genética

INTEGRAR LAS MATEMÁTICAS

Ideas clave

- Probabilidad es la posibilidad de que un suceso ocurra.
- Mendel fue el primer científico en interpretar sus datos usando los principios de la probabilidad.
- Los genetistas utilizan cuadrados de Punnett para mostrar todos los resultados posibles de una cruza genética. Los cuadrados de Punnett permiten determinar la probabilidad de un resultado particular.
- El fenotipo de un organismo es su aspecto físico. El genotipo es su composición genética.

Términos clave

probabilidad
cuadrado de Punnett
fenotipo
genotipo
homocigoto
heterocigoto
codominancia

SECCIÓN 3 La célula y la herencia

Ideas clave

- Según la teoría cromosómica de la herencia, los genes se transmiten de padres a hijos mediante los cromosomas.
- Durante la meiosis, los pares de cromosomas se separan para formar células sexuales. Las células sexuales tienen la mitad de cromosomas de las células del cuerpo. La célula sexual recibe sólo un cromosoma de cada par.

Término clave

meiosis

SECCIÓN 4 La conexión del ADN

Ideas clave

- Las bases nitrogenadas del gen forman un código que especifica el orden en que se combinarán los aminoácidos para producir una proteína.
- Durante la síntesis proteica, el ARN mensajero copia el mensaje codificado del ADN del núcleo y transmite el mensaje al citoplasma. El ARN de transferencia agrega aminoácidos a la creciente cadena proteica.
- Una mutación es un cambio en un gen o cromosoma. Algunas mutaciones son dañinas, unas son provechosas y otras, neutrales.

Términos clave

ARN mensajero
ARN de transferencia

ACTIVIDAD

USAR LA INTERNET

www.science-explorer.phschool.com

Repaso del contenido

Para repasar los conceptos clave, consulta el Interactive Student Tutorial CD-ROM.

Opción múltiple

Elige la letra de la respuesta correcta.

1. Las diferentes formas del gen se llaman
a. alelos. **b.** cromosomas.
c. fenotipos. **d.** genotipos.

2. Al lanzar una moneda, la probabilidad de que caiga cara es
a. 100 por ciento. **b.** 75 por ciento.
c. 50 por ciento. **d.** 25 por ciento.

3. Un organismo que tiene dos alelos idénticos para un rasgo es
a. heterocigoto.
b. homocigoto.
c. recesivo.
d. dominante.

4. Si las células del cuerpo de un organismo tienen 10 cromosomas, las células sexuales tendrán
a. 5 cromosomas.
b. 10 cromosomas.
c. 15 cromosomas.
d. 20 cromosomas.

5. Durante la síntesis proteica, el ARN mensajero
a. "lee" cada código de bases de tres letras.
b. libera la cadena proteica terminada.
c. copia información del ADN del núcleo.
d. transporta aminoácidos al ribosoma.

Falso o verdadero

Si el enunciado es verdadero, escribe verdadero. Si es falso, cambia la palabra o palabras subrayadas para hacer verdadero el enunciado.

6. El estudio científico de la herencia se denomina genética.

7. El aspecto físico de un organismo es su genotipo.

8. En la codominancia ninguno de los alelos es dominante o recesivo.

9. La herencia es el proceso por el cual se forman las células sexuales.

10. Las proteínas se producen en el núcleo de la célula.

Revisar los conceptos

11. Describe lo que sucedió cuando Mendel cruzó una planta de guisantes de cepa pura y tallo largo, con plantas cortas de cepa pura.

12. Lanzas una moneda cinco veces y siempre cae cara. ¿Cuál es la probabilidad de que caiga cara cuando la lances por sexta vez? Explica tu respuesta.

13. En los conejillos de indias, el alelo de pelaje negro (*B*; por *black*) es dominante sobre el alelo de pelaje blanco (*b*). Si cruzas un conejillo de indias negro heterocigoto (*Bb*) con uno blanco homocigoto (*bb*), ¿cuál es la probabilidad de que una cría tenga pelaje blanco? Usa un cuadrado de Punnett para responder la pregunta.

14. Describe, en tus propias palabras, la secuencia de pasos en el proceso de la mitosis.

15. Describe el papel del ARN de transferencia en la síntesis proteica.

16. **Escribir para aprender** Imagina que eres un estudiante de la década de 1860 y vas a visitar a Mendel en su jardín. Escribe una carta para un amigo, describiendo los trabajos de Mendel con plantas de guisantes.

Razonamiento gráfico

17. **Tabla para comparar y contrastar** En una hoja de papel, copia la tabla que compara el ADN y el ARN mensajero. Después completa la tabla. (Para más información acerca las tablas para comparar y contrastar, consulta el Manual de destrezas.)

Característica	ADN	ARN mensajero
Bases nitrogenadas	**a.** ? , **b.** ? , **c.** ? , **d.** ?	adenina uracilo guanina citosina
Estructura	Escalera en espiral	**e.** ?
Función	Forma un código genético que especifica el tipo de proteína que se producirá	**f.** ?

Aplicar las destrezas

En los guisantes, el alelo de vainas verdes (G; por green) es dominante sobre el alelo de vainas amarillas (g). La tabla muestra los fenotipos de los retoños producidos con la cruza de dos plantas de vainas verdes. Usa los datos para responder las Preguntas 18–20.

Fenotipo	Número de retoños
Vainas verdes	9
Vainas amarillas	3

18. Calcular Calcula el porcentaje de retoños que tienen vainas verdes. Calcula el porcentaje que tiene vainas amarillas.

19. Inferir ¿Cuál es el genotipo de los retoños de vaina amarilla? ¿Cuáles son los posibles genotipos de los retoños de vainas verdes?

20. Sacar conclusiones ¿Cuáles son los genotipos de las plantas progenitoras? ¿Cómo lo sabes?

Razonamiento crítico

21. Aplicar los conceptos En los conejos, el alelo de pelaje manchado es dominante sobre el alelo de pelaje de un solo color. Un conejo manchado se cruzó con otro de pelaje de un solo color. Todas las crías tuvieron el pelaje manchado. ¿Cuáles eran los genotipos de los padres? Explica.

22. Resolver problemas Imagina que estás cultivando sandías de cepa pura con cáscara verde. Un día encuentras una sandía rayada mutante. Cruzas la sandía rayada con otra verde de cepa pura. Cincuenta por ciento de los retoños son rayados, mientras que el otro cincuenta por ciento tiene la cáscara verde. ¿El alelo para el rasgo rayado es dominante o recesivo? Explica tu respuesta.

23. Predecir Una nueva mutación en ratones ocasiona que la piel sea dos veces más abundante de lo normal. ¿En qué medio ambiente sería provechosa esta mutación? ¿En qué medio ambiente sería dañina esta mutación?

CAPÍTULO 3 REPASO

Evaluación del rendimiento

PROYECTO DEL CAPÍTULO 3

Para terminar

Presenta tu proyecto Termina la presentación de la familia de tu mascota. Prepárate para analizar los patrones de herencia de la familia. Observa las exposiciones de tus compañeros y determina cuáles crías son las más y las menos parecidas a sus progenitores. ¿Encontraste alguna cría que "rompiera las leyes" de la herencia?

Reflexiona y anota ¿Cómo te ayudaron tus mascotas de papel a aprender más sobre la genética? ¿En qué se parecen los patrones de herencia de tus mascotas a los patrones verdaderos? ¿Cómo podrías usar las mascotas de papel para entender mejor otros temas de la genética?

Participa

En tu comunidad Habla con un amigo o pariente que tenga un gato o un perro. Averigua si el animal es de raza pura. De ser así, pregunta cuáles son las características de esa raza. Si el animal es una cruza de distintas razas, trata de descubrir rasgos que sean parecidos a los de cada progenitor. Presenta tus hallazgos en un informe escrito o en un cartel.

CAPÍTULO 4

Genética moderna

Lo que encontrarás

Sección 1 Herencia humana

Descubre ¿Cuánto es alto?
Inténtalo Está en los ojos
Inténtalo ¿Niño o niña?

Sección 2 Trastornos genéticos humanos

Descubre Cuenta los cromosomas
Laboratorio real Rompecabezas familiar

Integrar la tecnología

Sección 3 Adelantos en genética

Descubre ¿Qué revelan las huellas dactilares?
Mejora tus destrezas Comunicar
Laboratorio real ¿Culpable o inocente?

PROYECTO 4

Retrato de familia

La genealogía, o árbol genealógico, es un dibujo con ramificaciones que muestra las diversas generaciones de una familia. En ciertos casos, la genealogía puede mostrar siglos de historia familiar.

En el campo de la genética, la genealogía sirve para demostrar cómo se transmiten los rasgos de una generación a la siguiente. En este proyecto crearás un árbol genealógico para una familia imaginaria. Aunque sea una familia imaginaria, el árbol genético debe mostrar cómo se transmiten verdaderos rasgos humanos de padres a hijos.

Tu objetivo Crear el árbol genealógico de una familia imaginaria que muestre la transferencia de rasgos genéticos de una generación a la siguiente.

Para completar este proyecto con éxito, tendrás que:

- elegir dos rasgos genéticos distintos e identificar todos los fenotipos y genotipos posibles
- crear un árbol genealógico para rastrear cada rasgo durante tres generaciones de la familia imaginaria
- preparar un álbum de "fotografías" familiares para mostrar el aspecto de cada miembro de la familia

Para empezar Repasa con un compañero los rasgos humanos descritos en la página 86, Capítulo 3. Haz una lista de las cosas que ya conoces de la herencia humana. Por ejemplo, ¿qué rasgos están controlados por alelos dominantes? ¿Cuáles por alelos recesivos? Luego revisa la Sección 1 de ese capítulo y enumera los rasgos que deseas estudiar. Selecciona dos rasgos que serán el fundamento de tu proyecto.

Comprueba tu aprendizaje Trabajarás en este proyecto mientras estudias el capítulo. Para mantener tu proyecto en marcha, revisa los cuadros de Comprueba tu aprendizaje en los puntos siguientes:

Repaso de la Sección 1, página 118: Crea un árbol genealógico del primer rasgo seleccionado.

Repaso de la Sección 2, página 123: Crea el segundo árbol genealógico e inicia tu álbum familiar.

Para terminar Al final del capítulo (página 137) presentarás en clase los árboles genealógicos de tu familia y el álbum de "fotos".

En esta familia los niños tienen rasgos parecidos a los de su mamá y rasgos parecidos a los de su papá.

SECCIÓN 1

Herencia humana

DESCUBRE

ACTIVIDAD

¿Cuánto es alto?

1. Elige un compañero. Midan sus estaturas y redondeen la cantidad a los 5 centímetros más próximos. Anoten las medidas en el pizarrón.
2. Creen una gráfica de barras que muestre el número de estudiantes y sus estaturas. Anoten las estaturas en el eje horizontal y el número de estudiantes en el vertical.

Reflexiona sobre

Inferir Si Gregor Mendel hubiera hecho una gráfica con la altura de sus plantas de guisantes, habría obtenido dos barras: una para tallos largos y otra para tallos cortos. ¿Crees que la altura del ser humano la controla un solo gen, como en los guisantes? Explica tu respuesta.

GUÍA DE LECTURA

- **¿Por qué algunos rasgos humanos muestran gran variedad de fenotipos?**
- **¿Por qué los rasgos ligados al sexo son más comunes en hombres que en mujeres?**
- **¿Cómo se utiliza el árbol genealógico en genética?**

Sugerencia de lectura **Antes de leer, escribe los encabezados de la sección convirtiéndolos en preguntas que empiecen con *cómo, por qué, qué* o *cuál*. Responde las preguntas durante tu lectura.**

¿Alguna vez has escuchado que alguien dice: "Es idéntico a su padre" o "Tiene los ojos de su madre"? Los hijos a menudo se parecen a sus progenitores. Esto se debe a que los alelos para color de ojos, color del cabello y miles de otros rasgos se transmiten de padres a hijos. La gente hereda algunos alelos de la madre y otros del padre. Es por eso que la mayoría de las personas se parecen un poco a la madre y un poco al padre.

Rasgos controlados por un solo gen

En el Capítulo 3 aprendiste que muchos rasgos de los guisantes y otros organismos los controla un gen con dos alelos. Del mismo modo, muchos rasgos humanos los controla un gen con un alelo dominante y otro recesivo. Como ocurre con las plantas altas y cortas, los rasgos humanos tienen dos fenotipos o manifestaciones físicas claramente diferenciadas.

Por ejemplo, el nacimiento de cabello, conocido como pico de viuda es la línea de cabello que nace en el centro de la frente. El alelo para el pico de viuda (*W*, por *widow's peak*) es dominante sobre el alelo para el nacimiento horizontal del cabello. El cuadrado de Punnett de la Figura 1 muestra la cruza entre dos padres heterocigotos para el pico de viuda. Analiza las posibles combinaciones de alelos que puede heredar un hijo. Observa que cada niño tiene una probabilidad de 3 en 4, o 75 por ciento, de heredar el pico de viuda. La probabilidad del nacimiento horizontal del cabello es de sólo 1 en 4, o 25 por ciento. En el Capítulo 3 estudiaste que cuando Mendel cruzaba guisantes heterocigotos para un rasgo, obtenía porcentajes similares en los retoños.

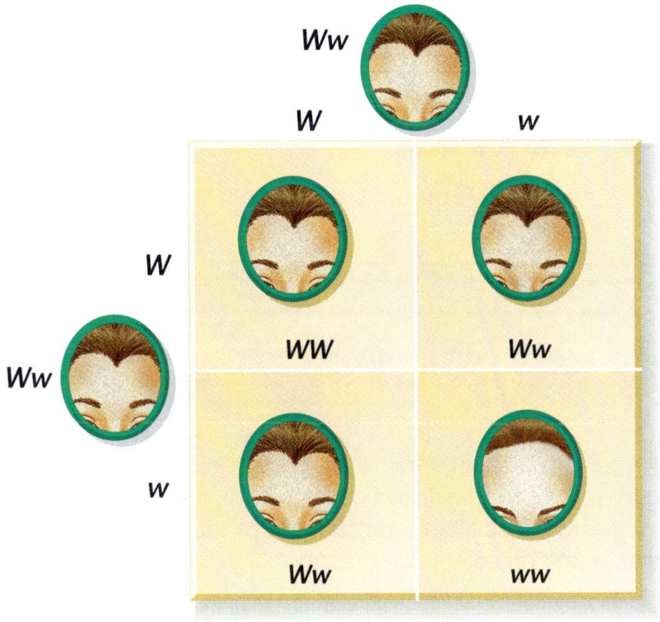

Figura 1 Este cuadrado de Punnett muestra la cruza entre dos progenitores con pico de viuda. ***Interpretar diagramas*** *¿Cuáles son los genotipos posibles de los hijos? ¿Qué porcentaje de hijos tendrá cada genotipo?*

¿Cuando sonríes, se te forman hoyuelos? En tal caso, tienes el alelo dominante para ese rasgo. Igual que el pico de viuda, los hoyuelos los controla un solo gen. Las personas con dos alelos recesivos no tienen hoyuelos al sonreír.

Alelos múltiples

Algunos rasgos humanos los controla un gen que tiene más de dos alelos. Se dice que esta clase de gen tiene **alelos múltiples,** es decir, tres o más formas en que un gen codifica un rasgo específico. Imagina que los alelos múltiples son como los sabores de un budín. Los budines no son sólo de chocolate o vainilla, ¡hay más sabores!

Aunque un gen puede tener alelos múltiples, la persona sólo puede tener dos de esos alelos. Esto se debe a que los cromosomas forman pares. Cada cromosoma del par tiene sólo un alelo de cada gen.

El tipo sanguíneo es un rasgo humano controlado por un gen de alelos múltiples. Hay cuatro tipos principales: A, B, AB y O. Tres alelos controlan la herencia de los tipos sanguíneos. El alelo para el tipo A y el alelo para la sangre tipo B son codominantes. Los alelos codominantes se escriben con letras mayúsculas y superíndice: I^A para la sangre tipo A, I^B para el tipo B. El alelo para la sangre tipo O escrito *i* es recesivo. Recuerda que cuando se heredan dos alelos codominantes, ninguno de los alelos queda oculto. La persona que hereda un alelo I^A de un progenitor y un alelo I^B del otro, tendrá sangre tipo AB. La Figura 2 muestra las combinaciones de alelos de cada tipo de sangre. Observa que sólo las personas que heredan dos alelos *i* tienen sangre tipo O.

Punto clave *Si un gen tiene alelos múltiples, ¿por qué la persona sólo puede tener dos alelos de cada gen?*

Tipos sanguíneos

Tipo sanguíneo	Combinación de alelos
A	I^AI^A o I^Ai
B	I^BI^B o I^Bi
AB	I^AI^B
O	ii

Figura 2 El tipo sanguíneo es determinado por un gen de tres alelos. Esta tabla muestra las combinaciones de alelos que resultan en cada tipo sanguíneo.

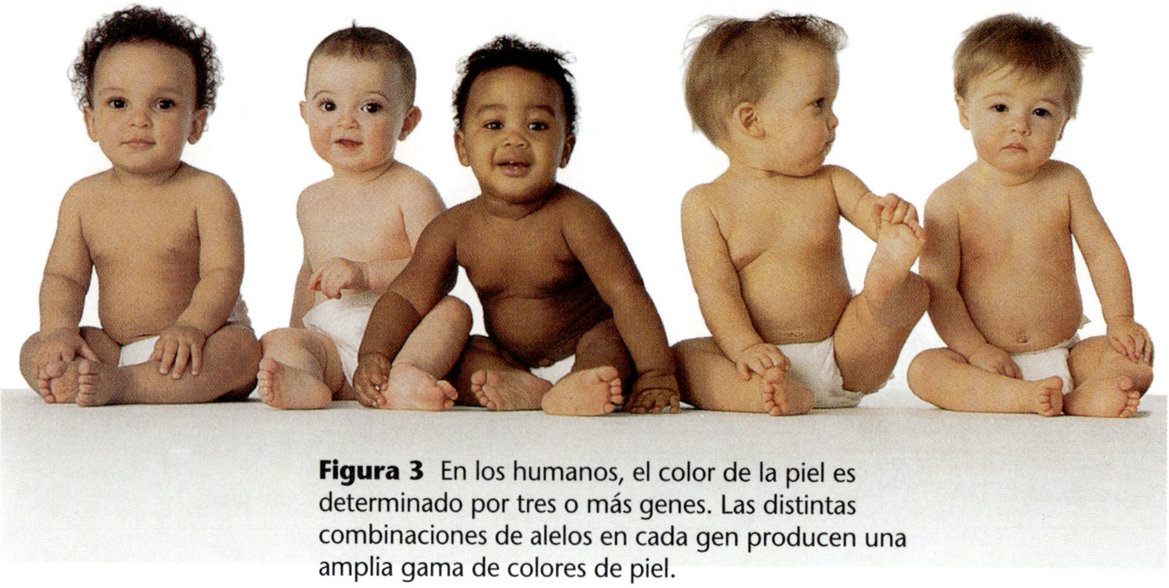

Figura 3 En los humanos, el color de la piel es determinado por tres o más genes. Las distintas combinaciones de alelos en cada gen producen una amplia gama de colores de piel.

INTÉNTALO

Está en los ojos

ACTIVIDAD

Un rasgo heredado es el predominio del ojo: la tendencia a utilizar más un ojo que el otro. Realiza esta prueba para conocer tu rasgo.

1. Extiende el brazo. Señala con un dedo algún objeto que esté al otro lado de la habitación.
2. Cierra el ojo derecho. Con el ojo izquierdo, observa cuánto parece moverse tu dedo.
3. Repite el Paso 2 con el ojo derecho abierto. ¿Con cuál ojo te pareció que el dedo estaba más cerca del objeto? Ese es el ojo dominante.

Crear un experimento

¿Crees que el predominio del ojo este relacionado con el predominio de manos: usar la mano derecha o izquierda? Crea un experimento para averiguarlo. Pide la autorización de tu maestro antes de llevar a cabo el experimento.

Rasgos controlados por muchos genes

Si realizaste la actividad de Descubrir, observaste que la estatura de los humanos tiene más de dos fenotipos diferentes. De hecho, hay una enorme variedad de fenotipos de estatura. ¿Qué causa esta diversidad de fenotipos? **Algunos rasgos humanos tienen gran variedad de fenotipos debido a que los rasgos están controlados por muchos genes. Los genes actúan en grupo para producir un mismo rasgo**. Existen por lo menos cuatro genes que controlan la estatura de las personas, así que hay muchas combinaciones posibles de genes y alelos.

Igual que la altura, el color de la piel es determinado por muchos genes. Los colores de piel en los humanos varían de casi blanco a casi negro, con muchas tonalidades intermedias. El color de la piel es controlado por tres genes, por lo menos. A su vez, cada gen tiene por lo menos dos alelos posibles. Las distintas combinaciones de alelos en cada uno de los genes determinan la cantidad de pigmento que producen las células de la piel humana. Por consiguiente, es posible obtener una amplia variedad de colores de piel.

El efecto del medio ambiente

Los efectos de los genes a menudo se ven modificados por el medio ambiente —lo que rodea al organismo—. Por ejemplo, la dieta puede afectar la estatura de una persona. Una dieta pobre en proteínas, minerales y vitaminas puede impedir que el individuo alcance su máxima estatura. Desde fines del siglo XIX, la estatura promedio de los adultos estadounidenses ha aumentado en casi 10 centímetros. Durante ese periodo, la dieta del norteamericano se ha vuelto más saludable. Además, otros factores del medio ambiente como la atención médica y las condiciones de vida, han mejorado desde fines del siglo pasado.

☑ ***Punto clave*** *¿De qué manera los factores del medio ambiente afectan la estatura del individuo?*

¿Masculino o femenino?

"Felicitaciones, señores González. ¡Es una niña!" ¿Qué factores determinan que un bebé sea niño o niña? Como sucede con otros rasgos, el sexo de los hijos es determinado por los genes de los cromosomas. Entre los 23 pares de cromosomas de cada célula del cuerpo hay un par conocido como cromosomas sexuales. Los cromosomas sexuales determinan el género del individuo: masculino o femenino.

Los cromosomas sexuales son el único par que no siempre es idéntico. Si perteneces al sexo femenino, tus dos cromosomas sexuales son iguales. Estos dos cromosomas se llaman cromosomas X. Si eres varón, tus cromosomas sexuales son distintos. Uno es un cromosoma X. El otro es un cromosoma Y. El cromosoma Y es mucho más pequeño que el cromosoma X.

¿Qué sucede con los cromosomas sexuales cuando se forman los espermatozoides y los óvulos? Como sabes, cada espermatozoide y cada óvulo tienen sólo un cromosoma de cada par. Como los dos cromosomas sexuales femeninos son X, todos los óvulos tienen un cromosoma X. Sin embargo, los hombres tienen dos cromosomas sexuales distintos. Esto significa que la mitad de las células espermáticas tienen un cromosoma X y la otra mitad, un cromosoma Y.

Cuando un espermatozoide con cromosoma X fecunda un óvulo, éste adquiere dos cromosomas X. El óvulo fecundado produce una niña. Cuando el espermatozoide con cromosoma Y fecunda el óvulo, éste tiene un cromosoma X y otro Y. El óvulo fecundado dará origen a un niño. De este modo, el espermatozoide determina el sexo de un hijo, como puedes ver en la Figura 4.

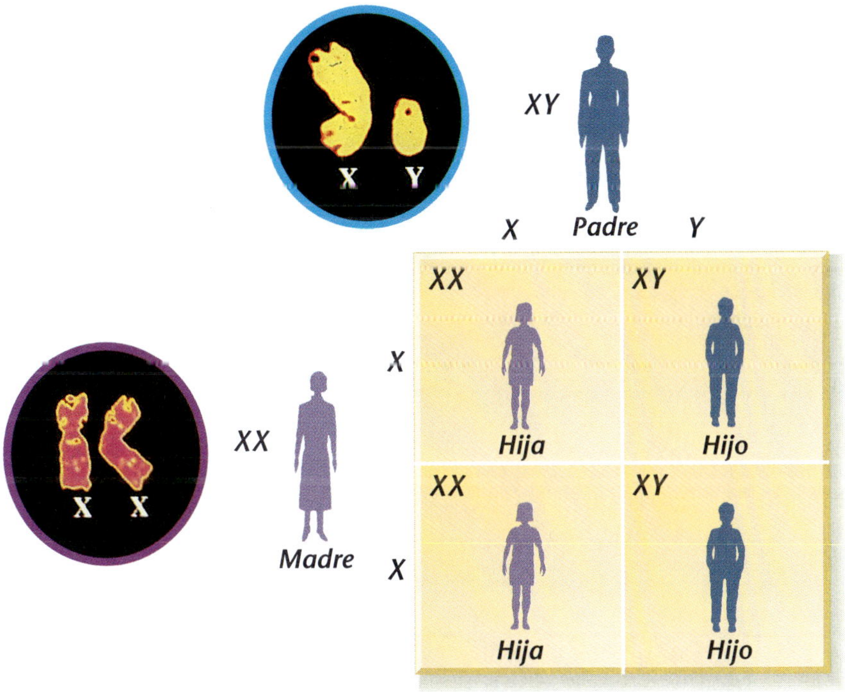

Figura 4 Como demuestra este cuadrado de Punnett, hay 50 por ciento de probabilidades de que el bebé sea niño y 50 por ciento de probabilidades de que sea niña. ***Interpretar diagramas*** *¿Qué sexo tendrá el bebé si el óvulo es fecundado por un espermatozoide con cromosoma Y?*

INTÉNTALO

¿Niño o niña?

ACTIVIDAD

Puedes modelar la forma como se determina el sexo de los hijos.

1. Rotula una bolsa de papel como "femenino", y otra como "masculino".
2. Deposita dos canicas rojas en la bolsa que dice "femenino". Las canicas rojas representan a los cromosomas X.
3. Coloca una canica roja y otra blanca en la bolsa marcada "masculino". La canica blanca representa al cromosoma Y.
4. Sin mirar el interior, extrae una canica de cada bolsa. Dos canicas rojas representan a una hija. Una canica roja y otra blanca representan al varón. Anota el sexo del "bebé".
5. Vuelve a colocar las canicas en la bolsa adecuada. Repite el Paso 4 nueve veces.

Hacer modelos ¿Cuántos varones obtuviste? ¿Cuántas niñas? ¿Los resultados se apegaron a la probabilidad que esperabas en el número de hijos varones y mujeres?

Genes ligados al sexo

Algunos rasgos humanos se presentan más en un sexo que en otro. Los genes de estos rasgos suelen encontrarse en los cromosomas sexuales. Los genes que son portados por los cromosomas X y Y se denominan **genes ligados al sexo,** debido a que los alelos se transmiten de padres a hijos en un cromosoma sexual. Los rasgos controlados por genes ligados al sexo se conocen como rasgos ligados al sexo.

Al igual que otros genes, los genes ligados al sexo pueden tener alelos dominantes y recesivos. Recuerda que las mujeres tienen dos cromosomas X y los varones tienen un cromosoma X y otro Y. En las mujeres, el alelo dominante de un cromosoma X oculta al alelo recesivo del otro cromosoma X. Pero esta situación no se presenta en los varones. En el sexo masculino, el cromosoma Y no tiene el alelo correspondiente para ocultar el alelo del cromosoma X. Por consiguiente, cualquier alelo del cromosoma X (incluso un alelo recesivo) producirá el rasgo en el varón que lo herede. **Como los varones sólo tienen un cromosoma X, tienen más posibilidades que las mujeres de adquirir un rasgo ligado al sexo controlado por un alelo recesivo.**

El daltonismo es un ejemplo de un rasgo ligado al sexo controlado por un alelo recesivo. El individuo daltónico no puede distinguir entre el rojo y el verde. La Figura 5 presenta una prueba para determinar el daltonismo.

Muchos más hombres que mujeres tienen daltonismo. Podrás entender la razón si examinas el cuadrado de Punnett de la Figura 6. En este ejemplo, ambos progenitores tienen visión normal de colores. Sin embargo, observa que la madre es portadora de daltonismo. Un **portador** es la persona que tiene un alelo recesivo y uno dominante para determinado rasgo. Aunque el portador no manifieste el rasgo, puede transmitir el alelo recesivo a sus hijos.

Figura 5 Una persona con daltonismo no puede ver los puntos rojos y rosas de esta tabla de prueba.

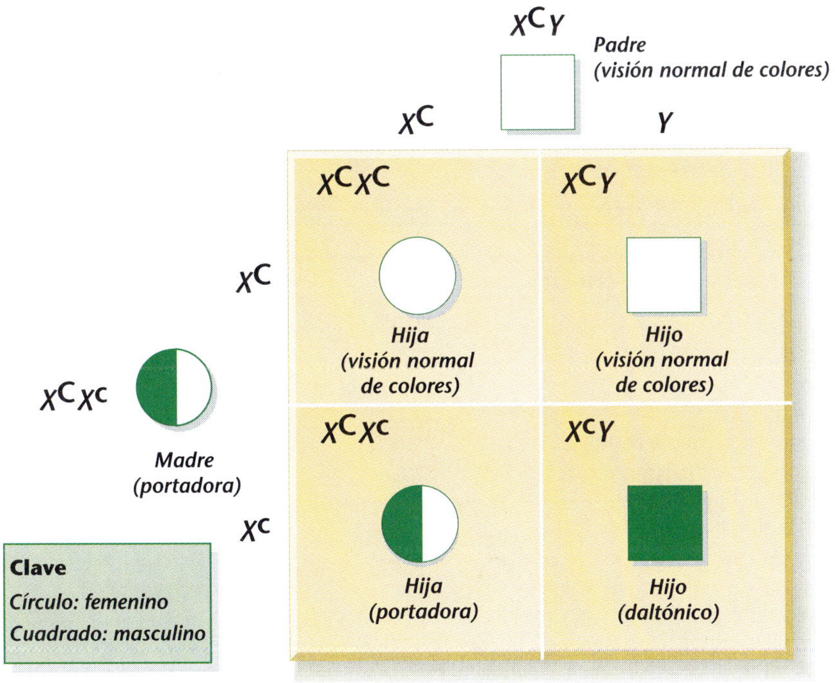

Figura 6 El daltonismo es un rasgo ligado al sexo. Una niña que recibe sólo un alelo recesivo (expresado X^c) para daltonismo (*color-blindness*), no manifestará el rasgo. Sin embargo, el niño que recibe un alelo recesivo es daltónico. **Aplicar los conceptos** *¿Qué combinación de alelos necesitaría una hija para heredar el daltonismo?*

Como puedes ver en la Figura 6, hay 25 por ciento de probabilidad de que esta pareja tenga un hijo con daltonismo. Observa que ninguna de las hijas tendrá este rasgo. Por otra parte, los varones tienen 50 por ciento de probabilidad de presentar daltonismo. Para que una niña sea daltónica, necesita heredar dos alelos recesivos para daltonismo, uno de cada padre. El varón sólo tiene que recibir un alelo recesivo. Esto se debe a que el cromosoma Y no tiene un gen para la visión de colores. Por consiguiente, no hay un alelo que pueda ocultar el alelo recesivo del cromosoma X.

Árboles genealógicos

Imagina que eres un genetista interesado en estudiar los patrones de herencia en humanos. ¿Qué harías? No puedes realizar cruzas con personas como hizo Mendel con sus guisantes. En vez de ello, tendrás que seguir el rastro de los rasgos heredados a través de muchas generaciones en determinado número de familias.

Una herramienta importante para rastrear la herencia de rasgos en los humanos, es la genealogía. Una **genealogía** es una tabla o "árbol genealógico" que muestra cuáles miembros de una familia poseen un rasgo determinado. El rasgo anotado en el árbol genealógico puede ser una característica frecuente, como el pico de viuda, o un rasgo ligado al sexo como el daltonismo. En *Explorar un árbol genealógico* (página 118), puedes rastrear la herencia del daltonismo a través de tres generaciones de una familia.

Punto clave *¿En qué se parece la genealogía a un "árbol de familia"?*

EXPLORAR un árbol genealógico

Este árbol genealógico sigue el rastro del daltonismo en tres generaciones de una familia. El daltonismo es un rasgo ligado al sexo controlado por un alelo recesivo. Observa que en los árboles genealógicos se utilizan símbolos específicos para comunicar información genética.

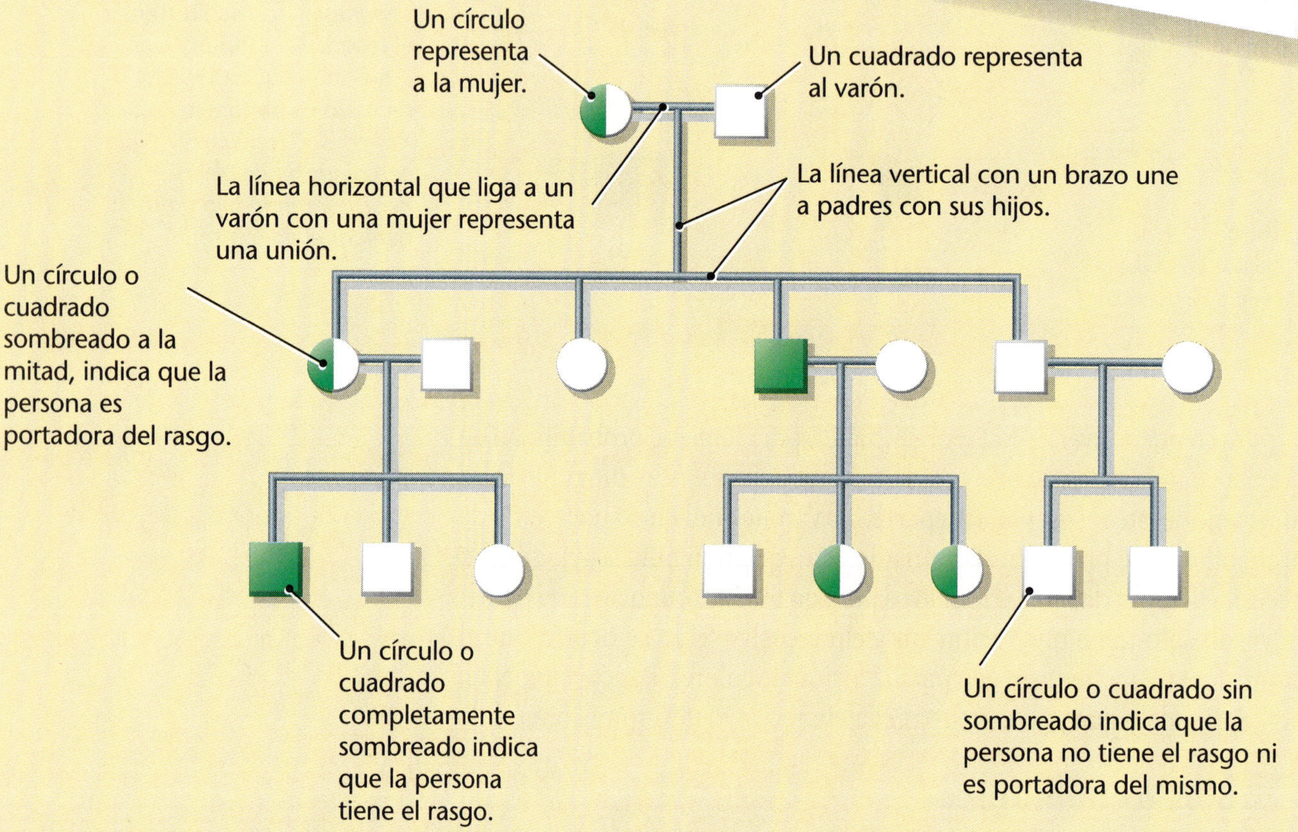

Repaso de la sección 1

1. ¿Por qué los rasgos humanos, como estatura y color de la piel, tienen muchos fenotipos distintos?
2. Explica por qué el daltonismo es más frecuente en hombres que en mujeres.
3. ¿Qué es un árbol genealógico? ¿Cómo se utiliza?
4. **Razonamiento crítico** **Predecir** ¿Dos personas con pico de viuda podrían tener un hijo con nacimiento horizontal del cabello? ¿Dos personas con nacimiento horizontal del cabello podrían tener un hijo con pico de viuda? Explica.

PROYECTO DEL CAPÍTULO 4

Comprueba tu aprendizaje

A estas alturas, ya debes estar haciendo el árbol genealógico del primer rasgo que elegiste. Empieza con una pareja y presenta dos generaciones de hijos. La pareja deberá tener cinco hijos. Tú decides cuántos hijos tendrán esos cinco descendientes. Usa cuadrados de Punnett para asegurar que el patrón hereditario de tu familia imaginaria siga las leyes de la genética.

SECCIÓN 2 Trastornos genéticos humanos

DESCUBRE ACTIVIDAD

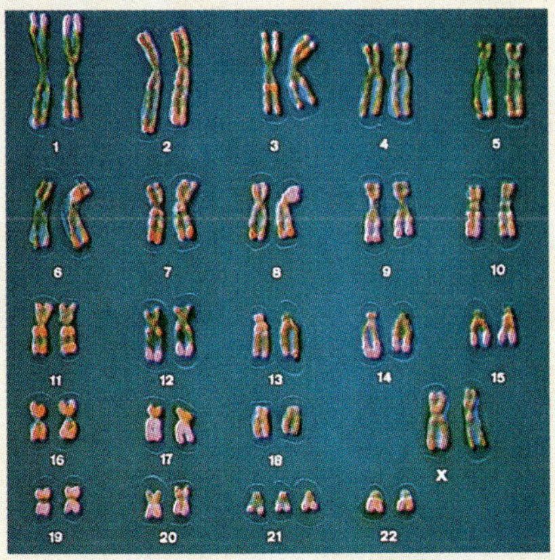

Cuenta los cromosomas

La fotografía de la izquierda muestra los cromosomas de la célula de una persona con un trastorno genético llamado síndrome de Down. Los cromosomas están organizados en pares.

1. Cuenta el número de cromosomas de la foto.
2. ¿Cómo se compara el número de cromosomas con el número habitual de cromosomas en las células humanas?

Reflexiona sobre

Inferir ¿Cómo recibió la célula este número de cromosomas? (*Sugerencia:* Recuerda lo que sucede durante la meiosis.)

GUÍA DE LECTURA

- **¿Cuál es la causa de los trastornos genéticos?**
- **¿Cómo se diagnostican los trastornos genéticos?**

Sugerencia de lectura **Al leer, enlista los tipos de trastornos genéticos. Escribe una oración sobre cada uno.**

El aire en el interior del estadio es denso y caliente. La multitud vitorea a los ocho corredores que se aproximan al punto de salida. Los corredores sacuden brazos y piernas para relajar sus músculos y tranquilizarse. Cuando el juez de salida levanta la pistola, todos se dirigen hacia los corredores. Al escuchar el disparo, los corredores se ponen en movimiento y corren por la pista.

Segundos después, termina la carrera. Los corredores, muy orgullosos, se abrazan entre sí y a sus entrenadores. No importa el lugar que haya ocupado cada uno. Lo importante es que todos terminaron la carrera y realizaron su mejor esfuerzo. Estos atletas corrieron en las Olimpiadas especiales, una competencia para personas que tienen discapacidades físicas.

Muchos atletas que compiten en las Olimpiadas especiales tienen una discapacidad provocada por algún trastorno genético. Un **trastorno genético** es una condición anormal que hereda el individuo a través de los genes o de los cromosomas. **Los trastornos genéticos son causados por mutaciones o cambios en el ADN de la persona.** En algunos casos, la mutación ocurre durante la meiosis, cuando se forman las células sexuales. En otros, la mutación está presente en las células de alguno de los progenitores y se transmite al hijo. En esta sección conocerás algunos de los trastornos genéticos más comunes.

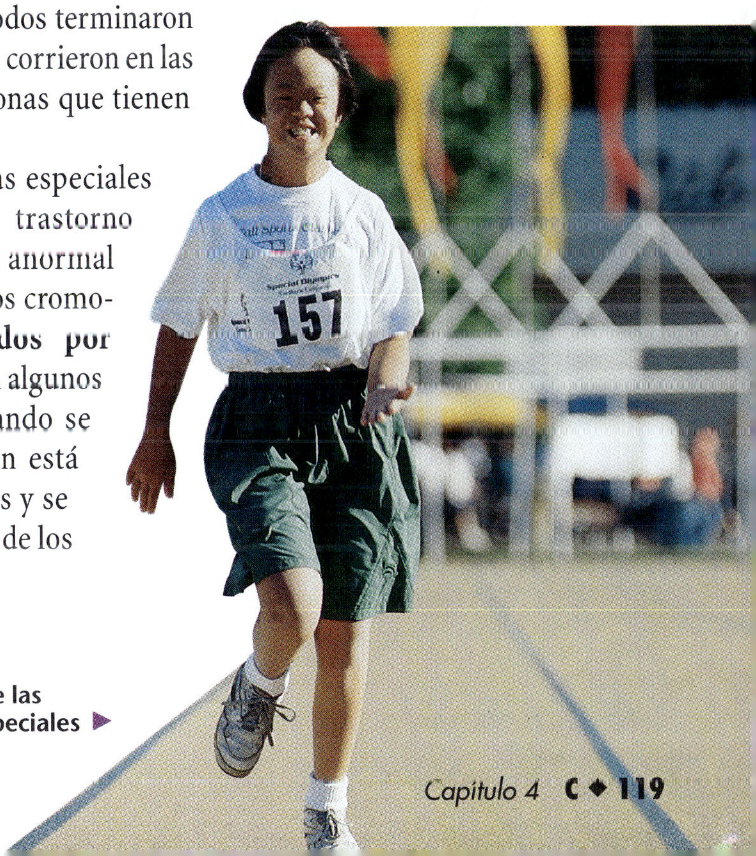

Un corredor de las Olimpiadas especiales ▶

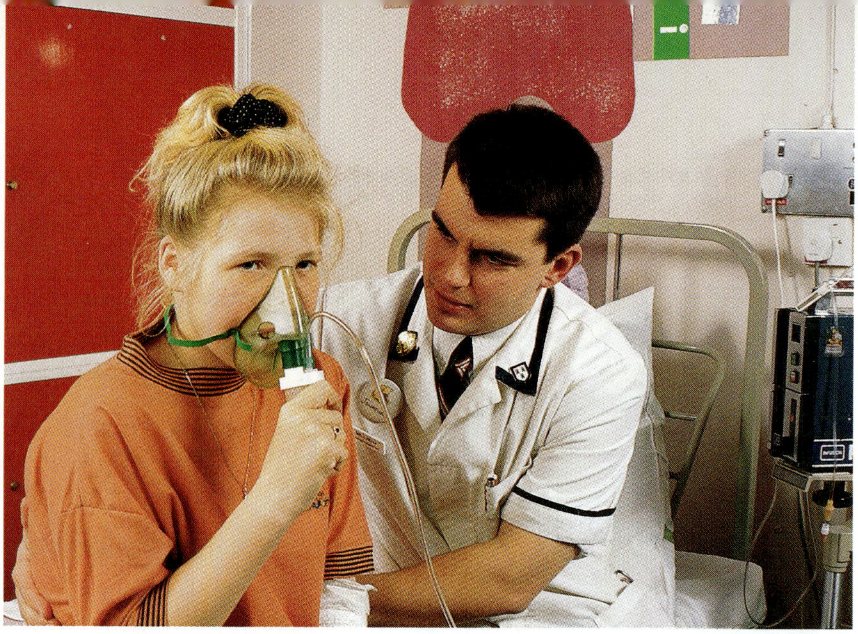

Figura 7 La fibrosis quística es un trastorno genético que provoca que mucosidad espesa se acumule en los pulmones e intestinos del individuo. Esta paciente está inhalando un vapor tenue para aflojar la mucosidad de los pulmones.

Fibrosis quística

La fibrosis quística es un trastorno genético en el cual el cuerpo produce mucosidad anormalmente espesa en los pulmones e intestinos. La mucosidad congestiona los pulmones e impide que la persona respire. Las bacterias crecen en la mucosidad, ocasionando infecciones y a la larga, daño pulmonar. En los intestinos, la mucosidad hace difícil la digestión.

La mutación que ocasiona la fibrosis quística se transmite en un alelo recesivo. El alelo de fibrosis quística es más común entre las personas cuyos antepasados provienen del norte de Europa. Cada día, en Estados Unidos, nacen cuatro niños con fibrosis quística.

Hasta ahora no se conoce una cura para la fibrosis quística. El tratamiento incluye medicamentos para evitar infecciones y terapia física para disolver la mucosidad de los pulmones. Los recientes adelantos científicos para comprender esta enfermedad, pueden conducir a mejores tratamientos y una expectativa de vida más prolongada para las personas que tienen fibrosis quística.

☑ *Punto clave* *¿Cuáles son algunos síntomas de la fibrosis quística?*

Figura 8 En condiciones normales, los glóbulos rojos tienen la forma de un disco (arriba). En una persona con síndrome de glóbulos rojos falciformes, los glóbulos rojos pueden adquirir forma de hoz (abajo). *Relacionar causa y efecto* *¿Qué combinación de alelos provoca que los glóbulos se deformen?*

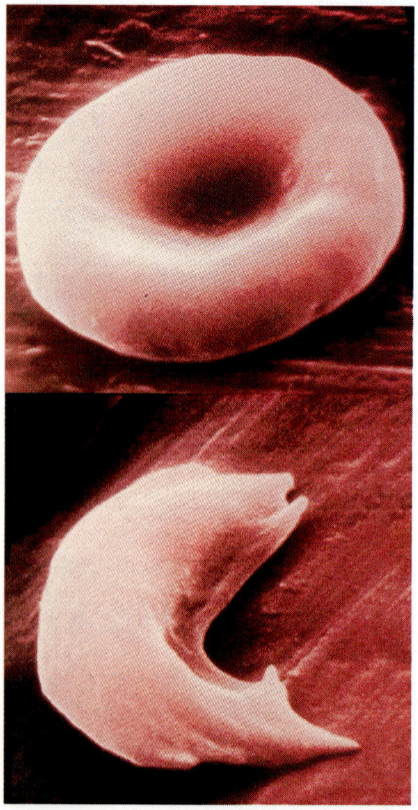

Síndrome de glóbulos rojos falciformes

El síndrome de glóbulos rojos falciformes es un trastorno genético que afecta la sangre. La mutación que causa este problema afecta la producción de una importante proteína llamada hemoglobina. La hemoglobina es una proteína en los glóbulos rojos cuya función es transportar oxígeno. Quienes padecen síndrome de glóbulos rojos falciformes producen una forma anormal de hemoglobina. Cuando las concentraciones de oxígeno son bajas, los glóbulos rojos de estos enfermos adquieren una forma anormal de hoz o media luna, como puedes ver en la Figura 8.

Los glóbulos rojos falciformes no pueden transportar tanto oxígeno como los glóbulos rojos normales. Debido a su forma, los glóbulos quedan atrapados en los vasos sanguíneos, obstruyéndolos. Las personas con glóbulos rojos falciformes sufren por la pérdida de oxígeno en la sangre y experimentan dolor y debilidad.

El alelo del rasgo de este trastorno es más frecuente en personas de ascendencia africana. Cerca del 9 por ciento de los afroamericanos tienen el alelo de glóbulos rojos falciformes. Este alelo es codominante con el alelo normal. La persona que tiene dos alelos de glóbulos rojos falciformes, padecerá la enfermedad. Quien tiene un alelo para este trastorno produce tanto hemoglobina normal como anormal. Esta persona no suele manifestar los síntomas de la enfermedad.

A la fecha, no se conoce cura a esta alteración. Los individuos que tienen este trastorno reciben medicamentos para aliviar los dolorosos síntomas y prevenir la obstrucción de los vasos sanguíneos. Al igual que la fibrosis quística, los científicos tienen la esperanza de encontrar tratamientos nuevos y exitosos muy pronto.

Hemofilia

La hemofilia es un trastorno genético en el cual la sangre de la persona se coagula con mucha lentitud o no forma coágulos. Quienes tienen este trastorno no producen una de las proteínas necesarias para la coagulación normal de la sangre. Una persona con hemofilia puede morir por una hemorragia a causa de un raspón o una pequeña herida. También tiene un alto riesgo de sufrir una hemorragia interna ocasionada por pequeños golpes.

La hemofilia es un ejemplo de un trastorno causado por un alelo recesivo en el cromosoma X. Como la hemofilia es un trastorno ligado al sexo, se presenta con más frecuencia en hombres que en mujeres.

INTEGRAR LA SALUD Las personas que tienen hemofilia deben recibir dosis regulares de la proteína de coagulación que necesitan. En general, estos enfermos llevan una vida normal. Sin embargo, se les aconseja que eviten los deportes de contacto y otras actividades que puedan ocasionar lesiones internas.

Estudios sociales CONEXIÓN

La hemofilia ha tenido un papel importante en la historia europea. La reina Victoria de Inglaterra tuvo un hijo y tres nietos hemofílicos. Victoria, por lo menos dos de sus hijas y cuatro de sus nietas, eran portadoras de la enfermedad.

Conforme los descendientes de la reina transmitían el alelo de la hemofilia a sus hijos, el padecimiento se dispersó entre las familias reales de Europa. Por ejemplo, la emperatriz Alejandra, nieta de la reina Victoria, contrajo matrimonio con el zar Nicolás II en 1894. Alejandra, portadora hemofílica, transmitió la enfermedad a su hijo Alexis, quien era el heredero al trono.

Un monje llamado Rasputín convenció a Alejandra de que podía curar a Alexis. Como tenía controlada a la emperatriz, Rasputín también logró controlar al zar. La ira del pueblo contra la influencia de Rasputín pudo haber tenido un papel importante en la Revolución Rusa de 1917, durante la cual el zar fue derrocado.

En tu diario

Imagina que eres la emperatriz Alejandra. Escribe una página en tu diario, expresando tus sentimientos y las preguntas sin respuesta sobre el estado de Alexis.

Figura 9 La emperatriz Alejandra de Rusia (centro, izquierda) transmitió el alelo de la hemofilia a su hijo Alexis (al frente).

Figura 10 El síndrome de Down es un trastorno genético en el cual las células del individuo poseen una copia adicional del cromosoma 21. Aunque las personas con síndrome de Down tienen algunas limitaciones mentales y físicas, pueden llevar una vida activa y productiva.

Síndrome de Down

Algunos trastornos genéticos se deben al exceso o a la falta de cromosomas. Un ejemplo es el síndrome de Down, en el cual las células de la persona tienen una copia adicional del cromosoma 21. Este cromosoma extra es producto de un error durante la meiosis. Recuerda que en la meiosis, las células se dividen y los cromosomas se separan para producir células sexuales que contienen la mitad del número normal de cromosomas. El síndrome de Down se presenta con frecuencia cuando los cromosomas no se separan debidamente durante la meiosis.

Las personas con síndrome de Down poseen un aspecto físico peculiar y tienen cierto grado de retraso mental. También es común que presenten complicaciones cardiacas, aunque éstas pueden ser tratadas. A pesar de sus limitaciones, muchas personas con síndrome de Down llevan una vida activa y satisfactoria.

Diagnóstico de trastornos genéticos

INTEGRAR LA TECNOLOGÍA Hace años, los médicos sólo contaban con los cuadrados de Punnett y la genealogía para predecir si un niño iba a presentar un trastorno genético. **En la actualidad, los especialistas tienen herramientas como la amniocentesis y los cariotipos para detectar trastornos genéticos.**

Antes que nazca el bebé, los médicos pueden utilizar un procedimiento llamado **amniocentesis** para determinar si tendrá algún trastorno genético. En la amniocentesis, el doctor toma una muestra del fluido que rodea al bebé en desarrollo, y se analiza para determinar si tendrá algún desorden genético. Este líquido contiene células del bebé.

A continuación, el médico examina los cromosomas de las células. Para ello, crea un cariotipo. El **cariotipo** es una imagen de todos los cromosomas de una célula, organizados en parejas. El cariotipo puede revelar si el feto tiene el número adecuado de cromosomas en sus células, y saber si es un niño o una niña. Si realizaste la actividad de Descubrir, pudiste ver el cariotipo de una niña con síndrome de Down.

Consejo genético

Una pareja que tiene antecedentes familiares o dudas sobre un trastorno genético, puede acudir a un asesor genético para pedir consejo. Los asesores genéticos ayudan a entender las posibilidades de tener un hijo con un trastorno genético particular. Para ello usan herramientas como cariotipos, árboles genealógicos y cuadrados de Punnett.

Imagina, por ejemplo, que un hombre y su esposa tienen antecedentes familiares de fibrosis quística. Si piensan en tener hijos, deberán pedir consejo a un asesor genético. El asesor ordenará una prueba para determinar si son portadores del alelo de la fibrosis quística. A continuación, el asesor aplicará el mismo principio de probabilidad que estudiaste en el Capítulo 3, a fin de calcular las posibilidades de esta pareja de tener un hijo con fibrosis quística.

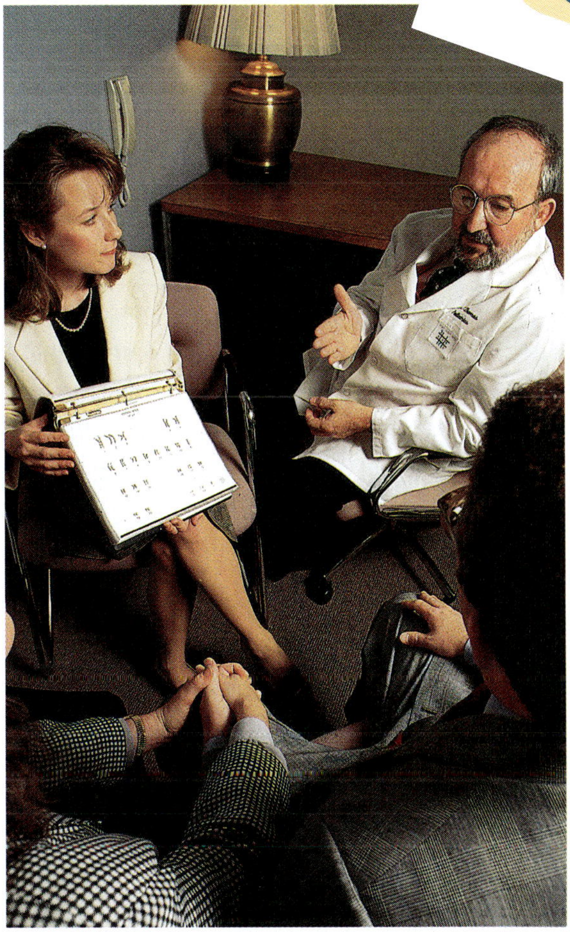

Figura 11 Las parejas pueden reunirse con un asesor genético y su médico, a fin de conocer sus posibilidades de tener un hijo con un trastorno genético.

Repaso de la sección 2

1. Explica cómo se presentan los trastornos genéticos en los humanos. Menciona dos ejemplos de trastornos genéticos.
2. Describe dos herramientas que usan los médicos para detectar trastornos genéticos.
3. ¿Cuál es la diferencia entre las células de una persona con síndrome de Down y las células normales? ¿Cómo se produce esta diferencia?
4. **Razonamiento crítico** **Resolver problemas** Una pareja con antecedentes familiares de hemofilia está a punto de tener una pequeña niña. ¿Qué información debes tener acerca de los padres? ¿Cómo crees que esta información te ayudaría a determinar si la niña tendrá hemofilia?

PROYECTO DEL CAPÍTULO 4

Comprueba tu aprendizaje

Ahora deberás iniciar el rastreo de la herencia de otro rasgo en los mismos miembros de la familia que estudiaste en el primer árbol genealógico. Además, empieza a formar tu álbum de "fotos" familiares. ¿Usarás dibujos o algún otro método para mostrar el aspecto de los miembros de la familia? (*Sugerencia:* Un álbum de fotos muestra los fenotipos. Recuerda que más de un genotipo puede tener el mismo fenotipo.)

Laboratorio real

Profesiones científicas

Rompecabezas familiar

Imagina que eres un asesor genético. Dos parejas acuden a ti para recibir consejo. Sus antecedentes familiares están resumidos en los recuadros *Estudio de caso 1* y *Estudio de caso 2*. Quieren conocer la probabilidad de que sus hijos puedan heredar ciertos trastornos genéticos. En este experimento hallarás las respuestas a sus interrogantes.

Problema

¿Cómo puedes investigar los patrones de herencia de una familia?

Materiales

12 tarjetas   tijeras   marcador

Procedimiento

Parte 1 Investigar el Estudio de caso 1

1. Lee el Estudio de caso 1. Dibuja en tu cuaderno un árbol genealógico que represente a todos los miembros de la familia. Usa círculos para representar a las mujeres y cuadrados para los hombres. Sombrea completamente los círculos o cuadrados que representan a los individuos que tienen fibrosis quística.

Estudio de caso 1: Joshua y Bella

- Joshua y Bella tienen un hijo llamado Ian. Ian fue diagnosticado con fibrosis quística.
- Joshua y Bella están sanos.
- Los padres de Bella están sanos.
- Los padres de Joshua están sanos.
- Sara, hermana de Joshua, tiene fibrosis quística.

2. Sabes que la fibrosis quística la controla un alelo recesivo. Para determinar el patrón familiar de Joshua y Bella, crea un juego de tarjetas que representen los alelos. Recorta seis tarjetas en cuatro partes. Escribe la letra *N* en doce de las tarjetas pequeñas, para representar el alelo dominante normal. En las 12 tarjetas restantes, escribe *n* para el alelo recesivo.
3. Empieza con las tarjetas que representan los alelos de Ian. Como él padece fibrosis quística, ¿qué alelos debe tener? Escribe el genotipo junto al símbolo de Ian en el árbol genealógico.
4. Sara, también sufre de fibrosis quística. ¿Cuáles son sus alelos? Escribe el genotipo junto al símbolo de Sara en el árbol genealógico.

Estudio de caso 2: Li y Mai

- El padre, Li, tiene un problema de piel. La madre, Mai, tiene piel normal.
- La primera hija de Li y Mai, llamada Gemma, tiene el mismo problema cutáneo de Li.
- La hermana de Mai tiene un padecimiento cutáneo parecido, pero los padres de Mai no lo presentan.
- Li tiene un hermano de piel normal y una hermana con el problema cutáneo.
- La madre de Li tiene el problema cutáneo. El padre no.
- La familia de Li vive en un área boscosa. La familia siempre ha pensado que el padecimiento cutáneo es un tipo de alergia.

5. Ahora, usa las tarjetas para determinar los genotipos que deben tener Joshua y Bella. Escribe los genotipos junto a sus símbolos en el árbol genealógico.
6. Estudia las tarjetas para determinar los genotipos de los miembros restantes de la familia. Anota el genotipo de cada persona junto a su símbolo. Si es posible que alguien tenga más de un genotipo, anota ambos genotipos.

Parte 2 Investigar el Estudio de caso 2

7. Revisa el Estudio de caso 2.
8. Sospechas que el problema de piel de Gemma y Li es causado por un alelo recesivo heredado. Investiga esta posibilidad dibujando el árbol genealógico de la familia en tu cuaderno. Sombrea los símbolos de las personas que tienen el problema de piel.
9. Escribe *ss* junto al genotipo de cada individuo que presenta el problema. Usa tarjetas para determinar el genotipo de cada miembro de la familia. Si alguno puede tener más de un genotipo, anota ambos genotipos.

Analizar y concluir

1. En el Estudio de caso 1, ¿cuáles fueron los genotipos de los padres de Joshua? ¿Cuáles fueron los genotipos de los padres de Bella?
2. En el Estudio de caso 1, Joshua también tiene un hermano. ¿Cuál es la probabilidad de que el hermano tenga fibrosis quística? Explica.
3. En el Estudio de caso 2, ¿es posible concluir que el problema de piel es un rasgo heredado controlado por un alelo recesivo? Explica.
4. ¿Cuál es la probabilidad de que el próximo hijo de Mai y Li tenga el problema de piel? Explica.
5. **Aplicar** ¿Por qué los asesores genéticos necesitan información sobre varias generaciones de una familia, para llegar a una conclusión sobre un trastorno hereditario?

Explorar más

Repasa los dos árboles genealógicos que acabas de estudiar. ¿Qué datos sugieren que los rasgos no están ligados al sexo? Explica.

SECCIÓN 3

Adelantos en genética

DESCUBRE — ACTIVIDAD

¿Qué revelan las huellas dactilares?

1. Rotula una hoja de papel con tu nombre. Luego presiona uno de tus dedos, de lado a lado, en un cojín con tinta. Deja tu huella en el papel, presionando el dedo entintado de lado a lado.
2. Divídanse en grupos. Cada grupo deberá elegir a un integrante que dejará una segunda huella en otra hoja de papel. No escriban el nombre en la hoja.
3. Intercambien las huellas dactilares de tu grupo con las de otro grupo. Comparen las huellas rotuladas con la huella dactilar de la hoja sin nombre. Identifiquen a quién pertenece.
4. Lávense las manos después de realizar la actividad.

Reflexiona sobre

Observar ¿Por qué las huellas dactilares son una herramienta útil para identificar personas?

GUÍA DE LECTURA

- **Menciona tres métodos para alterar los rasgos de un organismo.**
- **¿Cuál es el objetivo del Proyecto Genoma Humano?**

Sugerencia de lectura **Al leer, haz una red de conceptos con los métodos usados para producir organismos con rasgos deseables. Incluye por lo menos un ejemplo de cada técnica.**

En el verano de 1996, nació una oveja llamada Dolly en Escocia. Dolly era una oveja común en todos sentidos, menos uno. La célula fecundada de donde se desarrolló Dolly fue producida por genetistas en un laboratorio, utilizando técnicas experimentales. Aprenderás más sobre dichas técnicas en esta sección.

Aunque las técnicas utilizadas para crear a Dolly son novedosas, la idea de producir organismos con rasgos específicos no lo es. Desde hace miles de años, la humanidad ha tratado de producir plantas y animales con rasgos deseables. **Tres métodos utilizados para desarrollar organismos con rasgos deseables son el cruce selectivo, la clonación y la ingeniería genética.**

Dolly ▼

Cruce selectivo

Hace más de 5,000 años, la gente que vivía en la región central de México descubrió una clase de planta silvestre que podía comer. Ellos seleccionaron las semillas de las plantas que producían el mejor alimento y las sembraron para cultivar nuevas plantas. Después de repetir este proceso durante varias generaciones de plantas, desarrollaron una variedad primitiva de un cultivo que hoy conocemos como maíz. El proceso de seleccionar algunos organismos con rasgos deseables para usarlos como progenitores de la siguiente generación, se llama **cruce selectivo.**

La humanidad ha utilizado el cruce selectivo en muchas clases de plantas y animales. Los programas de cruce casi siempre están diseñados para aumentar el valor de la planta o el animal para los seres humanos. Por ejemplo, se han hecho cruces de vacas lecheras para

Figura 12 Durante miles de años, el hombre ha utilizado el cruce selectivo para producir plantas y animales con rasgos deseables. *Hacer generalizaciones* *Menciona algunos rasgos deseables para el cruce selectivo del maíz.*

producir cantidades mayores de leche. También se han hecho cruces de muchas variedades de frutas y verduras que pueden resistir enfermedades y plagas.

Endogamia Una técnica de cruce selectivo muy útil es la endogamia. La **endogamia** consiste en cruzar dos individuos que tienen juegos de alelos idénticos o muy similares. Los organismos resultantes de la endogamia tienen alelos muy parecidos a los de sus progenitores. Mendel utilizó la endogamia para producir las plantas de guisantes de cepa pura que utilizó en sus experimentos.

Una finalidad de la endogamia es producir razas de animales con rasgos específicos. Por ejemplo, al cruzar caballos de una velocidad excepcional, los criadores pueden producir animales pura sangre que corren muy rápido. Los perros de raza pura, como el labrador y el pastor alemán, fueron producidos mediante la endogamia.

Por desgracia, como los organismos endogámicos tienen grandes semejanzas genéticas, esta técnica reduce la posibilidad de que sus crías hereden nuevas combinaciones de alelos. La endogamia también aumenta la probabilidad de que los organismos hereden alelos que provocan trastornos genéticos. Por ejemplo, muchas razas de perros tienen problemas de cadera hereditarios.

Hibridación Otra técnica de cruce selectivo se conoce como hibridación. La **hibridación** consiste en cruzar dos individuos genéticamente distintos. El organismo híbrido resultante se cruza después para obtener los mejores rasgos de ambos progenitores. Por ejemplo, un agricultor puede cruzar una variedad de maíz que produce muchos granos con otra que resiste las enfermedades. El resultado podría ser una planta de maíz híbrida que tenga las dos características deseadas. La mayoría de los cultivos que se desarrollan en granjas y jardines actualmente, fueron producidos por hibridación.

Figura 13 Las plantas pueden clonarse fácilmente utilizando recortes. Una vez que el recorte echa raíces, puede sembrarse para que crezca y forme una nueva planta. **Aplicar los conceptos** *¿Por qué se considera que la nueva planta es un clon de la planta original?*

Clonación

Un problema del cruce selectivo es que el criador no puede controlar los alelos que desea transmitir de padres a hijos. Esto se debe a que la transmisión de alelos está determinada por la probabilidad, como viste en el Capítulo 3. En algunos organismos puede utilizarse otra técnica, llamada clonación, para producir hijos con rasgos deseables. Un **clon** es un organismo genéticamente idéntico al organismo del que proviene. Esto significa que el clon tiene los mismos genes que el organismo del cual fue producido. Es posible realizar la clonación de animales y plantas, así como de otros organismos.

Clonación de plantas Una forma de producir un clon de una planta es por medio de esquejes. El esqueje es una pequeña parte que se corta de la planta, como una hoja o un tallo. El esqueje puede desarrollarse hasta formar una planta completa. La nueva planta es genéticamente idéntica a la planta de la que se tomó el esqueje.

Clonación de animales La producción de un clon de animal es mucho más difícil que la producción de un clon de planta. Es imposible utilizar un esqueje de vaca para producir una nueva vaca. Sin embargo, los científicos han experimentado con diversas técnicas para obtener clones de animales. ¿Recuerdas a Dolly, la oveja descrita al principio de esta sección? Dolly es el primer clon de mamífero adulto que se ha producido hasta ahora.

Para crear a Dolly, los investigadores extrajeron un óvulo de una oveja. Reemplazaron el núcleo de esa célula con el núcleo de la célula de otra oveja de seis años. El óvulo fue implantado en el útero de una tercera oveja. Cinco meses después, nació Dolly. Dolly es genéticamente idéntica a la oveja de seis años que proporcionó el núcleo de la célula. Dolly es un clon de esa oveja.

☑ ***Punto clave*** *¿Cómo puede producirse el clon de una planta?*

Ingeniería genética

En las últimas décadas, los genetistas han desarrollado otra poderosa técnica para producir organismos con rasgos deseables. En este proceso, llamado **ingeniería genética**, los genes de un organismo se transfieren al ADN de otro organismo para producir un nuevo ser. La ingeniería genética a veces recibe el nombre de "empalme de genes", debido a que consiste en abrir o separar una molécula de ADN y empalmarla o unirla con un gen de otro organismo. Los investigadores utilizan la ingeniería genética para producir medicamentos, mejorar cultivos y tratar de curar trastornos genéticos humanos.

EXPLORAR *la ingeniería genética*

Los científicos utilizan la ingeniería genética para crear células bacterianas que producen importantes proteínas humanas, como la insulina.

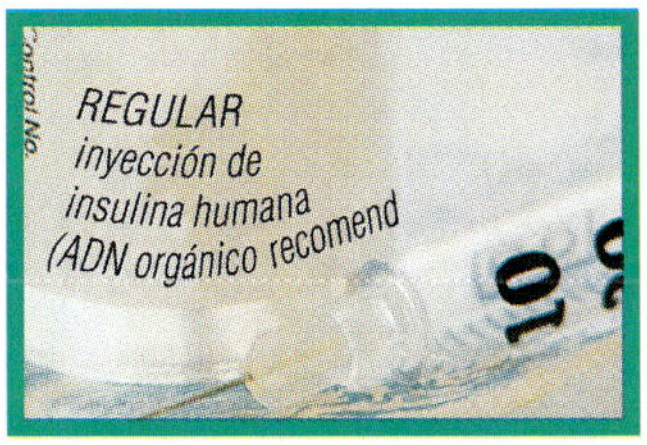

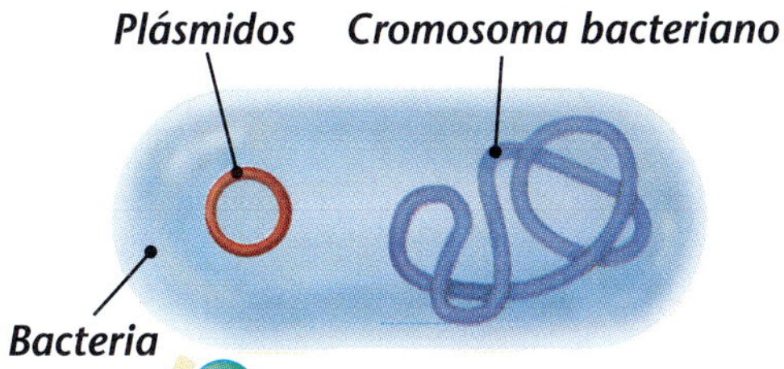

1. Los científicos extraen plásmidos (pequeños anillos circulares de ADN) de las células bacterianas.

2. Una enzima abre el ADN del plásmido. La misma enzima extrae el gen de insulina humana que se encuentra en el cromosoma.

3. Se combinan el plásmido y el gen de insulina humana. El gen de insulina se adhiere a los extremos abiertos del plásmido, formando un anillo cerrado.

4. Los plásmidos, que ahora contienen el gen de insulina humana, se combinan con células bacterianas. Algunas de las células bacterianas asimilan los plásmidos.

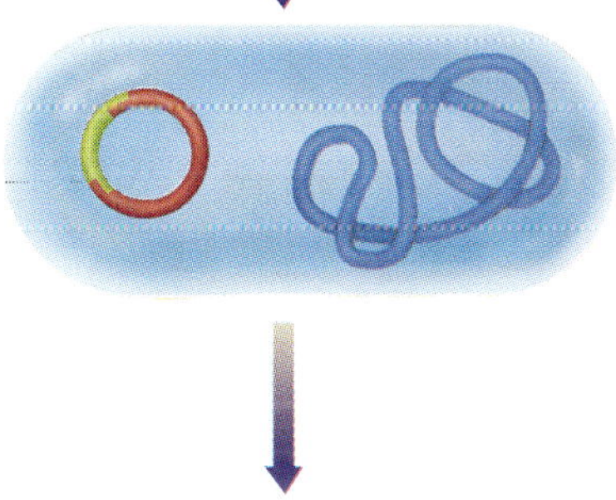

5. Cuando las células se reproducen, las nuevas células reciben copias del plásmido modificado con "ingeniería". El gen introducido ordena a la célula que produzca insulina humana.

Ingeniería genética con bacterias Los investigadores obtuvieron sus primeros éxitos en ingeniería genética cuando insertaron ADN de otros organismos en bacterias. Recuerda que la molécula de ADN de las células bacterianas se encuentra en el citoplasma. Algunas células bacterianas también contienen pequeñas partes circulares de ADN, llamadas plásmidos.

En *Explorar la ingeniería genética*, podrás ver cómo los científicos insertan un gen humano en el plásmido de una bacteria. Una vez que el ADN se ha empalmado con el plásmido, la célula bacteriana y todas sus hijas adquieren el gen humano. Como resultado, la bacteria produce la proteína que está codificada en el gen humano —en este caso, insulina—. Como la bacteria se reproduce rápidamente, es posible producir grandes cantidades de insulina en poco tiempo. La insulina se recoge y sirve para tratar a enfermos de diabetes, un trastorno en el cual el organismo no produce suficiente de esta proteína.

Figura 14 Los científicos crearon esta nueva variedad de tomate con ingeniería genética. Los tomates tienen mejor sabor y se conservan más tiempo que otras variedades.
Formular juicios *Menciona otros rasgos deseables en los tomates.*

En la actualidad, muchas proteínas humanas se producen mediante bacterias modificadas con ingeniería genética. Por ejemplo, la hormona de crecimiento humana es una proteína que controla el proceso de crecimiento en la infancia. Los niños cuyos cuerpos no producen suficiente hormona de crecimiento, pueden recibir inyecciones de esta hormona.

Ingeniería genética en otros organismos La ingeniería genética también se ha utilizado para insertar genes en células de otros organismos. Los científicos han insertado genes de bacterias en células de tomate, trigo, arroz y otros cultivos importantes. Algunos de los genes permiten que las plantas sobrevivan a temperaturas de frío extremo o malas condiciones de suelo, y las ayudan a resistir plagas de insectos.

Las técnicas de ingeniería genética también permiten insertar genes en animales, los cuales producirán importantes medicamentos para la humanidad. Por ejemplo, los científicos pueden insertar genes humanos en células de vacas. Después, las vacas producen la proteína humana codificada en el gen. Esta técnica se ha usado para producir la proteína de coagulación que necesitan las personas que sufren de hemofilia. La proteína se produce en la leche de las vacas, y puede extraerse con facilidad y usarse para tratar a quienes padecen hemofilia.

Terapia con genes Los investigadores también usan la ingeniería genética para tratar algunos trastornos genéticos. Este proceso, denominado **terapia con genes**, consiste en insertar copias activas de un gen en las células de la persona afectada de algún padecimiento genético. Por ejemplo, los enfermos de fibrosis quística no producen una proteína necesaria para el adecuado funcionamiento de los pulmones. En estos individuos, las dos copias del gen que codifica la proteína son defectuosas. Los científicos insertan copias activas del gen en virus inofensivos. Estos virus modificados pueden usarse en pacientes con fibrosis quística. Los investigadores esperan que las copias utilizables del gen insertado en los virus, funcionen en los pacientes para producir la proteína. La terapia con genes es aún un método experimental para tratar trastornos genéticos. Los investigadores trabajan arduamente para mejorar esta prometedora técnica.

Huellas del ADN

Las cortes legales de Estados Unidos utilizan una técnica llamada huellas del ADN para resolver crímenes. Si realizaste la actividad de Descubrir, sabes que las huellas digitales ayudan a identificar personas. No hay dos individuos que tengan las mismas huellas digitales. Como rutina, los detectives utilizan las impresiones halladas en la escena del crimen para tratar de identificar a la persona que lo cometió. Del mismo modo, el ADN tomado de muestras de cabello, piel y sangre sirve para identificar a una persona. No hay dos individuos (excepto los gemelos idénticos) que tengan el mismo ADN.

La identificación de huellas del ADN utiliza enzimas para fragmentar el ADN de la muestra descubierta en la escena del crimen. A continuación, una corriente eléctrica separa los fragmentos según su tamaño para formar un patrón de bandas, como los que ves en la Figura 15. El patrón de bandas del ADN de una persona es único. El patrón del ADN se compara con el patrón producido por el ADN tomado del sospechoso.

Punto clave *¿En qué se parece el ADN a las huellas digitales?*

Mejora tus destrezas

Comunicar

ACTIVIDAD

Imagina que eres un testigo experto durante un juicio. Debes dar tu testimonio sobre el ADN detectado en unas gotas de sangre halladas en la escena del crimen. Necesitas explicar al jurado el proceso de identificación de huellas de ADN. Escribe un párrafo describiendo lo que dirías. ¿Cómo convencerías al jurado de que la identificación de huellas de ADN es una técnica confiable?

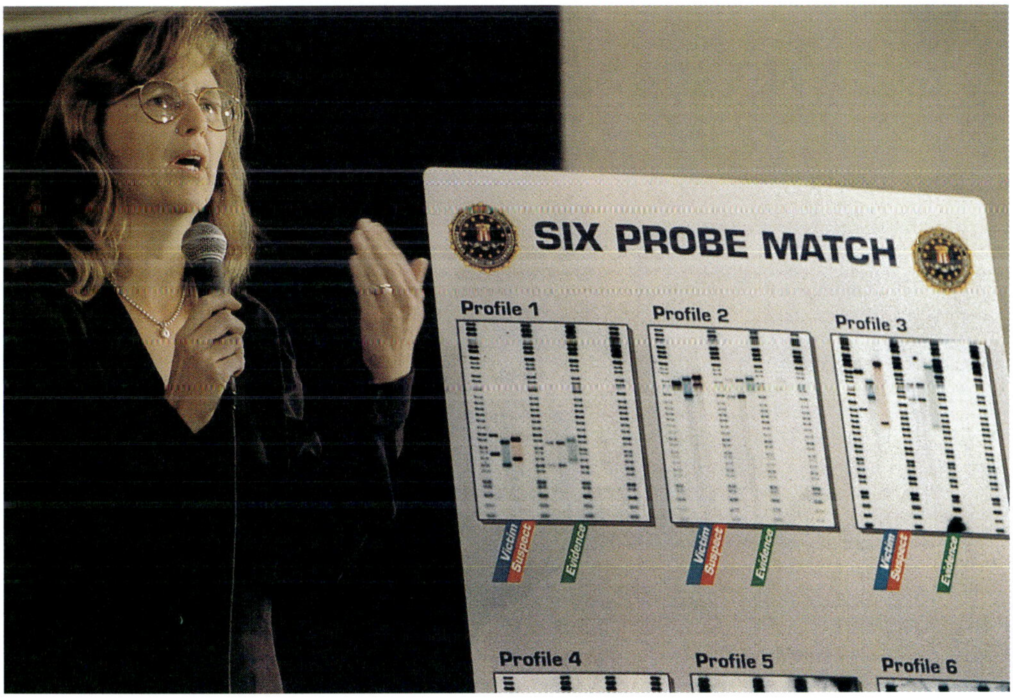

Figura 15 Esta científica explica cómo puede utilizarse la identificación de huellas de ADN para resolver crímenes. El ADN de la sangre u otras sustancias encontradas en la escena del crimen, puede compararse con el ADN de la sangre del sospechoso.

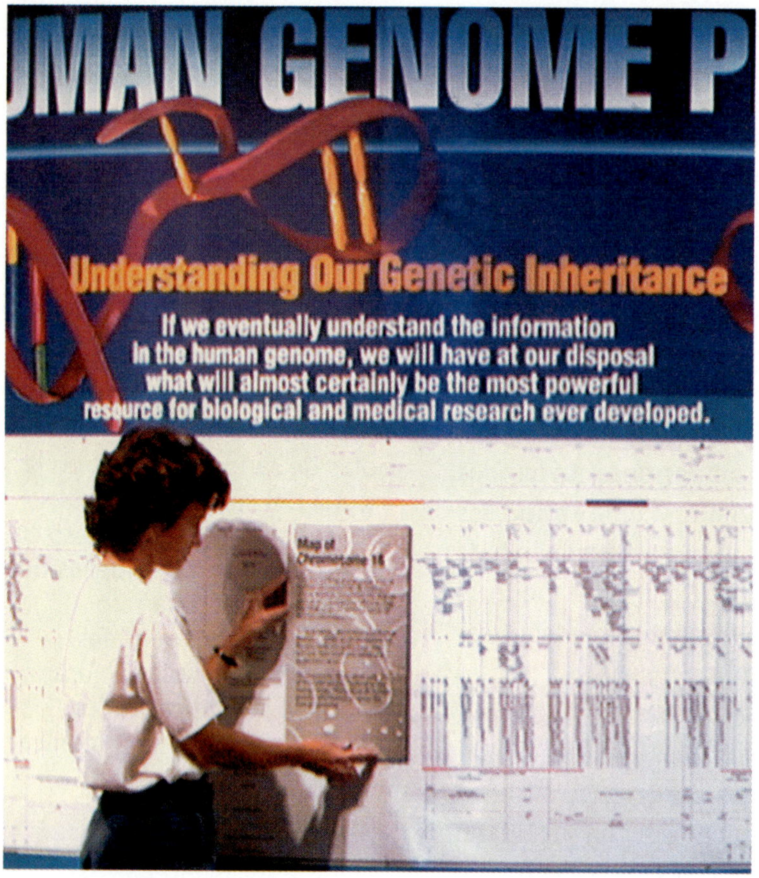

Figura 16 El Proyecto Genoma Humano intenta identificar la secuencia de cada par de bases de ADN en el genoma humano.

El Proyecto Genoma Humano

Imagina que tratas de descifrar un código que tiene una extensión de 3,000 millones de caracteres. Ahora, imagina que trabajas con personas de todo el mundo para lograrlo. Eso es justamente lo que hacen los científicos que laboran en el Proyecto Genoma Humano. Un **genoma** es todo el ADN contenido en la célula de un organismo. Los investigadores calculan que los 23 pares de cromosomas que componen el genoma humano, contienen alrededor de 60,000 a 80,000 genes: más o menos 3,000 millones de pares de bases de ADN.

El objetivo principal del Proyecto Genoma Humano consiste en identificar la secuencia de ADN de cada gen del genoma humano. Cuando concluya el Proyecto Genoma Humano, tendremos a nuestra disposición una enciclopedia de información genética sobre los humanos. Los científicos conocerán la secuencia de ADN de cada gen humano y, de ese modo, la secuencia de aminoácidos de cada proteína.

Con la información del Proyecto Genoma Humano, los investigadores podrán comprender mejor cómo se desarrollan los humanos a partir del óvulo fecundado hasta convertirse en adultos. También podrán descubrir qué hace funcionar al cuerpo y qué ocasiona que sufra desperfectos. Este nuevo entendimiento conduciría a nuevos tratamientos y estrategias de prevención para muchos trastornos genéticos y enfermedades como el cáncer.

Repaso de la sección 3

1. Menciona tres técnicas que ha utilizado el hombre para producir organismos con rasgos deseables.
2. ¿Por qué los científicos desean identificar la secuencia de ADN de cada gen humano?
3. ¿Qué es ingeniería genética? Describe tres posibles beneficios de esta técnica.
4. Explica cómo se identifica la huella del ADN. ¿Qué información puede revelar la identificación del ADN?
5. **Razonamiento crítico** **Formular juicios** ¿Crees que debería haber limitaciones para la ingeniería genética? Ofrece argumentos para respaldar tu postura.

Las ciencias en casa

Ve a una tienda de alimentos con uno de tus padres u otro adulto de la familia. Observa las distintas variedades de papas, manzanas, y otras frutas y verduras. Analicen cómo se desarrollaron estas variedades usando el cruce selectivo. Luego, selecciona un tipo de fruta o verdura y enumera sus variedades. De ser posible, averigua cuáles son los rasgos por los que se desarrolló cada variedad.

Ciencias y sociedad

¿Acceso libre a los resultados de pruebas genéticas?

Los científicos que trabajan en el Proyecto Genoma Humano han identificado muchos alelos que determinan el riesgo de desarrollar ciertas enfermedades. Es posible analizar el ADN de las personas con técnicas de sondeo genético para determinar si poseen alguno de estos alelos. De ser así, las personas podrán adoptar medidas para evitar la enfermedad o recibir tratamiento oportuno.

Compañías de seguros y empresarios desean tener acceso a este tipo de información genética. Pero, muchas personas consideran que debe ser confidencial.

Temas de debate

¿Por qué las compañías de seguros quieren información genética? Las compañías de seguros médicos fijan sus primas con base en el riesgo de la persona a desarrollar problemas de salud. A fin de determinar la prima del seguro, solicitan que la persona se someta a un examen médico. Si éste revela una alteración, la compañía cobra más por la póliza de esa persona. Esto se debe a que el asegurado tiene más posibilidades de necesitar atención médica costosa.

Para las aseguradoras el sondeo genético es otro medio para obtener información sobre la salud de una persona. Argumentan que si no pueden conseguir esta información, tendrán que elevar las tasas de todos sus clientes. Esto sería injusto para quienes tienen buena salud.

¿Por qué los empresarios quieren información genética? Las leyes federales de Estados Unidos prohíben que las compañías que tienen 15 trabajadores o más seleccionen a los aspirantes con base en su estado de salud. Sin embargo, algunos empresarios se niegan a contratar empleados con problemas de salud porque pierden más horas de trabajo que los otros empleados. Además, tal vez tendrían que pagar tasas de seguro más elevadas.

¿La información genética debe ser confidencial? Algunas personas consideran que el gobierno debería prohibir todo acceso a la información genética. Hoy día, hay personas que temen ser discriminadas a causa de los resultados de un sondeo genético. Por eso evitan realizarse estos estudios, aunque sirvan para recibir tratamiento preventivo para algún trastorno. Estas personas desean que haya un control más estricto sobre la información genética y que las compañías de seguros y los empresarios no tengan acceso a ella.

Tú decide

1. **Identifica el problema**
   Usa tus propias palabras para explicar el problema de decidir quién debe tener acceso a los resultados de un sondeo genético.
2. **Analiza las opciones**
   Examina los pros y contras de la confidencialidad de un sondeo genético. Da argumentos para mantener la confidencialidad y para compartir los resultados de las pruebas.
3. **Encuentra una solución**
   Haz un reglamento para controlar el acceso a la información genética. ¿Quién debe tener acceso y en qué circunstancias? Explica tu razonamiento.

Resuelve el misterio

¿Culpable o inocente?

Investigarás cómo la identificación del ADN ayuda a proporcionar pruebas relacionadas con un crimen.

Problema

¿Cómo usar el ADN para identificar personas?

Enfoque en las destrezas

Observar, hacer modelos, sacar conclusiones

Materiales

4–6 códigos de barras

Procedimiento

1. Observa la fotografía de patrones de bandas de ADN, a la derecha.
2. Ahora observa el Código Universal de Productos, o código de barras, debajo de las bandas de ADN. Compáralo con las bandas de ADN para determinar qué tienen en común. Anota tus observaciones.
3. Imagina que ha ocurrido un robo y eres el detective a cargo de la investigación. Tu maestro te dará un código de barras que representa el ADN de la sangre hallada en la escena del crimen. Haces arreglos para tomar muestras de ADN de varios sospechosos. Escribe lo que buscarías al comparar el ADN del sospechoso con la muestra tomada de la escena del crimen.
4. Ahora recibirás los códigos de barras que representan las muestras tomadas de los sospechosos. Compara estos códigos de barras con el código de barras que representa el ADN de la escena del crimen.
5. Usa tus comparaciones para determinar si alguno de los sospechosos estuvo en la escena del crimen.

Analizar y concluir

1. Determina si alguno de los sospechosos estuvo en la escena del crimen. Respalda tu conclusión con pruebas específicas.
2. ¿Por qué los patrones de ADN difieren tanto de un individuo a otro?
3. Si el sospechoso cuyo ADN es igual al de la escena del crimen tiene un gemelo idéntico, ¿cómo afectaría esto tus conclusiones?
4. **Aplicar** En la vida cotidiana, ¿crees que las pruebas de ADN son suficientes para determinar si un sospechoso cometió un crimen? Explica.

Explorar más

¿Consideras que habría semejanzas en la prueba del ADN de un progenitor y su hijo? Dibuja el aspecto que podrían tener. Luego explica tu razonamiento.

GUÍA DE ESTUDIO

CAPÍTULO 4 REPASO

SECCIÓN 1 Herencia humana

Ideas clave

- Algunos rasgos humanos son controlados por un solo gen que tiene alelos múltiples, con tres o más formas.
- Algunos rasgos humanos muestran una gran variedad de fenotipos debido a que son controlados por muchos genes. Los genes actúan en conjunto para producir un mismo rasgo.
- Los rasgos a veces se ven afectados por el medio ambiente en que vive el organismo.
- Los varones tienen un cromosoma X y un cromosoma Y. Las mujeres tienen dos cromosomas X. Los hombres tienen mayor posibilidad que las mujeres de recibir un rasgo ligado al sexo controlado por un alelo recesivo.
- Los genetistas usan árboles genealógicos para seguir el rastro del patrón hereditario de un rasgo específico por varias generaciones de una familia.

Términos clave

alelos múltiples
gen ligado al sexo
portador
árbol genealógico

SECCIÓN 2 Trastornos genéticos humanos

Ideas clave

- Los trastornos genéticos son condiciones anormales causadas por mutaciones o cambios en el ADN de genes o cromosomas.
- Entre los trastornos genéticos más conocidos se encuentran la fibrosis quística, los glóbulos rojos falciformes, la hemofilia y el síndrome de Down.
- La amniocentesis y el cariotipo son herramientas que sirven para diagnosticar trastornos genéticos.
- Los asesores genéticos ayudan a las parejas a conocer las probabilidades de tener un hijo con algún trastorno genético.

Términos clave

trastorno genético
amniocentesis
cariotipo

SECCIÓN 3 Adelantos en genética

INTEGRAR LA TECNOLOGÍA

Ideas clave

- El cruce selectivo es el proceso de seleccionar unos cuantos organismos con rasgos deseables para que sean los padres de la siguiente generación.
- La clonación es una técnica que se utiliza para producir organismos genéticamente idénticos.
- La ingeniería genética puede servir para producir medicamentos y mejorar cultivos. Los investigadores también la utilizan para tratar de curar trastornos genéticos humanos.
- La identificación del ADN se usa para ayudar a determinar si el material encontrado en la escena de un crimen procede de un sospechoso en particular.
- El objetivo del Proyecto Genoma Humano consiste en identificar la secuencia del ADN de cada gen en el genoma humano.

Términos clave

cruce selectivo
endogamia
hibridación
clonación
ingeniería genética
terapia con genes
genoma

ACTIVIDAD
USAR LA INTERNET
www.science-explorer.phschool.com

CAPÍTULO 4 REPASO

Repaso del contenido

Para repasar los conceptos clave, consulta el Interactive Student Tutorial CD-ROM.

Opción múltiple

Elige la letra de la respuesta correcta.

1. Un rasgo humano controlado por alelos múltiples es
- **a.** hoyuelos.
- **b.** tipo sanguíneo.
- **c.** estatura.
- **d.** color de la piel.

2. Un trastorno genético causado por un gen ligado al sexo es
- **a.** fibrosis quística.
- **b.** glóbulos rojos falciformes.
- **c.** hemofilia.
- **d.** síndrome de Down.

3. Los glóbulos rojos falciformes se caracteriza por
- **a.** glóbulos rojos de forma anormal.
- **b.** líquidos corporales anormalmente espesos.
- **c.** coagulación sanguínea anormal.
- **d.** una copia adicional del cromosoma 21.

4. Insertar un gen humano en un plásmido bacteriano es un ejemplo de
- **a.** endogamia.
- **b.** cruce selectivo.
- **c.** prueba del ADN.
- **d.** ingeniería genética.

5. La identificación del ADN es un método para
- **a.** clonar organismos.
- **b.** reproducir organismos con rasgos deseables.
- **c.** identificar personas.
- **d.** hacer un mapa y definir la secuencia de los genes humanos.

Falso o verdadero

Si el enunciado es verdadero, escribe verdadero. Si es falso, cambia la palabra o palabras subrayadas para hacer verdadero el enunciado.

6. Un pico de viuda es un rasgo humano controlado por un solo gen.

7. La persona que hereda dos cromosomas X pertenece al género masculino.

8. Un cariotipo es una tabla que muestra las relaciones entre varias generaciones de una familia.

9. La hibridación es el cruce de dos organismos genéticamente parecidos.

10. Un clon es un organismo genéticamente idéntico a otro.

Revisar los conceptos

11. Explica cómo los genes y el medio ambiente determinan la estatura de una persona.

12. Explica por qué los rasgos controlados por alelos recesivos del cromosoma X son más comunes en hombres que en mujeres.

13. ¿Qué es el trastorno de glóbulos rojos falciformes? ¿Cómo se hereda?

14. ¿Cómo puede utilizarse la amniocentesis para detectar trastornos como el síndrome de Down?

15. Explica cómo un criador de caballos usaría el cruce selectivo para producir animales con pelaje bayo.

16. Explica cómo podría utilizarse la terapia con genes en el futuro, para tratar a una persona con hemofilia.

17. **Escribir para aprender** Como director de una fundación nacional de genética, debes crear un sitio Web para informar al público sobre los trastornos genéticos. Elige un trastorno genético humano analizado en este capítulo. Escribe una descripción del trastorno para usarla en el sitio Web.

Razonamiento gráfico

18. **Red de conceptos** En una hoja de papel, copia la red de conceptos sobre rasgos humanos. Después complétala y ponle un título. (Para más información acerca de las redes de conceptos, consulta el Manual de destrezas.)

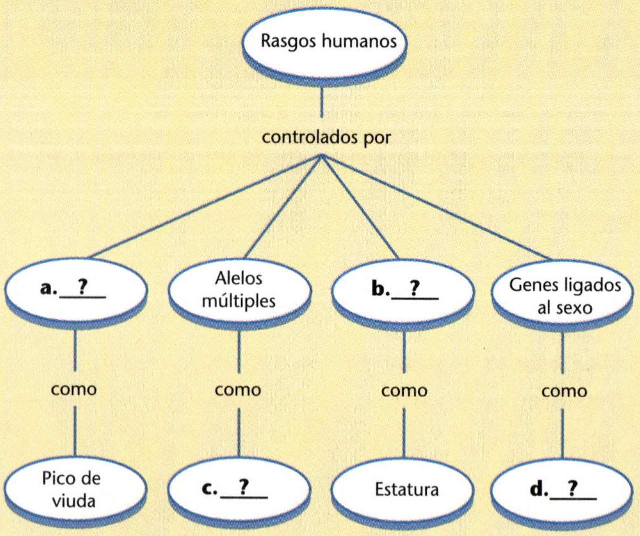

CAPÍTULO 4 REPASO

Aplicar las destrezas

Un asesor genético ha reunido la información que verás a continuación. Úsala para responder las Preguntas 19–21.

- Bob y Helen tienen tres hijos.
- Bob y Helen tienen un hijo con albinismo, condición hereditaria en la cual la piel no cuenta con pigmentos oscuros.
- Bob y Helen tienen dos hijas que no padecen de albinismo.
- Bob y Helen no tienen albinismo.
- El albinismo no es un trastorno ligado al sexo y tampoco codominante.

19. Interpretar datos Usa la información para hacer un árbol genealógico. Si no sabes quién es portador, deja su símbolo en blanco. Si luego decides que una persona es portadora, cambia tu árbol genealógico.

20. Sacar conclusiones ¿El albinismo es controlado por un alelo dominante o por un alelo recesivo? Explica tu respuesta.

21. Predecir Imagina que Bob y Helen tienen otro hijo. ¿Cuál es la probabilidad de que ese bebé desarrolle albinismo? Explica.

Razonamiento crítico

22. Inferir ¿Cómo es que los antiguos cruzaban maíz de manera selectiva, si no sabían de genes y herencia?

23. Calcular Si la madre es portadora de hemofilia, ¿cuál es la probabilidad de que su hijo presente el rasgo? Explica tu respuesta.

24. Comparar y contrastar ¿Cuál es la diferencia entre cruce selectivo e ingeniería genética? ¿En qué se parecen?

25. Aplicar los conceptos ¿Por qué una persona puede ser portadora de un rasgo causado por un alelo recesivo, pero no de un rasgo causado por un alelo dominante?

26. Resolver problemas Una mujer con visión normal del color tiene una hija daltónica. ¿Cuáles son los genotipos y fenotipos de ambos progenitores?

Evaluación del rendimiento

PROYECTO DEL CAPÍTULO 4

Para terminar

Presenta tu proyecto Antes de presentar tu proyecto, intercambia árboles genealógicos y el álbum de fotos con otro equipo de estudiantes, para comparar trabajos. Realiza las correcciones necesarias y luego presenta tu material en clase. Prepárate a explicar los patrones de herencia que muestran tus árboles genealógicos.

Reflexiona y anota Describe en tu diario lo que aprendiste al hacer árboles genealógicos. ¿Qué parte del proyecto fue la más difícil para ti? ¿Por qué? ¿Qué dudas tienes como consecuencia del proyecto?

Participa

En tu comunidad Pide permiso a tu maestro para invitar a un médico, una enfermera o un asesor genético para que expliquen algunos de los trastornos genéticos analizados en este capítulo. Prepara una lista de preguntas para el invitado. Después de la charla, escribe un breve resumen de lo que aprendiste.

CAPÍTULO 5

Cambios a través del tiempo

LO QUE ENCONTRARÁS

SECCIÓN 1 El viaje de Darwin

Descubre ¿Cómo cambian los seres vivos?
Inténtalo Adaptaciones de picos de aves
Mejora tus destrezas Inferir
Laboratorio de destrezas La naturaleza en acción

Integrar las ciencias de la Tierra

SECCIÓN 2 El registro fósil

Descubre ¿Qué puedes aprender de los fósiles?
Inténtalo Conservación en hielo
Mejora tus destrezas Calcular

SECCIÓN 3 Otras evidencias de la evolución

Descubre ¿Cómo puedes clasificar las especies?
Mejora tus destrezas Sacar conclusiones
Laboratorio de destrezas Moléculas reveladoras

PROYECTO 5

Largo calendario de la vida

¿Cuánto puedes recordar de tu pasado? ¿Cuánto pueden recordar de su pasado los adultos que conoces? Piensa en cómo ha cambiado la vida en los últimos diez, cincuenta o cien años. Este capítulo también da un vistazo al pasado. Pero en vez de retroceder cien años, explorarás millones, cientos de millones incluso miles de millones de años.

Los parámetros de tiempo de la historia terrestre son tan vastos, que pueden resultar abrumadores. El proyecto de este capítulo te ayudará a entenderlos. Conocerás la manera de convertir enormes periodos de tiempo en una escala más conocida.

Tu objetivo Usar una escala de medición conocida para crear dos líneas cronológicas de la historia de la Tierra.

Para completar este proyecto con éxito, tendrás que:

- representar la historia de la Tierra usando una escala conocida, como las horas de un reloj, los meses de un calendario o las yardas de un campo de fútbol
- utilizar dos veces la escala seleccionada; primero para hacer un diagrama de 5,000 millones de años de historia y luego, para enfocar los últimos 600 millones de años
- incluir marcadores en ambas escalas para señalar los momentos importantes en la historia de la vida

Para empezar Revisa *Explorar la historia de la vida*, páginas 156–157, para conocer los acontecimientos ocurridos durante ambos periodos. Forma pequeños grupos para analizar algunas escalas conocidas que puedas utilizar en tus líneas cronológicas. Podrás seleccionar intervalos de un año o un día; así como elegir un intervalo de distancia como la longitud del patio de la escuela o las paredes del salón de clase. Determina el tipo de líneas cronológicas que desees utilizar.

Comprueba tu aprendizaje Trabajarás en este proyecto mientras estudias el capítulo. Para mantener tu proyecto en marcha, revisa los cuadros de Comprueba tu aprendizaje en los puntos siguientes:

Repaso de la Sección 1, página 150: Planifica tus líneas cronológicas.
Repaso de la Sección 3, página 163: Construye tus líneas cronológicas.

Para terminar Al finalizar el capítulo (página 167) presentarás tus líneas cronológicas en clase.

Este *Triceratops* vivió al oeste de América del Norte hace unos 70 millones de años. Ese cuerno puntiagudo lo usaba para defenderse contra los depredadores.

SECCIÓN 1

El viaje de Darwin

DESCUBRE — ACTIVIDAD

¿Cómo cambian los seres vivos?

1. Usa una regla para medir la longitud y el ancho de 10 semillas de girasol. Anota cada medida.
2. Ahora usa una lupa para examinar cuidadosamente cada semilla. Anota la forma, el color y el número de franjas de cada semilla.

Reflexiona sobre

Clasificar ¿Cómo difieren las semillas entre sí? ¿En qué se parecen? Con base en sus semejanzas y diferencias ¿cómo agruparías las semillas?

GUÍA DE LECTURA

- **¿Cómo explicó Darwin las diferencias entre las especies de las Islas Galápagos y las que vio en América del Sur?**
- **¿De qué manera la selección natural conduce a la evolución?**
- **¿Cómo se forman las nuevas especies?**

Sugerencia de lectura
Mientras lees, crea una lista de las ideas principales y los detalles que respaldan la evolución.

En diciembre de 1831, el buque de guerra británico HMS *Beagle* zarpó de Inglaterra en un viaje de cinco años alrededor del mundo. A bordo se encontraba un joven de 22 años llamado Charles Darwin. Con el tiempo, Darwin se convirtió en el naturalista del barco, un estudioso del mundo natural. Su trabajo consistía en aprender todo lo posible sobre los seres vivos.

Durante el recorrido, Darwin observó plantas y animales que jamás había visto. Se preguntó por qué eran tan distintos de los ejemplares de Inglaterra. Sus observaciones lo llevaron a desarrollar una de las teorías científicas más importantes: la teoría de la evolución por selección natural.

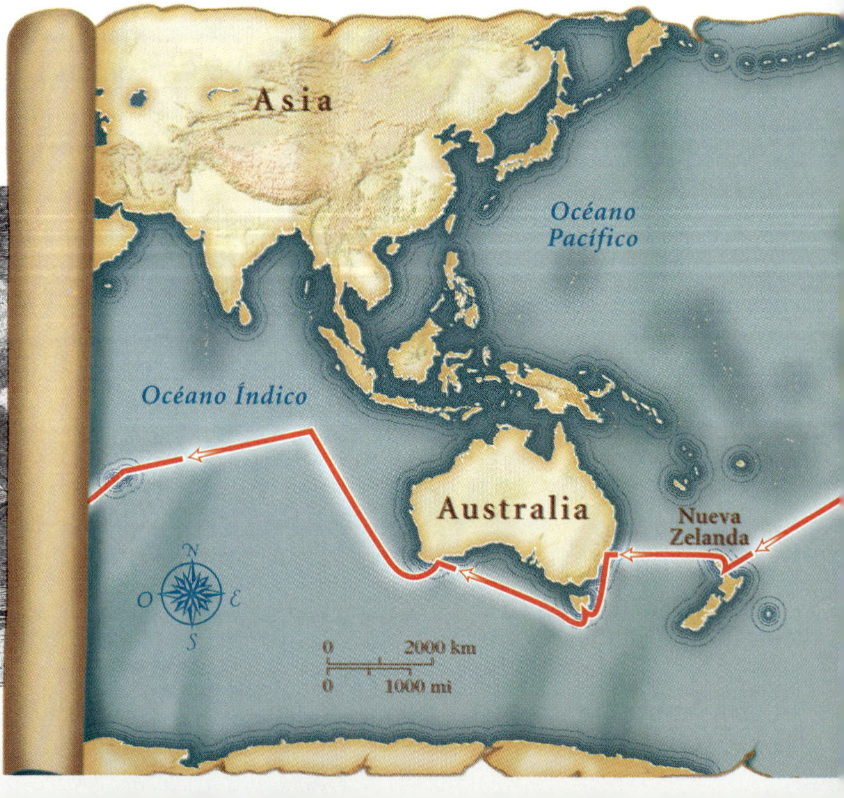

Las observaciones de Darwin

Una de las primeras escalas del *Beagle* fue en la costa de América del Sur. En Brasil, Darwin vio insectos que parecían flores y hormigas que marchaban por el suelo de los bosques como enormes ejércitos. En Argentina conoció a los armadillos: animales que viven en madrigueras y están cubiertos de pequeñas placas óseas. También vio perezosos, unos animales que caminan muy despacio y pasan la mayor parte del tiempo colgados de cabeza en los árboles.

Darwin estaba asombrado por la gran diversidad o variedad de seres vivos que encontró. Hoy día, los científicos saben que los seres vivos son aun más diversos de lo que Darwin jamás pudo imaginar. Han identificado más de 2.5 millones de especies de organismos que viven en la Tierra. Una **especie** es un grupo de organismos similares que pueden aparearse entre sí y producir descendientes fértiles.

En Argentina, Darwin vio otra cosa que lo intrigó: los huesos de animales que habían muerto hacía mucho tiempo. Al observarlos, infirió que aquellos animales debieron parecerse mucho a los perezosos que había visto. Sin embargo, los huesos eran mucho más grandes que los de los perezosos. Se preguntó entonces por qué sólo habían sobrevivido los perezosos pequeños. ¿Qué había ocurrido con las criaturas gigantescas del pasado?

En 1835, el *Beagle* llegó a las Islas Galápagos, un archipiélago de pequeñas islas en el océano Pacífico, frente a la costa occidental de América del Sur. Fue allí donde Darwin observó la mayor diversidad de formas de vida. Las tortugas de tierra gigantes eran tan altas, que podían mirarlo a los ojos. También encontró focas cubiertas de pelo y lagartos que sólo comían cactos duros y espinosos.

Figura 1 Charles Darwin navegó en el HMS *Beagle* de Inglaterra a América del Sur y de allí, a las Islas Galápagos. En este archipiélago encontró muchos organismos poco comunes.

Halcón de las Galápagos ▼

▲ *Tortuga gigante de tierra*

▲ *Cangrejo rojo*

◄ *Sula pies azules*

Semejanzas y diferencias

Darwin se sorprendió de que muchas plantas y animales de las Islas Galápagos fueran parecidos a los organismos del territorio continental de América del Sur. Por ejemplo, muchas aves de las islas, como halcones, sinsontes y pinzones eran muy parecidos a los de tierra firme. Numerosas plantas se parecían a las que había recogido en el continente.

Sin embargo, Darwin también observó importantes diferencias entre los organismos del archipiélago y los de tierra firme. Por ejemplo, las dos regiones tenían grandes aves marinas llamadas cormoranes. Los de tierra firme podían volar pero los de las Islas Galápagos, no. Las iguanas de las Islas Galápagos tenían grandes garras que les permitían sujetarse a las rocas resbalosas, donde comían algas marinas. Las garras de las iguanas de tierra firme eran más pequeñas y les servían trepar por los árboles, donde comían hojas.

A partir de sus observaciones, Darwin infirió que un reducido número de especies vegetales y animales había llegado a las Islas Galápagos procedente del territorio continental. Quizá fueron lanzados al mar durante una tormenta o quedaron a la deriva en un tronco caído. Al llegar a las islas, animales y plantas empezaron a reproducirse. Con el tiempo, los descendientes desarrollaron algunas características distintas de las que poseían sus parientes de tierra firme.

Darwin también observó muchas diferencias entre organismos similares de las diferentes islas del archipiélago. Por ejemplo, las tortugas terrestres de una isla tenían caparazones en forma de domo. En otra isla, los caparazones parecían sillas de montar. El gobernador de una de las islas informó a Darwin que sólo tenía que ver el caparazón para determinar de qué parte del archipiélago procedía una tortuga.

☑ **Punto clave** ***¿Cómo pensaba Darwin que las plantas y animales llegaron a las Islas Galápagos?***

Figura 2 Darwin observó muchas diferencias entre organismos similares de América del Sur y las Islas Galápagos. Por ejemplo, las iguanas verdes (izquierda) viven en América del Sur. Las iguanas marinas (derecha) viven en las Islas Galápagos. ***Comparar y contrastar*** *¿En qué se parecen ambas especies? ¿Cuáles son sus diferencias?*

Figura 3 Darwin realizó estos dibujos de cuatro especies de pinzones de las Islas Galápagos. El pico de cada ave está adaptado al tipo de alimento que consume.

Adaptaciones

Igual que las tortugas de tierra, los pinzones de las Islas Galápagos manifestaban notables diferencias de una isla a otra. Las diferencias más evidentes eran el tamaño y la forma de sus picos. Mientras Darwin estudiaba distintos pinzones, observó que cada especie estaba bien adaptada para la vida que llevaba. Los pinzones que se alimentaban de insectos tenían picos afilados como agujas. Los picos de los pinzones que comían semillas eran fuertes y anchos. La forma del pico es un ejemplo de **adaptación,** un rasgo que permite la supervivencia y reproducción de un organismo.

Evolución

De regreso en Inglaterra, Darwin siguió meditando en lo que había visto durante su viaje en el *Beagle*. Pasó los siguientes 20 años consultando con muchos otros científicos para reunir más información y organizar sus ideas. Tenía especial interés en comprender cómo surgieron diversos organismos con distintas adaptaciones en las Galápagos.

Darwin concluyó que las plantas y los animales que llegaron a las islas habían tenido que enfrentar condiciones distintas de las que había en tierra firme. **Tal vez, pensó Darwin, las especies sufrieron cambios graduales a través de muchas generaciones para adaptarse mejor a las nuevas condiciones.** El cambio gradual de una especie a través del tiempo, se llama **evolución.**

Las ideas de Darwin a menudo se conocen como la teoría de la evolución. Una **teoría científica** es un concepto comprobado que explica una gran variedad de observaciones.

Para Darwin, era claro que había ocurrido una evolución en las Islas Galápagos. Sin embargo, no lograba comprender cómo se había llevado a cabo el proceso. Darwin tuvo que basarse en otros ejemplos de cambio en los seres vivos para entender cómo había ocurrido la evolución.

INTÉNTALO

Adaptaciones de picos de aves

ACTIVIDAD

Utiliza esta actividad para explorar las adaptaciones de las aves.

1. Dispersa una pequeña cantidad de semillas para aves en un plato de cartón. Dispersa 20 pasas en el plato, para representar insectos.
2. Consigue diversos objetos como pinzas para cejas, pinzas de ropa y horquillas para el pelo. Selecciona un objeto para usarlo como "pico".
3. Averigua cuántas semillas puedes recoger y depositar en una taza, en 10 segundos.
4. Ahora, observa cuántos "insectos" puedes recoger y depositar en una taza en 10 segundos.
5. Utiliza un "pico" distinto y repite los Pasos 3 y 4.

Inferir ¿Qué clase de pico funcionó mejor con las semillas? ¿Con los insectos? ¿Cómo ayudan los picos de diferentes formas a comer distintos alimentos?

Darwin sabía que las personas utilizaban el cruce selectivo para producir organismos con rasgos deseables. Por ejemplo, los granjeros ingleses usaban el cruce selectivo para producir ovejas de lana fina. El propio Darwin había criado palomas con colas grandes en forma de abanico. Al permitir que se aparearan sólo las palomas de muchas plumas en la cola, Darwin produjo palomas que tenían el doble o triple del plumaje normal. Darwin llegó a la conclusión de que en la naturaleza ocurría un proceso similar al cruce selectivo. Pero se preguntaba por qué y cómo se habían seleccionado ciertos rasgos.

☑ **Punto clave** *¿Qué observaciones llevaron a Darwin a proponer su teoría de la evolución?*

Selección natural

En 1858, Darwin y otro biólogo inglés, Alfred Russel Wallace, propusieron una explicación para la evolución. Al año siguiente, Darwin describió el mecanismo en un libro titulado *El origen de las especies*. En esta obra, Darwin explicó que la evolución se llevaba a cabo mediante la selección natural. La **selección natural** es el proceso por el cual los individuos mejor adaptados tienen más posibilidades de sobrevivir y reproducirse que otros miembros de la misma especie. Darwin identificó varios factores que afectan el proceso de selección natural: la producción excesiva, la competición y las variaciones.

Producción excesiva La mayoría de las especies produce más descendientes de los que pueden sobrevivir. En muchas especies, hay tantos descendientes que los recursos (alimento, agua y espacio) no son suficientes para todos. Por ejemplo, cada año una tortuga marina hembra puede depositar más de 100 huevos. Si todas las crías sobrevivieran, el mar muy pronto estaría repleto de tortugas. Darwin sabía que esto no ocurría. Pero, ¿por qué?

Figura 4 La mayoría de las tortugas marinas recién nacidas, no sobrevivirán para alcanzar la madurez.
Hacer generalizaciones ¿Qué factores limitan el número de crías que sobreviven?

Figura 5 Las morsas de esta playa rocosa de Alaska, deben competir por los recursos. Todos los organismos compiten por recursos limitados, como el alimento.

Competición Como el alimento y otros recursos están limitados, las crías deben competir entre sí para sobrevivir. La competición no siempre se traduce en combates físicos entre los miembros de una especie. Al contrario, la competición suele ser indirecta. Por ejemplo, algunas tortugas no encuentran suficiente alimento. Otras no logran escapar de los depredadores. Sólo unas cuantas sobreviven para reproducirse.

Variaciones Como aprendiste en tus estudios de genética, los miembros de una especie tienen muchos rasgos distintos entre sí. Cualquier diferencia entre los individuos de una misma especie se conoce como **variación**. Por ejemplo, algunas tortugas recién nacidas pueden nadar más rápido que otras.

Selección Algunas variaciones permiten que ciertos individuos se adapten mejor a su ambiente. Estos individuos tienen mayores posibilidades de sobrevivir y reproducirse. Cuando estos organismos se reproducen, sus descendientes pueden heredar el alelo del rasgo útil. A su vez, estos descendientes tienen más posibilidades de sobrevivir y reproducirse, y transmiten el alelo a sus hijos. Después de muchas generaciones, cada vez más miembros de la especie manifestarán el rasgo útil. De esta manera, el ambiente ha "seleccionado" a los organismos que poseen rasgos útiles para que sean los progenitores de la siguiente generación, de allí el término "selección natural." **A través del tiempo, la selección natural puede conducir a la evolución. Las variaciones útiles se acumulan gradualmente en una especie, haciendo desaparecer los rasgos desfavorables.**

Por ejemplo, imagina que un depredador nuevo que nada muy rápido llega al hábitat de las tortugas marinas. Las tortugas más rápidas son las únicas que consiguen escapar del nuevo depredador. De este modo, las tortugas rápidas tienen más posibilidades de sobrevivir y reproducirse. Con el tiempo, más y más tortugas de la especie tendrán el rasgo de "nadadoras rápidas".

Mejora tus destrezas

Inferir ACTIVIDAD

Dispersa 15 botones blancos y 15 negros en una hoja de papel blanco. Pide a un compañero que tome tiempo para ver cuántos botones puedes recoger en 10 segundos. Recoge un botón a la vez.

¿Recogiste más botones de un color que de otro? ¿Por qué? ¿De qué manera una variación, como el color, afecta el proceso de selección natural?

Laboratorio de destrezas

Hacer modelos

La naturaleza en acción

En este experimento investigarás cómo la selección natural puede originar cambios en una especie. Explorarás los factores genéticos y ambientales que forman parte de la selección natural.

Problema

¿Cómo cambian las especies a través del tiempo?

Materiales

tijeras

marcador

2 cartulinas de diferente color

Procedimiento

1. Realiza este experimento con dos compañeros. Uno seleccionará el color de la cartulina para crear 50 tarjetas de "ratones", como se describe en la Tabla 1. El segundo utilizará la cartulina del otro color para crear 25 tarjetas de "incidentes", como se describe en la Tabla 2. El tercero copiará la tabla de datos y anotará todos los datos.

Parte 1 Un ambiente de arena blanca

2. Mezclen las tarjetas de ratones.
3. Utilicen las tarjetas para modelar lo que ocurriría a un grupo de ratones en un ambiente de dunas blancas. Seleccionen dos tarjetas de ratones. Los pares de alelos *WW* y *Ww* producirán ratones blancos (*white*). El par de alelos *ww* producirá ratones pardos. Anoten el color del ratón con una contraseña en la tabla de datos.
4. Elijan una tarjeta de incidentes. Una tarjeta "S" significa que el ratón sobrevive. La tarjeta "M" o "D" significa que el ratón muere. La tarjeta "C" significa que el ratón muere si su color contrasta con las dunas blancas. (Cuando extraigan una tarjeta "C", sólo morirán los ratones pardos.) Anoten cada muerte con una contraseña en la tabla de datos.
5. Si el ratón vive, pongan dos tarjetas de ratones en una pila de "ratones vivos". Si muere, pongan las tarjetas en la pila de "ratones muertos". Coloquen la tarjeta del incidente bajo la pila correspondiente.
6. Repitan los Pasos 3–5 con todas las tarjetas de ratones para estudiar la primera generación de roedores. Anoten sus resultados.
7. No utilicen las tarjetas de ratones muertos. Mezclen las tarjetas de la pila de ratones vivos. Mezclen las tarjetas de incidentes.
8. Repitan los Pasos 3–7 para la segunda generación. Luego repitan los Pasos 3–6 para la tercera.

Tabla 1: Tarjetas "ratón"

Cantidad	Etiqueta	Significado
25	*W*	Alelo dominante para pelaje blanco
25	*w*	Alelo recesivo para pelaje pardo

Tabla 2: Tarjetas "incidente"

Cantidad	Etiqueta	Significado
5	S	El ratón sobrevive.
1	M	Ratón muerto por enfermedad.
1	D	El depredador mata a los ratones de cualquier color.
18	C	Los depredadores matan ratones que contrastan con el ambiente.

TABLA DE DATOS				
Tipo de ambiente:				
Generación	Ratones blancos	Ratones pardos	Muertes	
			Ratones blancos	Ratones pardos
1				
2				
3				

Parte 2 Ambiente de bosque

9. ¿Cómo cambiarían los datos si los ratones de este modelo vivieran en el oscuro suelo de un bosque? Escriban su predicción en un cuaderno.
10. Copien de nuevo la tabla de datos. Luego usen las tarjetas para comprobar su predicción. Recuerden que, en esta ocasión, la tarjeta "C" representa la muerte de cualquier ratón de pelaje blanco.

Analizar y concluir

1. ¿Cuántos ratones blancos había en cada generación, en la Parte 1? ¿Cuántos ratones pardos? ¿Qué color tuvo la mayor tasa de muertes en cada generación? (*Sugerencia:* Para calcular la tasa de muerte de los ratones blancos, dividan la cantidad de ratones blancos muertos entre el total de ratones blancos, y luego multipliquen por 100%.)
2. Si los incidentes de la Parte 1 hubieran ocurrido en la naturaleza, ¿cómo habría cambiado el grupo de ratones a través del tiempo?
3. ¿Cómo difieren los resultados de la Parte 2 y la Parte 1?
4. ¿De qué manera esta investigación modela la selección natural? ¿Cómo difiere la selección natural con respecto del modelo?
5. **Piensa en esto** ¿Cómo cambiaría el modelo si incrementaras la cantidad de tarjetas "C"? ¿Si redujeras la cantidad?

Crear un experimento

Elige una especie distinta que posea un rasgo que te interese. Crea un juego de tarjetas semejante a las que utilizaste antes, para investigar de qué manera la selección natural podría ocasionar la evolución de dicha especie.

Estudios sociales CONEXIÓN

En la Inglaterra de la década de 1850, ocurrió un ejemplo de cómo los actos humanos pueden influir en la selección natural. A finales de los años 1700, la mayoría de las polillas moteadas inglesas tenía color gris. Esta tonalidad les daba ventaja sobre las polillas moteadas negras, debido a que las aves no podían distinguirlas entre los árboles gris claro. La selección natural favoreció a las polillas de color claro sobre las polillas negras.

A finales de los años 1700 había iniciado la Revolución Industrial en Inglaterra. Con el tiempo, el humo de las fábricas ennegreció los troncos de los árboles. Las polillas de color claro eran más fáciles de distinguir que las negras. Por consiguiente, las aves cazaron más polillas claras. La selección natural favoreció a las polillas negras. Para 1850, casi todas las polillas moteadas eran negras.

En tu diario

Desde la década de 1950, las estrictas reglas contra la contaminación han reducido la cantidad de humo que escapa al aire de Inglaterra. Predice de qué manera esto ha afectado a los árboles y a las polillas.

El papel de los genes en la evolución

Sin variaciones, todos los miembros de una especie tendrían los mismos rasgos. La evolución por selección natural no ocurriría debido a que todos los individuos tendrían las mismas oportunidades de sobrevivir y reproducirse. Pero, ¿de dónde proceden las variaciones? ¿Cómo se transmiten de padres a hijos? Darwin no lograba responder estas interrogantes.

Darwin nada sabía de genes o mutaciones. Por eso no podía explicar qué ocasionaba las variaciones o cómo se transmitían. Más tarde, otros científicos descubrieron que las variaciones son resultado de mutaciones en los genes o consecuencia de una combinación distinta de alelos durante la meiosis. Recuerda que sólo los genes se transmiten de padres a hijos. Por ello, sólo los rasgos heredados o controlados por genes son afectados por la selección natural.

Evolución en acción

Desde que Darwin publicó su libro, los científicos han estudiado muchos ejemplos de la evolución en acción. En un estudio de 1977, realizado con pinzones de Dafne Mayor (una de las Islas Galápagos), los científicos observaron que el tamaño del pico cambiaba rápidamente por selección natural. Ese año, hubo poca lluvia en la isla: apenas 25 milímetros en vez de los 130 milímetros habituales. Debido a la falta de lluvia, muchas plantas murieron. Comenzaron a escasear las semillas con las que se alimentaban los pinzones. Por ello, tuvieron que comer grandes semillas encerradas en vainas duras y espinosas.

Los pinzones de picos más grandes y fuertes eran más aptos para abrir las vainas que los ejemplares de picos pequeños y débiles. Muchos de los pinzones de pico pequeño no sobrevivieron a la sequía. Al año siguiente, la isla tenía una mayor población de pinzones de picos grandes y fuertes. La evolución por selección natural había ocurrido en tan sólo un año.

Figura 6 La Revolución Industrial afectó la selección natural de las polillas moteadas de Inglaterra. Cuando la contaminación comenzó a ennegrecer el tronco de los árboles, las polillas negras tuvieron más posibilidades de sobrevivir y reproducirse.

¿Cómo se forman las nuevas especies?

La teoría de la evolución por selección natural, propuesta por Darwin, explica cómo las variaciones pueden provocar cambios en una especie. Pero ¿cómo evoluciona una especie completamente nueva? Desde la época de Darwin, los científicos se han percatado de que el aislamiento geográfico es una de las principales causas para formar una nueva especie. El aislamiento o separación total, ocurre cuando algunos individuos no pueden reunirse con los otros miembros de su especie.

A veces un grupo queda separado del resto de la especie por causa de un río, un volcán o una cordillera. Incluso una ola puede separar a unos cuantos individuos del resto de su especie, arrastrándolos hacia el mar para luego depositarlos en la playa de una isla. Tal vez eso fue lo que ocurrió en las Islas Galápagos. Una vez que el grupo está aislado, sus integrantes ya no pueden aparearse con el resto de la especie.

Puede formarse una especie nueva cuando un grupo de individuos permanece separado del resto de la especie el tiempo suficiente para desarrollar rasgos distintos. Cuanto más prolongado sea el aislamiento del grupo, más probable es que evolucione en una nueva especie. Por ejemplo, las ardillas Abert y Kaibab viven en los bosques del suroeste de Estados Unidos. Al principio, ambas variedades de ardillas pertenecían a la misma especie. Sin embargo, hace más o menos 10,000 años un pequeño grupo de ardillas quedó aislado en un bosque del lado norte del Gran Cañón, en Arizona. Con el tiempo, dicho grupo evolucionó en ardillas Kaibab con su distintivo vientre negro. Los científicos no están seguros de que la ardilla Kaibab sea lo suficientemente distinta de la ardilla Abert para considerarla una especie diferente.

Punto clave *¿Cómo afectó el aislamiento geográfico a la ardilla Kaibab?*

Figura 7 Hace como 10,000 años, un grupo de ardillas quedó aislado del resto de su especie. Como resultado, la ardilla Kaibab (izquierda) ha evolucionado volviéndose diferente de la ardilla Abert (derecha).
Interpretar mapas *¿Qué accidente geográfico separa el territorio de la ardilla Kaibab del de la ardilla Abert?*

Deriva continental

El aislamiento geográfico ha ocurrido en una escala mundial. Por ejemplo, hace cientos de millones de años, todas las áreas de tierra firme del planeta estaban unidas en una sola. Este supercontinente recibió el nombre de Pangea. Los organismos podían emigrar de una parte a otra del supercontinente. A través de millones de años, Pangea comenzó a separarse debido a un movimiento conocido como deriva continental. Al separarse los continentes, las especies quedaron aisladas entre sí y comenzaron a evolucionar de manera independiente.

Australia es, posiblemente, el ejemplo más notable de la evolución de las especies como consecuencia de la deriva continental. Los organismos que viven en Australia han permanecido aislados de otros organismos de la Tierra durante millones de años. Por ello, se han desarrollado organismos únicos en Australia. Por ejemplo, la mayoría de los mamíferos de Australia pertenecen al grupo de los marsupiales. A diferencia de otros mamíferos, los marsupiales dan a luz crías que siguen desarrollándose en una bolsa del cuerpo de la madre. La Figura 8 muestra dos de las muchas especies de marsupiales que existen en Australia. En contraste, hay pocas especies de marsupiales en otros continentes.

Figura 8 Como consecuencia de la deriva continental, muchas especies de marsupiales evolucionaron en Australia. Los marsupiales australianos incluyen al numbat (arriba) y el indri moteado (abajo).

Repaso de la sección 1

1. ¿Qué es evolución? ¿Qué observó Darwin en las Islas Galápagos para suponer que había ocurrido una evolución?
2. Explica por qué las variaciones son necesarias para que ocurra la selección natural.
3. Describe de qué manera el aislamiento geográfico puede favorecer la formación de una nueva especie.
4. **Razonamiento crítico** **Aplicar los conceptos** Algunos insectos parecen varas. ¿Cómo los beneficia este rasgo? ¿Cómo evolucionó este rasgo a través de la selección natural?

PROYECTO DEL CAPÍTULO 5

Comprueba tu aprendizaje

En este momento deberás presentar al maestro tu proyecto para crear las líneas cronológicas. Incluye una lista de los principales acontecimientos que presentarás en ellas. Recuerda que debes considerar las formas de vida presentes en cada periodo. Cuando el maestro apruebe tu proyecto, empieza a hacer las líneas cronológicas. (*Sugerencia:* Tendrás que dividir tus líneas en intervalos del mismo tamaño. Por ejemplo, si utilizas un calendario de 12 meses para representar 5,000 millones de años, calcula cuántos meses equivalen a 1,000 millones de años.)

SECCIÓN 2 El registro fósil

DESCUBRE — ACTIVIDAD

¿Qué puedes aprender de los fósiles?

1. Observa el fósil de esta fotografía. Describe sus características con todo el detalle posible.
2. A partir de tu descripción del Paso 1, trata de determinar cómo vivía el organismo. ¿Cómo se movía? ¿En dónde vivía?

Reflexiona sobre

Inferir ¿Qué clase de organismo moderno está relacionado con el fósil? ¿Por qué?

GUÍA DE LECTURA

- **¿Cómo se forma la mayoría de los fósiles?**
- **¿Cómo puede determinarse la edad de un fósil?**

Sugerencia de lectura **Antes de leer, revisa *Explorar la historia de la vida,* páginas 156 y 157. Crea una lista con tus dudas sobre el tiempo geológico y la evolución de la vida.**

Se ha cometido un crimen. Tú y otro detective llegan a la escena después que el ladrón se dio a la fuga. Para entender lo sucedido, empiezan a buscar pistas. Primero, observan una ventana rota en el primer piso. Encuentran huellas de pisadas en el lodo que hay frente a la ventana. A partir de estas huellas, pueden inferir el tamaño y tipo de zapatos que llevaba el ladrón. Al reunir estas y otras pistas, poco a poco crean una imagen de lo ocurrido y determinan quién pudo ser el ladrón.

Para entender acontecimientos que ocurrieron hace mucho tiempo, los científicos deben actuar como detectives. Un **fósil** es una de las pistas más importantes del pasado de la Tierra. Un fósil consiste de restos o rastros conservados de un organismo que vivió en el pasado. Un fósil puede ser un hueso, un diente, un caparazón o cualquier otra parte del organismo. Otros fósiles son rastros del organismo, como huellas u orificios de gusanos hechos en barro que después se transformaron en piedra.

Diente de tiburón fosilizado ▼

¿Cómo se forman los fósiles?

Hay muy pocos fósiles de organismos completos. A menudo, cuando muere un animal, las partes blandas del cuerpo se descomponen o son devoradas antes que pueda formarse el fósil. Quedan sólo las partes duras del animal, como sus huesos o caparazón. Las plantas también forman fósiles. Las partes de las plantas que suelen conservarse en fósiles son hojas, tallos, raíces y semillas.

La formación de un fósil es un acontecimiento raro. Es necesario que las condiciones sean adecuadas para que se forme un fósil. **La mayoría de los fósiles se forman cuando los organismos muertos quedan enterrados bajo sedimentos.** Los sedimentos son partículas de tierra y roca. Cuando el

1. Dos dinosaurios quedan enterrados bajo las cenizas de un volcán en erupción.

2. Los minerales reemplazan poco a poco los restos orgánicos. A lo largo de millones de años, los fósiles quedan enterrados por sedimentos.

Figura 9 Los fósiles son restos o rastros de organismos que vivieron en el pasado. Los fósiles pueden formarse cuando los organismos que mueren quedan enterrados bajo sedimentos.
Interpretar diagramas Menciona un método para descubrir un fósil enterrado.

río fluye hacia un lago o un mar, los sedimentos que arrastra se acumulan en el fondo. Las capas de sedimento aumentan de espesor y cubren a los organismos muertos. A lo largo de millones de años, las capas de sedimento se endurecen y forman **rocas sedimentarias.**

Fósiles petrificados Algunos restos enterrados en sedimentos pueden volverse rocas. Los minerales disueltos en el agua se filtran hasta los restos enterrados. Poco a poco, los minerales reemplazan un organismo, transformándolo en roca. Los fósiles formados de esta manera se denominan **fósiles petrificados.**

Moldes y vaciados A veces los caparazones u otras partes duras enterradas bajo sedimentos, se disuelven de manera gradual dejando un espacio vacío en el sitio que ocupaban. En el sedimento, el espacio hueco que conserva la forma de un organismo o una parte del organismo se conoce como **molde.**

A veces el molde se llena de materiales endurecidos, formando un **vaciado.** El vaciado es una copia de la forma del organismo que creó el molde. Si alguna vez has preparado gelatina en un molde de plástico, entenderás cómo se forma un vaciado.

Restos conservados Los organismos también pueden conservarse en sustancias que no son sedimentos. Organismos completos, como los enormes mamuts que vivieron hace miles de años, han sido conservados por el hielo. Las bajas temperaturas conservaron las partes blandas del mamut.

También hay huesos y dientes de antiguos animales que fueron conservados en pozos de alquitrán. El alquitrán es una forma de petróleo, de color oscuro y consistencia pegajosa. Los pozos se forman cuando el alquitrán se filtra del subsuelo a la superficie. Los pozos de alquitrán a menudo estaban cubiertos de agua. Los animales que iban a beber, quedaban atrapados en el alquitrán.

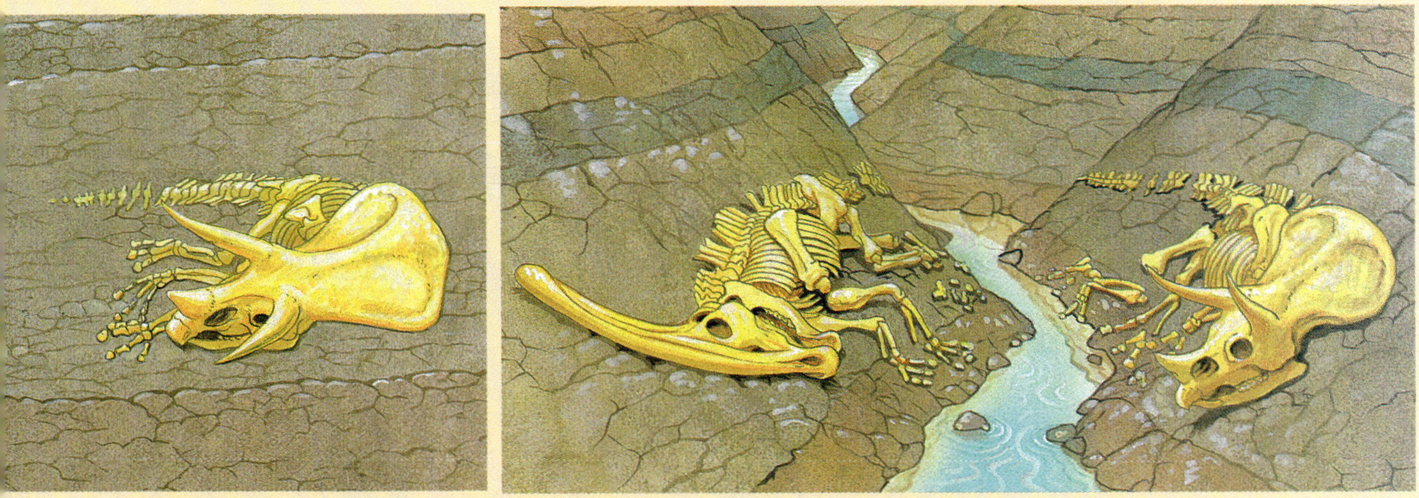

3. El agua corriente se abre paso entre las capas de roca sedimentaria, y dejan expuestos los fósiles.

Algunos insectos y otros organismos quedaban atrapados en la pegajosa savia que producen algunos árboles. La savia se endurece, formando el ámbar. El ámbar evitaba la descomposición del cuerpo del organismo.

Cómo determinar la edad de un fósil

Para comprender los cambios que han sufrido los seres vivos a través del tiempo, los científicos necesitan determinar las edades de los fósiles. De este modo, pueden conocer la secuencia de los acontecimientos del pasado. Esta información se utiliza para reconstruir la historia de la vida en la Tierra. **Los científicos pueden determinar la edad de un fósil con dos métodos: fechado relativo o fechado absoluto.**

Fechado relativo Cuando descubren dos fósiles, los científicos utilizan el **fechado relativo** para determinar cuál es el más antiguo. Para comprender cómo funciona el fechado relativo, imagina que un río se abrió paso entre las capas de sedimento hasta formar un cañón. Si observas las paredes, verás capas de roca sedimentaria acumuladas unas sobre otras. Las capas más próximas a la parte superior del cañón se formaron en fecha más reciente. Estas capas son las capas de roca más joven. Cuanto más desciendes por la pared del cañón, más viejas son las capas. Por consiguiente, los fósiles hallados en capas próximas a la parte superior del cañón, son más jóvenes que los que se encuentran cerca del fondo del cañón.

El fechado relativo sólo se utiliza cuando las capas de roca se encuentran conservadas en su secuencia original. El fechado relativo ayuda a los científicos a determinar si un fósil es más viejo que otro. Sin embargo, el fechado relativo no revela la edad real del fósil.

☑ ***Punto clave*** *¿Qué capas de rocas contienen a los fósiles más jóvenes?*

INTÉNTALO

Conservación en hielo

ACTIVIDAD

1. Deposita fruta fresca, como trozos de manzana, fresas y arándanos, en un recipiente de plástico abierto.
2. Cubre la fruta completamente con agua. Coloca el recipiente en el congelador.
3. Deposita la misma clase de fruta fresca en otro recipiente abierto. Déjalo en algún lugar donde nadie lo toque.
4. Después de tres días, observa la fruta de los dos recipientes.

Inferir Usa tus observaciones para explicar por qué los fósiles conservados en hielo tienen más posibilidades de conservar sus partes blandas y carnosas.

Figura 10 La vida media del potasio 40, un elemento radiactivo, es de 1,300 millones de años. Esto significa que la mitad de una muestra de potasio 40 se transformará en argón 40 dentro de 1,300 millones de años. ***Interpretar gráficas*** *Si una muestra contiene la cuarta parte de la cantidad original de potasio 40, ¿qué edad tiene la muestra?*

Descomposición del potasio 40 (vida media = 1,300 millones de años)

Tiempo	Cantidad de potasio 40	Cantidad de argón 40
2,600 millones de años	1 g	0 g
1,300 millones de años	0.5 g	0.5 g
Presente	0.25 g	0.75 g

Fechado absoluto Otra técnica, denominada **fechado absoluto,** INTEGRAR LA QUÍMICA permite a los científicos determinar la edad real de un fósil. Las rocas cercanas al sitio donde se encuentra un fósil contienen **elementos radiactivos,** elementos inestables que se descomponen o desintegran en elementos distintos. La **vida media** de un elemento radiactivo es el tiempo necesario para que la mitad de los átomos del elemento se descompongan. La Figura 10 describe cómo una muestra de potasio 40, un elemento radioactivo, se descompone con el tiempo para formar argón 40.

Los científicos pueden comparar la cantidad del elemento radiactivo de una muestra con la cantidad del elemento que resulta de su descomposición. Como puedes ver en la Figura 10, esta información sirve para calcular la edad de la roca y por consiguiente, la edad del fósil.

☑ *Punto clave* *Define qué es vida media.*

¿Qué revelan los fósiles?

Como piezas de un rompecabezas, los fósiles ayudan a los científicos a unir la información disponible sobre el pasado de la Tierra. Los millones de fósiles descubiertos hasta ahora, reciben el nombre de **registro fósil.** Sin embargo, el registro fósil está incompleto. Muchos organismos mueren sin dejar fósiles. A pesar de los espacios en blanco del registro fósil, los científicos han obtenido mucha información importante sobre la vida pasada de la Tierra.

Casi todas las especies preservadas en fósiles se encuentran extintas. Una especie está **extinta** si no hay miembros vivos de ella. Mucho de lo que sabemos de las especies extintas, se funda en el registro fósil. Los científicos usan huesos y dientes de fósiles para construir modelos de animales extintos. Las huellas fósiles proporcionan pistas sobre la altura y la rapidez con la que el animal podía moverse.

Mejora tus destrezas

Calcular

ACTIVIDAD

Un elemento radiactivo tiene una vida media de 713 millones de años. Luego de 2,139 millones de años, ¿cuántas vidas medias habrán transcurrido?

Calcula qué cantidad de una muestra de 16 gramos del elemento quedará después de 2,139 millones de años.

El registro fósil también proporciona pistas sobre cuándo y cómo evolucionaron nuevos grupos de organismos. Los primeros animales aparecieron en el mar hace como 540 millones de años. Estos incluían gusanos, esponjas y otros invertebrados (animales sin columna vertebral). Hace como 500 millones de años, comenzaron a evolucionar los primeros peces. Estos animales fueron los primeros vertebrados, u organismos con columna vertebral.

Las primeras plantas terrestres, parecidas al musgo, evolucionaron hace como 410 millones de años. Las plantas terrestres tuvieron una evolución gradual, desarrollando fuertes tallos que las mantenían erguidas. Estas plantas eran similares a los helechos modernos y a las coníferas. Lee *Explorar la historia de la vida*, páginas 156–157, para ver cuándo evolucionaron otros grupos de organismos.

La Escala geológica del tiempo

Gracias al fechado absoluto, los científicos han calculado las edades de distintos fósiles y rocas. A partir de esta información, han creado un "calendario" de la historia terrestre que abarca más de 4,600 millones de años. Los científicos han dividido este enorme lapso en unidades más pequeñas llamadas eras y periodos. El calendario de la historia de la Tierra a veces recibe el nombre de Escala geológica del tiempo.

El lapso más prolongado en la Escala geológica del tiempo es la época o periodo precámbrico. El precámbrico abarca los primeros 4,000 millones de años de la historia terrestre. Los científicos saben muy poco sobre este periodo, porque hay pocos fósiles de aquellos tiempos. Después del precámbrico, la Escala geológica del tiempo se divide en tres periodos principales, los cuales a su vez se subdividen en periodos más cortos. En *Explorar la historia de la vida* puedes ver los acontecimientos que ocurrieron en cada periodo.

Figura 11 En los pozos de alquitrán del rancho La Brea en Los Ángeles, California, se han encontrado esqueletos completos de animales que vivieron hace miles de años. La fotografía muestra un modelo de un animal semejante a un elefante. Los científicos crearon el modelo basándose en la información obtenida de los fósiles.

EXPLORAR *la historia de la vida*

Viaja a través del tiempo para ver cómo ha cambiado la vida en la Tierra.

PERIODO PRECÁMBRICO El precámbrico abarca cerca del 87 por ciento de la historia terrestre.

4,600 millones de años

PRE-CÁMBRICO

ERA PALEOZOICA

Millones de años

544 *505* *438* *408* *360*

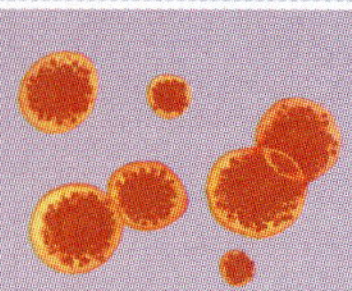

Bacterias primitivas

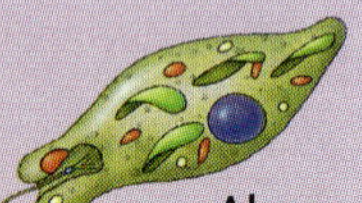

Algas primitivas

Animales parecidos a las medusas

La formación de la Tierra señala el inicio del periodo precámbrico. Las bacterias fueron los primeros seres vivos que aparecieron en el mar hace 3,500 millones de años. Algas y hongos evolucionaron hace 1,000 millones de años. Los animales primitivos aparecieron hace 600 millones de años.

Periodo Cámbrico

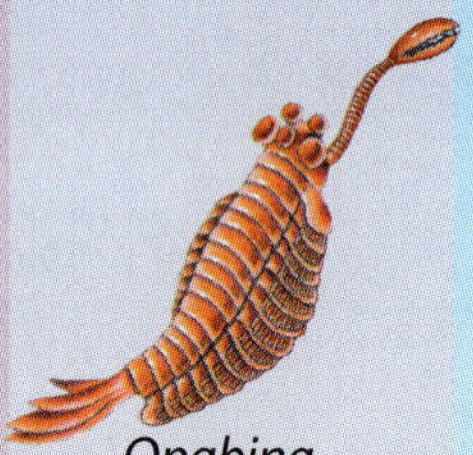

Opabina

Esponjas

Trilobite

Evolucionan los animales marinos invertebrados como esponjas, caracoles, almejas y gusanos.

Periodo Ordovícico

Eumorphocystis

Peces agnátos

Evolucionan los peces primitivos. Estos son los primeros vertebrados. Aunque surgen numerosas especies animales nuevas, muchas se extinguen al final del periodo.

Periodo Silúrico

Euríptero

Arácnido

Plantas terrestres

Evolucionan plantas y animales terrestres. Las plantas son similares al musgo de la actualidad. Los animales se parecen a los insectos y arácnidos modernos.

Periodo Devónico

Tiburón

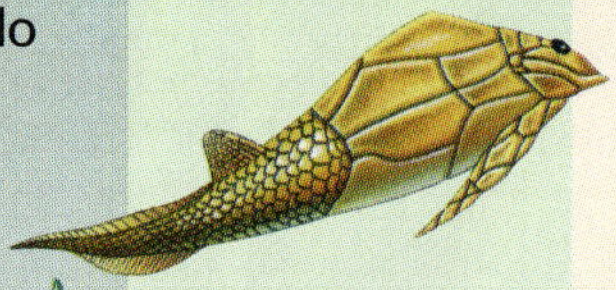

Pterichthyodes

El mar contiene muchas clases de peces. Evolucionan los primeros anfibios. Son animales que parecen peces con patas y pueden respirar aire. Los primeros helechos y coníferos crecen en tierra firme.

Periodo Carbonífero

Bosque tropical

Eryops

Cucaracha

Los bosques tropicales comienzan a extenderse. Evolucionan muchos insectos y anfibios. Aparecen los primeros reptiles.

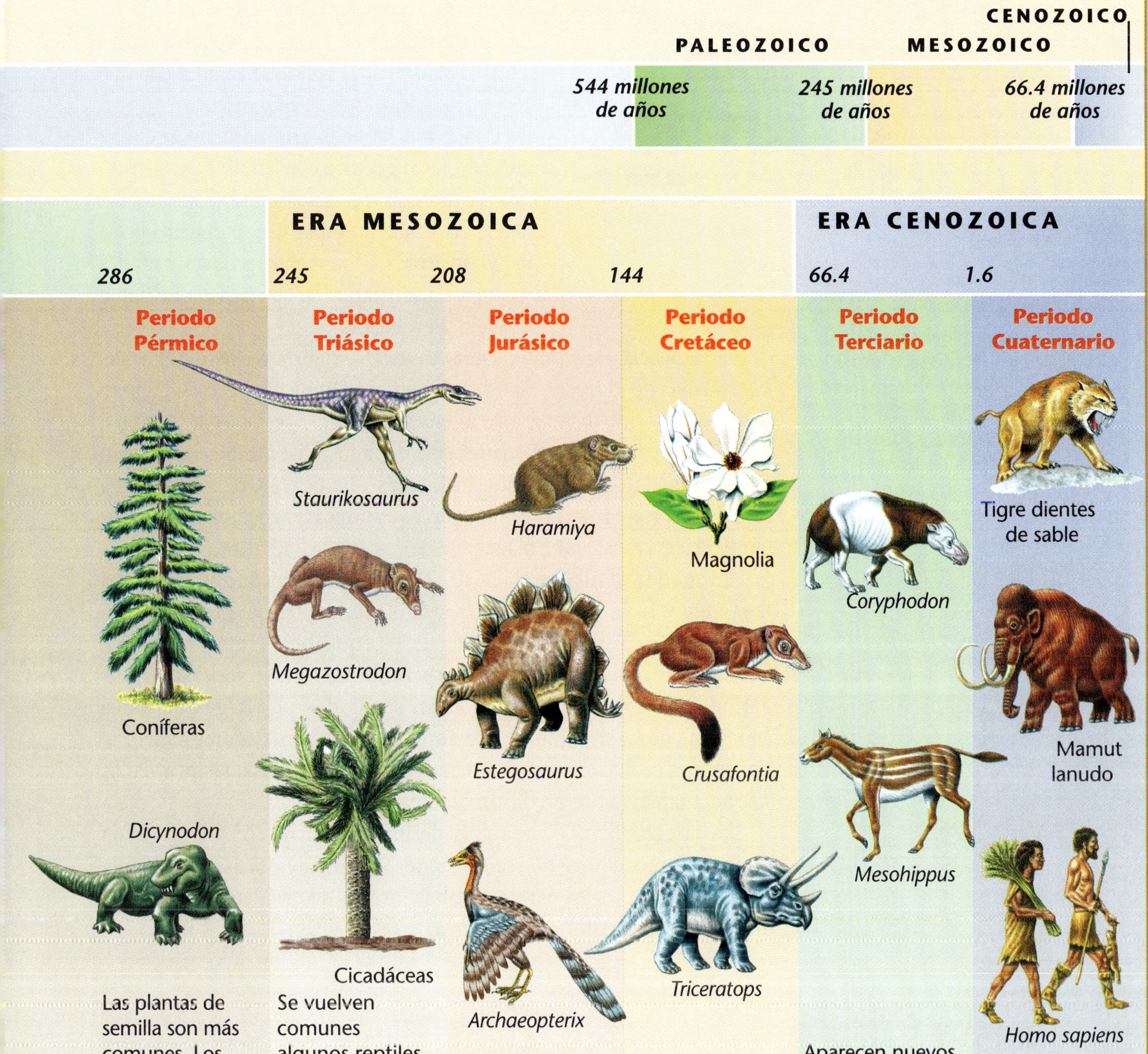

Periodo Pérmico: Las plantas de semilla son más comunes. Los insectos y reptiles se vuelven más variados y dispersos. Al final del periodo, se extingue la mayoría de los animales marinos y anfibios.

Periodo Triásico: Se vuelven comunes algunos reptiles como tortugas y cocodrilos. Evolucionan los primeros dinosaurios y mamíferos parecidos a reptiles. Coníferas y palmas dominan los bosques.

Periodo Jurásico: Grandes dinosaurios rondan el planeta. Los mamíferos se vuelven más comunes y variados. Aparecen las primeras aves.

Periodo Cretáceo: Aparecen las primeras plantas de flores. Hay más variedades de mamíferos que antes. Al final del periodo, se extinguen los dinosaurios.

Periodo Terciario: Aparecen nuevos grupos de mamíferos, incluidos los primeros primates. Las plantas de flores se vuelven la variedad vegetal más común del planeta.

Periodo Cuaternario: Evolucionan los humanos. Hacia el final del periodo, se extinguen muchos mamíferos de gran tamaño, como el mamut lanudo.

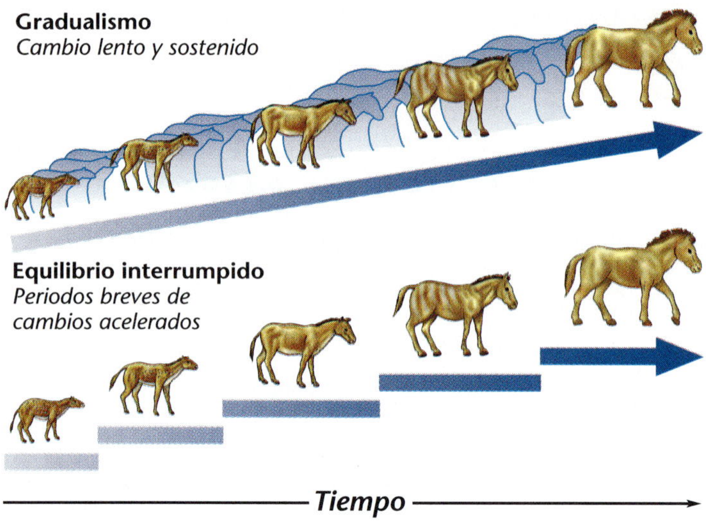

Figura 12 Según la teoría del gradualismo, nuevas especies de caballos evolucionaron de manera lenta y continua. Las formas intermedias eran muy comunes. Según el equilibrio, las nuevas especies evolucionaron con rapidez durante breves periodos. Las formas intermedias eran poco comunes.

¿Con qué rapidez ocurre la evolución?

Como el registro fósil está incompleto, aún quedan muchas interrogantes sobre la evolución. Así, los científicos no siempre pueden recurrir al registro fósil para explicar la rapidez con que se desarrolló una especie en particular.

Una teoría, llamada **gradualismo**, propone que la evolución ocurre con lentitud, pero sostenida. Según esta teoría, los diminutos cambios que experimenta una especie se acumulan poco a poco, por largos periodos, para producir grandes cambios. Es así como Darwin pensó que había ocurrido la evolución.

Si la teoría del gradualismo es cierta, habrían existido formas intermedias de todas las especies. Sin embargo, muchas veces el registro fósil no muestra formas intermedias en largos periodos de tiempo. De pronto, aparecen fósiles claramente distintos. Una posible explicación de la ausencia de formas intermedias es que el registro fósil no está completo. Con el tiempo, es posible que los científicos encuentren más fósiles que llenen los espacios en blanco.

En vez de asumir que el registro fósil está incompleto, los científicos Jay Gould y Niles Eldridge han desarrollado una teoría que concuerda con el registro fósil. Según la teoría de los **equilibrios interrumpidos,** las especies evolucionaron en breves periodos de cambio acelerado. Estos periodos de cambio acelerado están separados por largos periodos en los que no hubo cambios o fueron insignificantes. Según esta teoría, las especies evolucionan rápidamente cuando los grupos quedan aislados y se adaptan al nuevo medio ambiente.

En la actualidad, la mayoría de los científicos considera que la evolución puede presentarse de manera gradual en ocasiones, y muy acelerada en otras. Al parecer, ambas formas de evolución ocurrieron durante la larga historia de la Tierra.

Repaso de la sección 2

1. Describe cómo se forman los fósiles en rocas sedimentarias.
2. Explica el proceso de fechado absoluto.
3. ¿Qué es el registro fósil? ¿Qué revela el registro fósil acerca de las especies extintas?
4. **Razonamiento crítico** ***Comparar y contrastar*** ¿En qué se parecen las teorías de gradualismo y equilibrios interrumpidos? ¿Cuáles son sus diferencias?

Las ciencias en casa

Pide a un adulto de tu familia que te ayude a extender un poco de lodo en un recipiente de fondo plano. Alisa la superficie del barro. Usa los dedos para crear "huellas" en el barro. Deja que el barro seque y se endurezca, para que las huellas sean permanentes. Explica a tu familia en qué se parece esto a la formación de los fósiles.

SECCIÓN 3 Otras evidencias de la evolución

DESCUBRE **ACTIVIDAD**

¿Cómo puedes clasificar las especies?

1. Reúne seis u ocho plumas distintas. Cada pluma representará una especie distinta de organismos similares.
2. Elige un rasgo que varíe entre tus especies de plumas, como tamaño o color de tinta. Usa este rasgo para dividir las especies de plumas en dos grupos.
3. Ahora selecciona otro rasgo. Divide cada grupo en dos grupos más pequeños.

Reflexiona sobre

Clasificar ¿Cuáles especies de plumas comparten más características? ¿Qué sugieren las semejanzas en cuanto a la evolución de las especies de plumas?

GUÍA DE LECTURA

- **¿Qué evidencias de los organismos actuales permiten que los científicos determinen las relaciones evolutivas entre distintos grupos?**

Sugerencia de lectura
Mientras lees, utiliza los encabezados para crear un boceto de las distintas clases de evidencia sobre la evolución.

¿Conoces a alguna persona a quien le haya sido extirpado el apéndice? El apéndice es un pequeño órgano unido al intestino grueso. Tal vez creas que perder una parte del cuerpo puede causar problemas. Después de todo, necesitas tus pulmones, corazón, estómago y otras partes del cuerpo para vivir. Sin embargo, esto no sucede con el apéndice. Al parecer, el apéndice no tiene una función importante en los humanos. No obstante, en otras especies de mamíferos el apéndice es mucho más grande y tiene un papel importante en la digestión. Para los científicos, esta información acerca de los organismos actuales, proporciona claves sobre sus antepasados y sus relaciones.

El apéndice es sólo un ejemplo de cómo los organismos actuales pueden proporcionar pistas de la evolución. Al comparar organismos, los científicos pueden inferir su relación en un sentido evolutivo. **Los científicos comparan estructuras corporales, el desarrollo antes del nacimiento y las secuencias de ADN para determinar las relaciones evolutivas entre organismos.**

Semejanzas en la estructura corporal

Hace mucho, los científicos comenzaron a comparar las estructuras corporales de especies vivas para buscar pistas sobre la evolución. De hecho, fue así como Darwin concluyó cómo había ocurrido una evolución en las Islas Galápagos. La estructura corporal de un organismo es el diseño básico de su cuerpo, como la distribución de los huesos. Por ejemplo, peces, anfibios, reptiles, aves y mamíferos tienen una estructura corporal

Mejora tus destrezas

Sacar conclusiones

ACTIVIDAD

Observa el dibujo de los huesos de una pierna de cocodrilo. Compara el dibujo con la Figura 13. ¿Crees que los cocodrilos compartieron un antepasado común con aves, delfines y perros? Respalda tu respuesta con evidencias.

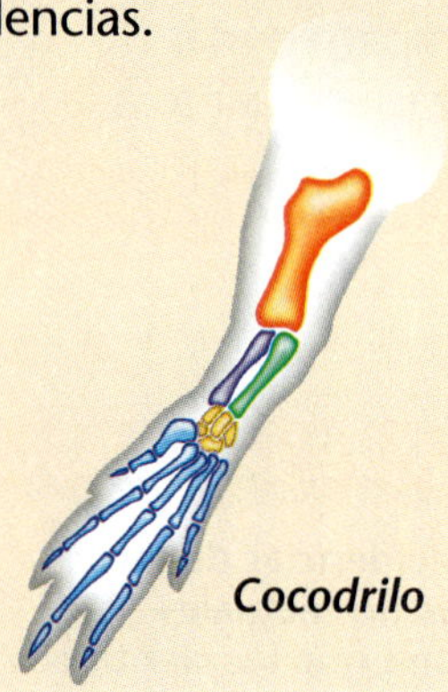

similar: un esqueleto interno con columna vertebral. Por eso los científicos clasifican a estos cinco grupos animales como vertebrados. En teoría, estos grupos heredaron una estructura semejante de un antepasado vertebrado común.

Observa con atención la estructura ósea de las alas de ave, las aletas de delfín y las piernas de perro que se muestran en la Figura 13. Observa que los huesos de las extremidades anteriores de estos tres animales tienen una disposición parecida. Estas semejanzas proporcionan evidencias de que los tres organismos evolucionaron a partir de un antepasado común. Las estructuras similares que han heredado las especies relacionadas por un antepasado común, se llaman **estructuras homólogas.**

A veces, los científicos encuentran evidencias fósiles que respaldan la evidencia proporcionada por las estructuras homólogas. Por ejemplo, hace poco fueron descubiertos los fósiles de criaturas parecidas a las ballenas. Los fósiles revelan que los antepasados de las ballenas actuales tuvieron patas y caminaron en tierra firme. Esta evidencia respalda otras respecto de que humanos y ballenas tuvieron un antepasado común.

☑ *Punto clave* *¿Qué información revelan las estructuras homólogas?*

Semejanzas en el desarrollo temprano

Los científicos también pueden hacer inferencias sobre las relaciones evolutivas comparando el desarrollo temprano de diferentes organismos. Imagina que te piden que hagas una comparación entre una tortuga adulta, un pollo y una rata. Tal vez dirás que son muy distintos entre sí. Sin embargo, durante el desarrollo temprano los tres organismos pasan por las mismas etapas, como puedes observar en la Figura 14. Por ejemplo, durante las primeras etapas del desarrollo, los tres organismos tienen cola y diminutas

Figura 13 El ala de una ave, la aleta de un delfín y la pierna de un perro están adaptadas para realizar diferentes tareas. Sin embargo, la estructura de los huesos de cada extremidad anterior es muy parecida. Estas estructuras homólogas proporcionan evidencias de que los tres animales evolucionaron a partir de un antepasado común. **Observar** *¿Qué semejanzas de estructura tienen las tres extremidades anteriores?*

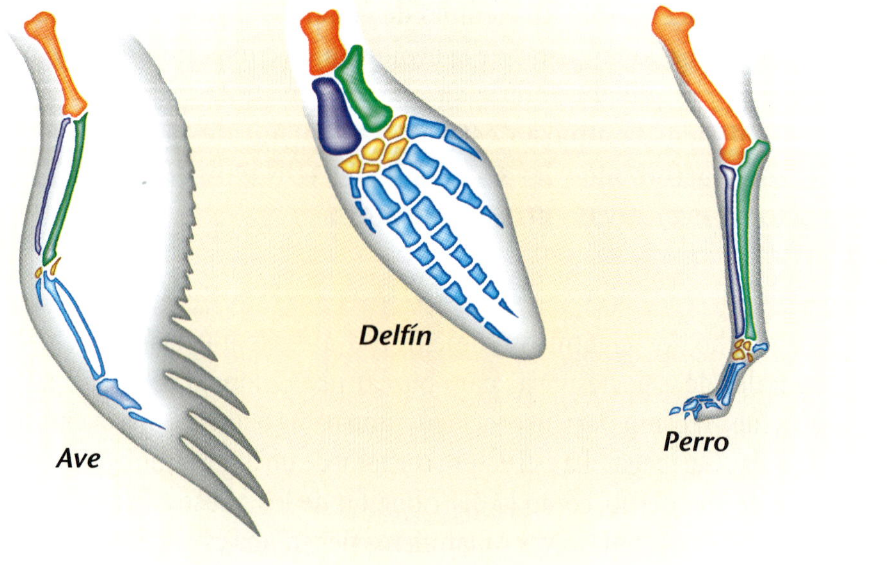

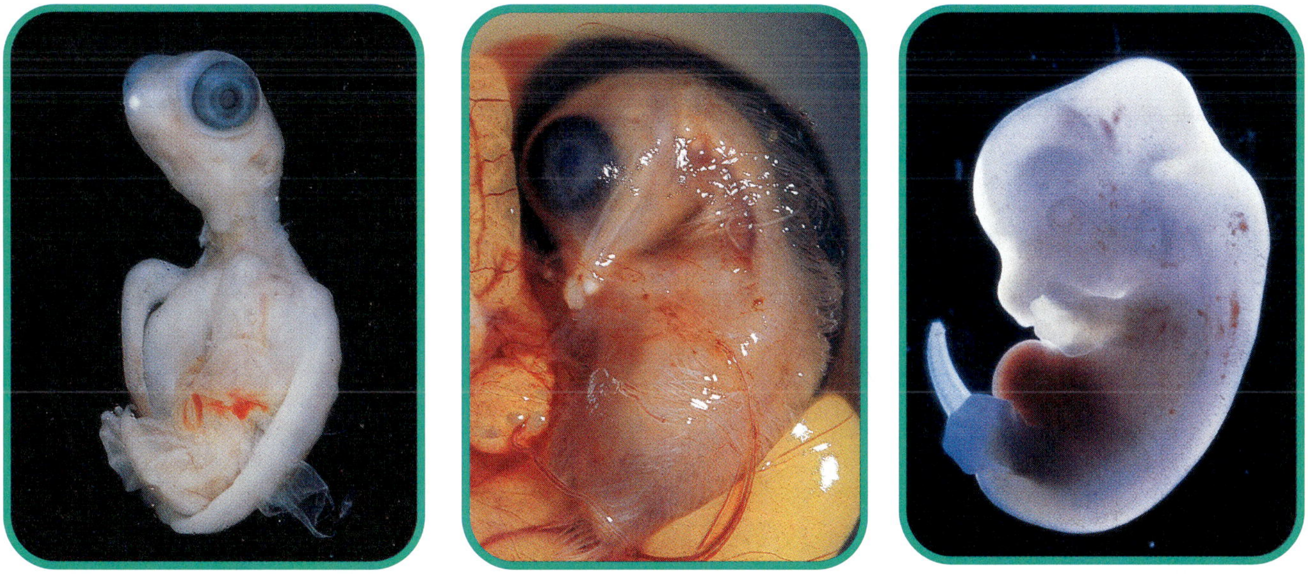

Figura 14 Tortugas (izquierda), pollos (centro) y ratas (derecha) se parecen mucho durante las etapas más tempranas del desarrollo. Estas semejanzas proporcionan evidencias de que los tres animales evolucionaron a partir de un antepasado común.

agallas en el cuello. Estas semejanzas sugieren que las tres especies de vertebrados están relacionadas y comparten un antepasado común.

Cuando los científicos estudian con mayor detalle el desarrollo temprano, observan que la tortuga es más parecida al pollo que a la rata. Esta evidencia respalda la conclusión de que las tortugas están más estrechamente relacionadas con los pollos que con las ratas.

Semejanzas en el ADN

¿Por qué las especies relacionadas tienen estructuras corporales y patrones de desarrollo parecidos? Los científicos infieren que las especies heredaron muchos de los mismos genes de un antepasado común. En fecha reciente, los científicos han empezado a comparar genes de distintas especies para determinar cuál es su grado de relación.

Recuerda que los genes están compuestos de ADN. Al comparar la secuencia de las bases nitrogenadas del ADN de distintas especies, los científicos pueden inferir el grado de su relación. Cuanto más parecidas sean las secuencias, mayor relación tendrán las especies.

Recuerda también que las bases de ADN de un gen especifican el tipo de proteína que se producirá. De este modo, los científicos también pueden comparar el orden de aminoácidos de una proteína para ver la relación entre dos especies.

A veces, las evidencias del ADN no confirman conclusiones anteriores sobre la relación entre especies. Por ejemplo, excepto por su larga nariz, la diminuta musaraña elefante es muy parecida a otros roedores como el ratón. Debido a ello, los biólogos pensaban que la musaraña elefante estaba emparentada con los roedores. Sin embargo, al comparar el ADN de la musaraña con el de roedores y elefantes, se llevaron una sorpresa. El ADN de la musaraña elefante tenía más parecido con el ADN del elefante que con el del roedor. Ahora, los

Figura 15 Debido a su aspecto, se pensó que la diminuta musaraña elefante estaba estrechamente relacionada con los ratones y otros roedores. De manera sorprendente, las comparaciones del ADN revelaron que, en realidad, la musaraña elefante está más relacionada con los elefantes.

científicos consideran que las musarañas elefante tienen una relación más próxima con los elefantes que con los roedores.

INTEGRAR LA TECNOLOGÍA Desde hace poco, los científicos han desarrollado técnicas que les permiten extraer o retirar ADN de los fósiles. Gracias a estas técnicas, ahora disponen del ADN de fósiles de huesos, dientes y plantas, así como de insectos atrapados en ámbar. El ADN de los fósiles ha proporcionado nuevas evidencias de la evolución.

Combinar evidencias

Los científicos han combinado las evidencias de fósiles, estructuras corporales, desarrollo temprano, y secuencias del ADN y proteínas para determinar las relaciones evolutivas entre las especies. En la mayoría de los casos, el ADN y la secuencia de proteínas han confirmado conclusiones basadas en evidencias anteriores. Por ejemplo, comparaciones recientes del ADN demuestran que los perros tienen más simulitudes con los lobos que con los coyotes. Los científicos habían llegado a esa conclusión basados en las semejanzas de estructura y desarrollo de las tres especies.

Otro ejemplo de la combinación de evidencias obtenidas de diferentes fuentes, aparece en el diagrama de árbol de la Figura 16. Un **diagrama de árbol** es un esquema que muestra la relación que los científicos han hallado entre diferentes grupos de organismos. Con base en la semejanza de la estructura corporal, se creyó que los pandas menores estaban estrechamente relacionados con los pandas gigantes. Las dos especies de pandas también se parecen a osos y mapaches. Hasta hace poco, los científicos no estaban seguros de cómo se relacionaban estos cuatro grupos. El análisis del ADN y otros métodos han demostrado que los pandas gigantes y menores no están muy relacionados. Por el contrario, los pandas gigantes están más relacionados con los osos, mientras que los pandas menores tienen una relación más estrecha con los mapaches.

Figura 16 Este diagrama de árbol muestra la opinión científica sobre la relación entre pandas menores, pandas gigantes, osos y mapaches.
Interpretar diagramas *¿Los pandas gigantes están más relacionados con los pandas menores o con los osos?*

Repaso de la sección 3

1. Menciona tres clases de evidencias tomadas de organismos actuales que sirven para determinar las relaciones evolutivas.
2. ¿Qué son las estructuras homólogas?
3. ¿Qué información obtuvieron los científicos al comparar las etapas tempranas del desarrollo de tortugas, pollos y ratas?
4. Si dos especies están estrechamente relacionadas, ¿qué esperarías que revelara una comparación de las secuencias de bases del ADN?
5. **Razonamiento crítico** **Formular juicios** En la actualidad, la mayoría de los científicos considera que la semejanza del ADN es el mejor indicador para determinar el grado de relación entre dos especies. ¿Por qué crees que piensan así?

PROYECTO DEL CAPÍTULO 5

Comprueba tu aprendizaje

Debes haber terminado la línea cronológica que abarca 5,000 millones de años. Ahora, empieza la línea que muestra 600 millones de años. Ésta es una visión amplificada de una parte de la primera línea cronológica. Te dará espacio adicional para mostrar lo que ocurrió en los años más recientes. (*Sugerencia:* Dibuja los cambios en las formas de vida del planeta. También trata de incluir tres o más sucesos no mencionados en el texto.)

Laboratorio de destrezas

Interpretar datos

MOLÉCULAS REVELADORAS

En este experimento compararás la estructura de una proteína en varios animales. Utilizarás los datos para sacar conclusiones sobre el grado de relación entre estos animales.

Problema

¿Qué información revela la estructura proteica acerca de las relaciones evolutivas entre organismos?

Procedimiento

1. Examina la tabla de abajo. Muestra la secuencia de aminoácidos en una proteína (citocromo c) de seis animales distintos. Cada letra representa un aminoácido distinto.
2. Predice cuál de los cinco animales está más estrechamente relacionados con el caballo ¿Cuál es el animal que consideras menos relacionado?
3. Compara la secuencia de aminoácidos del caballo con la del burro. ¿Cuántos aminoácidos difieren entre las dos especies? Anota la cantidad en tu cuaderno.
4. Compara las secuencias de aminoácidos de cada uno de los animales restantes con la secuencia del caballo. Anota la cantidad de diferencias en tu cuaderno.

Analizar y concluir

1. ¿Cuál es la secuencia de aminoácidos más parecida a la del caballo? ¿Qué semejanzas y diferencias observaste?
2. ¿Cómo comparan las secuencias de aminoácidos de los otros animales con la del caballo?
3. ¿Cuáles son las especies más estrechamente relacionadas con el caballo? ¿Cuál es la que tiene una relación más distante?
4. La secuencia completa de aminoácidos en el citocromo c del caballo difiere de la secuencia completa de los otros animales, de la siguiente manera: burro, diferencia 1; conejo, 6; serpiente, 22; tortuga, 11; y ballena, 5. ¿Cómo se comparan las relaciones de toda la proteína con las relaciones de la región examinada?
5. **Piensa en esto** Explica por qué los datos de la secuencia de aminoácidos proporciona información sobre las relaciones evolutivas entre organismos.

Explorar más

Usa la información de los aminoácidos para hacer un diagrama de árbol que incluya caballos, burros y serpientes. El árbol debe sugerir que las tres especies evolucionaron a partir de un antepasado común.

Sección de la proteína citocromo c en los animales

	Posición del aminoácido														
Animal	**39**	**40**	**41**	**42**	**43**	**44**	**45**	**46**	**47**	**48**	**49**	**50**	**51**	**52**	**53**
Caballo	A	B	C	D	E	F	G	H	I	J	K	L	M	N	O
Burro	A	B	C	D	E	F	G	H	Z	J	K	L	M	N	O
Conejo	A	B	C	D	E	Y	G	H	Z	J	K	L	M	N	O
Serpiente	A	B	C	D	E	Y	G	H	Z	J	K	W	M	N	O
Tortuga	A	B	C	D	E	V	G	H	Z	J	K	U	M	N	O
Ballena	A	B	C	D	E	Y	G	H	Z	J	K	L	M	N	O

CAPÍTULO 5 REPASO

GUÍA DE ESTUDIO

SECCIÓN 1 El viaje de Darwin

Ideas clave

- Darwin pensaba que las especies cambian gradualmente, a lo largo de varias generaciones, para adaptarse mejor a sus nuevas condiciones. Este proceso se conoce como evolución.
- Las observaciones de Darwin lo llevaron a proponer que la evolución ocurre gracias a la selección natural. La selección natural es consecuencia de producción excesiva, competición y variaciones.
- Con el tiempo, la evolución natural sólo cambia los rasgos controlados por genes.
- Si un grupo de individuos permanece separado de su especie el tiempo suficiente para desarrollar rasgos diferentes, se formaría una nueva especie.

Términos clave

especie	evolución	selección natural
adaptación	teoría científica	variación

SECCIÓN 2 El registro fósil

INTEGRAR LAS CIENCIAS DE LA TIERRA

Ideas clave

- La mayoría de los fósiles se forma cuando un organismo muere y queda enterrado bajo sedimentos. Los sedimentos se endurecen y conservan partes del organismo.
- El fechado relativo de dos fósiles determina cuál es más viejo o más joven. El fechado absoluto determina la edad real del fósil.
- Los fósiles permiten que los científicos conozcan el aspecto y la evolución de los organismos extintos.
- La Escala geológica del tiempo muestra cuándo evolucionaron los principales grupos de organismos durante los 4,600 millones de años de la Tierra.
- La evolución ha ocurrido gradualmente en algunas ocasiones y en otras, con bastante rapidez.

Términos clave

fósil	elemento radiactivo
roca sedimentaria	vida media
fósil petrificado	registro fósil
molde	extinto
vaciado	gradualismo
fechado relativo	equilibrios interrumpidos
fechado absoluto	

SECCIÓN 3 Otras evidencias de la evolución

Ideas clave

- Al comparar organismos actuales, los científicos pueden inferir el grado de relación que tienen desde el punto de vista evolutivo.
- Las estructuras homólogas proporcionan evidencias de la relación entre las especies y su evolución a partir de un antepasado común.
- Las semejanzas en las etapas tempranas del desarrollo son evidencia de que las especies están relacionadas y compartieron un antepasado común.
- Los científicos pueden comparar las secuencias de ADN y proteínas para determinar con mayor precisión cómo están relacionadas las especies.
- Un diagrama de árbol es un esquema que muestra la opinión científica en cuanto a la relación de diferentes grupos de organismos.

Términos clave

estructura homóloga
diagrama de árbol

ACTIVIDAD
USAR LA INTERNET
www.science-explorer.phschool.com

Repaso del contenido

Para repasar los conceptos clave, consulta el Interactive Student Tutorial CD-ROM.

Opción múltiple

Elige la letra de la respuesta correcta.

1. Los cambios de una especie a través de largos periodos de tiempo se conoce como
- **a.** fechado relativo.
- **b.** evolución.
- **c.** estructuras homólogas.
- **d.** etapas del desarrollo.

2. Un rasgo que ayuda al organismo a sobrevivir y reproducirse se denomina
- **a.** variación.
- **b.** adaptación.
- **c.** especie.
- **d.** selección.

3. El tipo de fósil que se forma cuando un organismo se disuelve y deja un espacio hueco en la roca, se llama
- **a.** vaciado.
- **b.** molde.
- **c.** rastro.
- **d.** fósil petrificado.

4. El grado de descomposición de un elemento radiactivo, se mide por su
- **a.** año.
- **b.** era.
- **c.** vida media.
- **d.** periodo.

5. ¿Cuál de los siguientes *no* es evidencia de la evolución?
- **a.** secuencias de DNA
- **b.** etapas del desarrollo
- **c.** tamaño del cuerpo
- **d.** estructuras corporales

Falso o verdadero

Si el enunciado es verdadero, escribe verdadero. Si es falso, cambia la palabra o palabras subrayadas para hacer verdadero el enunciado.

6. La idea de Darwin sobre cómo ocurre la evolución se llama selección natural.

7. La mayoría de los miembros de una especie muestra diferencias o variaciones.

8. La huella de un dinosaurio extinto es un ejemplo de fósil.

9. La técnica de fechado relativo sirve para determinar la edad real de un fósil.

10. Las estructuras homólogas son estructuras similares en organismos relacionados.

Revisar los conceptos

11. ¿Qué papel tiene la producción excesiva de hijos en el proceso de selección natural?

12. Usa un ejemplo para explicar cómo la selección natural puede llevar a la evolución.

13. ¿Cómo se utilizan las capas de roca para determinar la edad relativa de los fósiles?

14. Según la teoría de los equilibrios interrumpidos, ¿por qué el registro fósil incluye muy pocas formas intermedias?

15. Explica por qué las semejanzas en el desarrollo temprano de distintas especies, sugiere que dichas especies están relacionadas.

16. Escribir para aprender Eres un joven reportero de un diario local cerca del hogar de Charles Darwin. Te han pedido que entrevistes a Darwin acerca de su teoría de la evolución. Escribe tres preguntas que le harías a Darwin. Luego selecciona una pregunta y respóndela como lo haría Darwin.

Razonamiento gráfico

17. Diagrama de flujo En una hoja de papel, copia el diagrama de flujo de la selección natural. Complétalo con una frase que describa cada factor que conduce a la selección natural. Luego ponle un título. (Para más información acerca de los diagramas de flujo, consulta el Manual de destrezas.)

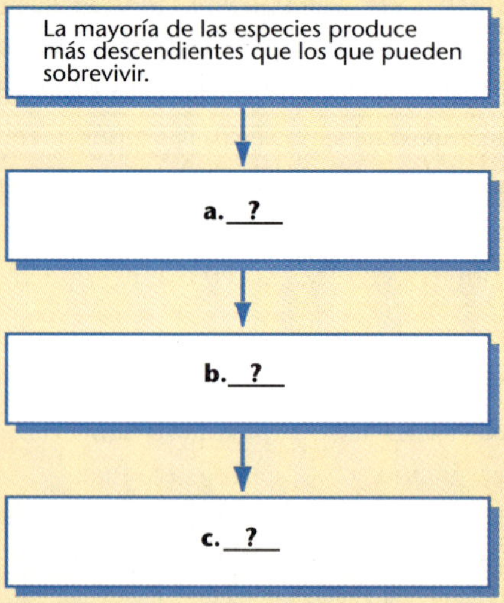

Aplicar las destrezas

El elemento radiactivo carbono 14 se descompone en nitrógeno con una vida media de 5,730 años. Utiliza esta información y la tabla que aparece a continuación para responder las Preguntas 18–20.

Fósil	Cantidad de carbono 14 en el fósil	Cantidad de nitrógeno en el fósil	Posición del fósil en las capas de roca
A	1 gramo	7 gramos	capa inferior
B	4 gramos	4 gramos	capa superior
C	2 gramos	6 gramos	capa intermedia

18. **Inferir** Utiliza la posición de los fósiles en las capas de roca para ordenarlos del más reciente al más antiguo.
19. **Calcular** Calcula la edad de cada fósil utilizando los datos sobre el carbono 14 y el nitrógeno.
20. **Sacar conclusiones** ¿Tus respuestas a las preguntas 18 y 19 concuerdan o no? Explica.

Razonamiento crítico

21. **Aplicar los conceptos** ¿Por qué la visita de Darwin a las Islas Galápagos influyó de manera importante en el desarrollo de su teoría de la evolución por selección natural?
22. **Relacionar causa y efecto** ¿Cuál es el papel del aislamiento geográfico en la formación de nuevas especies?
23. **Comparar y contrastar** ¿En qué difiere el fechado relativo del fechado absoluto?
24. **Aplicar los conceptos** Las aletas de una foca y un brazo humano tienen funciones muy distintas. ¿Qué evidencia buscarían los científicos para determinar si ambas estructuras evolucionaron del miembro anterior de un antepasado común?
25. **Predecir** Predice cómo un cambio extremo de clima puede afectar la selección natural en las especies.

CAPÍTULO 5 REPASO

Evaluación del rendimiento

PROYECTO DEL CAPÍTULO 5

Para terminar

Presenta tu proyecto Presenta en clase tus líneas cronológicas terminadas. Prepárate para explicar por qué elegiste la escala que utilizaste. Asimismo, describe cómo se relacionan tus dos líneas cronológicas.

Reflexiona y anota En tu cuaderno, describe cómo te ayudaron las líneas cronológicas a entender los largos periodos de la evolución de la vida. ¿Te sorprendió comprobar la gran separación entre acontecimientos? ¿Qué fue lo más asombroso? ¿De qué manera hacer dos líneas cronológicas te permitió distinguir lo que habrías omitido de haber hecho sólo una?

Participa

En tu escuela Elige una especie extinta que quieras estudiar. Crea un cartel para mostrar la especie. Ilustra tu presentación con dibujos que muestren el aspecto y comportamiento de la especie. Pide permiso para colgar tu cartel en un sitio donde otros estudiantes puedan verla.

PERROS

FIELES COMPAÑEROS

¿QUÉ IMAGEN TIENES DE UN PERRO?

- ¿Un pequeño y orejón cócker?
- ¿Un enorme y poderoso gran danés?
- ¿Un protector lazarillo pastor alemán?
- ¿Un peludo ovejero?
- ¿El diminuto y nervioso chihuahua?
- ¿Un amistoso y encantador criollo?

El lobo gris es el antepasado de la mayoría de las actuales razas de perros.

La mayoría de los perros desciende de un lobo gris que habitaba originalmente en todo el territorio de Europa, Asia y América del Norte. Los perros fueron los primeros animales domesticados o domados. Hace 9,000 años, los granjeros que criaban ovejas, vacas y cabras domesticaron perros para pastorear y proteger al ganado.

Después de domesticar a los perros, el hombre comenzó a cruzarlos para obtener rasgos deseables. Los primeros perros de pastoreo ayudaron a los pastores. Los veloces perros de caza aprendieron a perseguir ciervos y otras presas. Los fuertes y resistentes perros de trabajo tiraban de trineos e incluso, rescataban personas. Los pequeños y ágiles terrier cazaban otros animales, como ratas. Los perros "miniatura" fueron compañeros de personas ricas y ociosas. En fecha más reciente, los perros de caza fueron entrenados para espantar y recuperar aves. Otros más han sido criados como perros de guardia. Sin embargo, el verdadero motivo por el cual el hombre ha criado perros, es su fidelidad y compañía.

Hace más de 3,000 años, un artista del Egipto antiguo dibujó tres perros persiguiendo a una hiena. ▼

De lobo a raza pura

Hace como diez mil años, algunos lobos fueron atraídos hacia los asentamientos humanos. Tal vez descubrieron que era más fácil alimentarse de sobras que verse obligados a cazar. Poco a poco, los lobos llegaron a depender de las personas para alimentarse. A cambio, los lobos conservaban el campamento limpio y protegido. Comían basura y ladraban para advertir de la proximidad de algún extraño. Estos lobos fueron los antepasados de los perros que conoces hoy.

Con el tiempo, los perros fueron integrándose cada vez más a la sociedad humana. La gente comenzó a reproducirlos, a fin de obtener los rasgos necesarios para realizar tareas como pastoreo de ovejas y caza. Por ejemplo, los perros grandes y agresivos fueron criados como perros de pastoreo, mientras que los perros rápidos con agudo sentido del olfato, fueron criados como perros de caza. En la actualidad hay cientos de razas. Las razas varían desde el diminuto chihuahua hasta el enorme San Bernardo, que puede llegar a pesar el equivalente a cincuenta chihuahuas.

Hoy, las personas crían perros principalmente por su aspecto y personalidad. Los rasgos físicos como orejas largas u hocico afilado son muy valorados en ciertas razas de perros. Para producir perros de raza "pura", los criadores utilizan un método llamado endogamia. La endogamia consiste en cruzar perros de gran parecido genético. La endogamia es el método más seguro para desarrollar perros con un aspecto físico uniforme.

Una consecuencia indeseable de la endogamia es el aumento en los trastornos genéticos. Los expertos calculan que 25 por ciento de todos los perros de raza pura tienen un trastorno genético. Por ejemplo, los dálmatas suelen heredar el rasgo de sordera. Los pastores alemanes pueden presentar graves problemas de cadera. En contraste, los perros de razas mixtas o criollos tienen menos posibilidades de heredar trastornos genéticos.

En el perdiguero labrador, el alelo para pelaje negro es dominante sobre el alelo para pelaje dorado.

Actividad de ciencias

Casi todos los rasgos que se buscan en la cría de perros, son controlados por más de un gen. No obstante, hay algunos rasgos que muestran patrones de herencia más simples. Por ejemplo, el perdiguero labrador sólo posee un gen con un alelo dominante y otro recesivo que determina si el pelaje será oscuro o dorado. El alelo de pelaje oscuro (*D*; por *dark*) domina sobre el alelo de pelaje dorado (*d*).

- Haz un cuadrado de Punnett para cruzar dos labradores heterocigotos para pelaje oscuro (*Dd*).
- Imagina que hay ocho cachorros en la camada. Predice cuántos tendrán pelaje oscuro y cuántos serán dorados.
- Haz un segundo cuadrado de Punnett para cruzar un labrador dorado (*dd*) con otro de pelaje oscuro (*Dd*). Si la camada es de 6 cachorros, predice cuántos serán de pelaje oscuro y cuántos tendrán pelaje dorado.

Estudios sociales

Perdiguero dorado
Gran Bretaña, década 1870 Lord Tweedsmouth desarrolló esta raza para ayudar a los cazadores a recuperar aves acuáticas y otros animales pequeños.

Collie de la frontera
Gran Bretaña, siglo XIII Esta raza para pastoreo de ovejas se desarrolló en los condados de la frontera entre Inglaterra y Escocia. Los antepasados del collie de la frontera fueron animales criollos que resultaron de la cruza de ovejeros locales y perros que los vikingos llevaron a Escocia.

Dachshund o perro salchicha *Alemania, siglo XVIII* Estos perros fueron criados para cazar tejones o ratas. Sus patas cortas y el largo cuerpo le permiten introducirse en las madrigueras de los tejones. De hecho, el nombre Dachshund en alemán significa "perro tejón".

Basset Hound
Francia, siglo XVII Sólo superado por el sabueso para seguir el rastro de un olor, el basset tiene piernas cortas y cuerpo compacto que le ayudan a correr entre la maleza.

Galgo
Egipto, 3500 a.C. Estos veloces y esbeltos perros fueron criados para perseguir presas. Hoy día, los galgos son famosos como perros de carreras.

Perros y personas

Durante miles de años, las personas han desarrollado distintas razas de perros. Cada uno de los perros que aparecen en el mapa, se criaron con un propósito (cazar, pastorear, proteger, tirar de trineos) adicional al de compañía. Cada raza tiene una historia propia.

10

Husky siberiano
Siberia, 1000 a.C.
Los chukchi del noreste de Siberia utilizaron estos fuertes perros de trabajo para tirar de los trineos en la nieve, a través de grandes distancias.

7

Pequinés
China, siglo VIII
Estos perros falderos se criaron como mascotas en la antigua China. Un nombre conferido a los pequineses en ese país es "perro león", haciendo referencia a su melena larga y dorada.

8

Chow chow
China, 150 a.C.
Los chow chow, perros de trabajo de la antigua China, se utilizaban como cazadores, pastores y para protección.

9

Akita
Japón, siglo XVII
El akita se desarrolló en las frías montañas del norte de Japón como perro guardián y de caza. Los perros de esta raza pueden cazar en la nieve y son poderosos nadadores.

6

Lhasa Apso
Tíbet, siglo XII
Esta raza posee un pelaje largo y abundante que brinda protección contra el aire frío de la elevada meseta tibetana. A pesar de su pequeño tamaño, el lahsa apso se utilizaba para proteger casas y templos.

Actividad de estudios sociales

Haz una línea cronológica que muestre la fecha aproximada del origen de distintas razas de perros domésticos, desde el año 7000 a.C. hasta nuestros días. Utiliza la información del mapa para realizar tu línea cronológica. Incluye información sobre el lugar donde se desarrolló cada raza.

Artes del lenguaje

Cómo elegir un cachorro

Las personas buscan distintos rasgos en los perros que seleccionan. Un experto eligió su perro basado en la pureza de raza y la personalidad.

James Herriot, veterinario inglés, tuvo varios perros durante toda su vida. Pero siempre quiso un terrier de la frontera. Estos pequeños y fuertes animales son descendientes de las razas terriers de trabajo que vivían en la frontera entre Inglaterra y Escocia. Durante siglos, se utilizaron para cazar zorros, ratas y otros animales pequeños. En este relato, Herriot y su esposa Helen responden a un anuncio de cachorros de terriers de la frontera.

Actividades de las artes del lenguaje

James Herriot describe esta escena usando diálogos y narración en primera persona. La narración describe sus sentimientos sobre un suceso memorable: el encuentro con el perro que siempre quiso tener. Escribe una narración descriptiva de un suceso inolvidable en tu vida. Puedes elegir un recuerdo de tu niñez o una hazaña escolar. ¿Qué sentiste? ¿Cómo tomaste tu decisión? Si es posible, usa diálogos en tu escrito.

Terrier de la frontera ▶

Ella [Helen, la esposa] se volvió y me dijo con gran emoción, "Estoy hablando por teléfono con la señora Mason. Sólo queda un cachorro de la camada y muchas personas están viajando hasta ochenta millas para verlo. Tenemos que darnos prisa. ¿Por qué te demoras tanto allá afuera?"

Pasamos por alto el almuerzo y Helen, Rosie, nuestra nieta Emma y yo nos dirigimos a Bedale. La señora Mason nos condujo a la cocina e indicó una diminuta criatura de color leonado que giraba y se retorcía bajo la mesa.

"Es él", informó.

Me incliné para levantar al cachorro, que se encontraba enroscado tratando de tocar su cola con la nariz. Pero aquella cola se movía con gran agitación y la lengua rosada se dedicó a lamerme la mano. Supe que era el indicado para nosotros antes de revisarlo rápidamente para detectar hernias y prognatismo.

Cerramos el trato y salimos para inspeccionar a los parientes del cachorro. La madre y la abuela estaban allí. Vivían en pequeños barriles que hacían las veces de perreras y al vernos, ambas corrieron a pararse apoyadas en nuestras piernas, moviendo las colas y jadeantes de emoción. Me sentí muy tranquilizado. Con antepasados tan felices y saludables como aquellos, supe que teníamos a un cachorro de primera.

Mientras conducíamos a casa con el cachorro en los brazos de Emma, experimenté una cálida emoción. El círculo se había cerrado. Después de casi cincuenta años, tenía mi terrier de la frontera.

James Herriot era un veterinario de la provincia de Yorkshire, Inglaterra. En las numerosas obras que publicó entre las décadas de los 70 y 80, escribió conmovedoras y graciosas anécdotas sobre los animales que estaban a su cuidado. Su libro *All Creatures Great and Small* sirvió de base para una serie de televisión.

Raza	1970	1980	1990	1997
Poodle	265,879	92,250	71,757	54,773
Perdiguero labrador	25,667	52,398	99,776	158,366
Cócker español	21,811	76,113	105,642	41,439

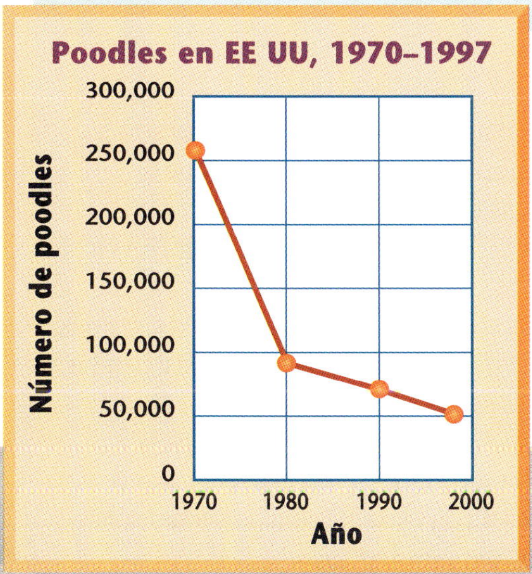

Matemáticas

Actividad de matemáticas

La popularidad de las distintas razas de perros cambia con el tiempo. Por ejemplo, la gráfica de línea muestra la cantidad de perros poodle registrados en el Club Canino de Estados Unidos entre 1970 y 1997. Usa la tabla para crear tu propia gráfica de línea con la información del perdiguero labrador y el cócker español.

¿Cuál fue la raza más popular en 1980, el labrador o el cócker? ¿Cómo cambió la cifra del labrador entre 1970 y 1997? ¿Cómo cambió la cifra del cócker en el mismo periodo?

Relaciónalo

El mejor de la raza

En muchos lugares, los orgullosos propietarios de perros presentan sus animales en competiciones de exhibiciones caninas. Trabaja con un compañero para seleccionar una raza específica. Elige una de las razas del mapa de las páginas 170–171, o usa fuentes bibliográficas para investigar otras razas.

- Averigua el aspecto de la raza, la época y el lugar de origen, y los rasgos por los cuales se crió.
- Enumera las características de la raza que elegiste, su peso, altura y color.
- Investiga la personalidad y comportamiento de la raza.
- Investiga los puntos fuertes de la raza. Conoce los trastornos provocados por la endogamia.
- Crea un cartel de la raza seleccionada. Incluye un dibujo o una fotografía y la información que investigaste.
- Organízate con tus compañeros de clase para presentar a los perros, divididos en categorías de raza como cazadores, pastores y perros "miniatura".

Piensa como científico

Tal vez no lo sepas, pero todos los días piensas como científico. Cada vez que te haces una pregunta y examinas las respuestas posibles aplicas muchas de las mismas destrezas que los científicos. Algunas de esas destrezas se describen en esta página.

Observar

Observas cada vez que reúnes información sobre el mundo con uno o más de tus cinco sentidos. Oír que ladra un perro, contar doce semillas verdes y oler el humo son observaciones. Para aumentar el alcance de los sentidos, los científicos tienen microscopios, telescopios y otros instrumentos con los que hacen observaciones más detalladas.

Las observaciones deben referirse a los hechos y ser precisas, un informe exacto de lo que tus sentidos detectan. Es importante escribir o dibujar cuidadosamente en un cuaderno las observaciones en la clase de ciencias. La información reunida en las observaciones se llama evidencia o dato.

Inferir

Cuando explicas o interpretas una observación, **infieres**, o haces una inferencia. Por ejemplo, si oyes que tu perro ladra, infieres que hay alguien en la puerta. Para hacer esta inferencia, combinas las evidencias (tu perro ladra) con tu experiencia o conocimientos (sabes que el perro ladra cuando se acerca un desconocido) para llegar a una conclusión lógica.

Advierte que las inferencias no son hechos, sino solamente una de tantas explicaciones de tu observación. Por ejemplo, quizá tu perro ladra porque quiere ir de paseo. A veces resulta que las inferencias son incorrectas aun si se basan en observaciones precisas y razonamientos lógicos. La única manera de averiguar si una inferencia es correcta, es investigar más a fondo.

Predecir

Cuando escuchas el pronóstico del tiempo, oyes muchas predicciones sobre las condiciones meteorológicas del día siguiente: cuál será la temperatura, si lloverá o no y si habrá mucho viento. Los meteorólogos pronostican el tiempo basados en sus observaciones y conocimientos de los sistemas climáticos. La destreza de **predecir** consiste en hacer una inferencia sobre un acontecimiento futuro basada en pruebas actuales o en la experiencia.

Como las predicciones son inferencias, a veces resultan falsas. En la clase de ciencias, puedes hacer experimentos para probar tus predicciones. Por ejemplo, digamos que predices que los aviones de papel más grandes vuelan más lejos que los pequeños. ¿Cómo pondrías a prueba tu predicción?

ACTIVIDAD Estudia la fotografía para responder las preguntas siguientes.

Observar Mira con atención la fotografía. Anota por lo menos tres observaciones.

Inferir Con tus observaciones, haz una inferencia de lo que sucedió. ¿Qué experiencias o conocimientos aprovechaste para formular tu inferencia?

Predecir Predice lo que ocurrirá a continuación. ¿En qué evidencias o experiencias basas tu predicción?

Clasificar

¿Te imaginas cómo sería buscar un libro en la biblioteca si todos los tomos estuvieran puestos en los estantes sin ningún orden? Tu visita a la biblioteca sería cosa de todo un día. Por fortuna, los bibliotecarios agrupan los libros por tema o por autor. Agrupar los elementos que comparten algún parecido se llama **clasificar**. Puedes clasificar las cosas de muchas maneras: por tamaño, por forma, por uso y por otras características importantes.

Como los bibliotecarios, los científicos aplican la destreza de clasificar para organizar información y objetos. Cuando las cosas están distribuidas en grupos, es más fácil entender sus relaciones.

ACTIVIDAD

Clasifica los objetos de la fotografía en dos grupos, de acuerdo con la característica que tú escojas. Luego, elige otra característica y clasifícalos en tres grupos.

Hacer modelos

¿Alguna vez has hecho un dibujo para que alguien entienda mejor lo que le dices? Ese dibujo es una especie de modelo. Los modelos son dibujos, diagramas, imágenes de computadora o cualquier otra representación de objetos o procesos complicados. **Hacer modelos** nos ayuda a entender las cosas que no vemos directamente.

Los científicos representan con modelos las cosas muy grandes o muy pequeñas, como los planetas del sistema solar o las partes de las células. En estos casos se trata de modelos físicos, dibujos o cuerpos sólidos que se parecen a los objetos reales. En otros casos son modelos mentales: ecuaciones matemáticas o palabras que describen el funcionamiento de algo.

ACTIVIDAD

Esta estudiante demuestra con un modelo las causas del día y la noche en la Tierra. ¿Qué representan la lámpara y la pelota de tenis?

Comunicar

Te comunicas cuando hablas por teléfono, escribes una carta o escuchas al maestro en la escuela. **Comunicar** es el acto de compartir ideas e información con los demás. La comunicación eficaz requiere de muchas destrezas: escribir, leer, hablar, escuchar y hacer modelos.

Los científicos se comunican para compartir resultados, información y opiniones. Acostumbran comunicar su trabajo en publicaciones, por teléfono, en cartas y en la Internet. También asisten a reuniones científicas donde comparten sus ideas en persona.

ACTIVIDAD

En un papel, escribe con claridad las instrucciones detalladas para amarrarse las agujetas. Luego, intercámbialas con un compañero o compañera. Sigue exactamente sus instrucciones. ¿Qué tan bien pudiste amarrarte el zapato? ¿Cómo se hubiera comunicado con más claridad tu compañero o compañera?

Hacer mediciones

Cuando los científicos hacen observaciones, no basta decir que algo es "grande" o "pesado". Por eso, miden con sus instrumentos qué tan grandes o pesados son los objetos. Con las mediciones, los científicos expresan con mayor exactitud sus observaciones y comunican más información sobre lo que observan.

Mediciones SI

La forma común de medir que utilizan los científicos de todo el mundo es el *Sistema Internacional de Unidades*, abreviado SI. Estas unidades son fáciles de usar porque se basan en múltiplos de 10. Cada unidad es 10 veces mayor que la inmediata anterior y un décimo del tamaño de la siguiente. En la tabla se anotan los prefijos de las unidades del SI más frecuentes.

Prefijos comunes SI

Prefijo	Símbolo	Significado
kilo-	k	1,000
hecto-	h	100
deka-	da	10
deci-	d	0.1 (un décimo)
centi-	c	0.01 (un centésimo)
mili-	m	0.001 (un milésimo)

Longitud Para medir la longitud, o la distancia entre dos puntos, la unidad de medida es el **metro (m)**. Un metro es la distancia aproximada del suelo al pomo de la puerta. Las distancias mayores, como entre ciudades, se miden en kilómetros (km). Las longitudes más pequeñas se miden en centímetros (cm) o milímetros (mm). Para medir la longitud, los científicos usan reglas métricas.

Conversiones comunes

1 km = 1,000 m
1 m = 100 cm
1 m = 1,000 mm
1 cm = 10 mm

ACTIVIDAD

En la regla métrica de la ilustración, las líneas largas son divisiones en centímetros, mientras que las cortas que no están numeradas son divisiones en milímetros. ¿Cuántos centímetros de largo tiene esta concha? ¿A cuántos milímetros equivale?

Volumen líquido Para medir el volumen de los líquidos, o la cantidad de espacio que ocupan, utilizamos una unidad de medida llamada **litro (L)**. Un litro es aproximadamente el volumen de un cartón de leche de tamaño mediano. Los volúmenes menores se miden en mililitros (mL). Los científicos tienen cilindros graduados para medir el volumen líquido.

Conversión común

1 L = 1,000 mL

ACTIVIDAD

El cilindro graduado de la ilustración está marcado con divisiones en milímetros. Observa que la superficie del agua del cilindro es curva. Esta curvatura se llama *menisco*. Para medir el volumen, tienes que leer el nivel en el punto más bajo del menisco. ¿Cuál es el volumen del agua en este cilindro graduado?

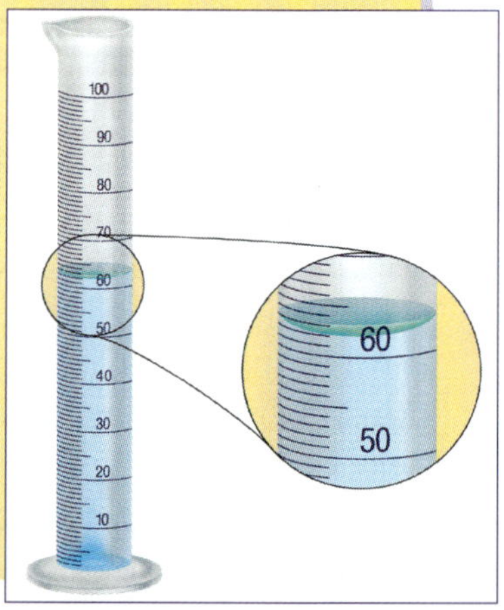

Masa Para medir la masa, o la cantidad de materia de los objetos, tomamos una unidad de medida conocida como **gramo (g).** Un gramo es aproximadamente la masa de un sujetador de papeles. Las masas más grandes se miden en kilogramos (kg). Los científicos miden con básculas la masa de los objetos.

Conversión común
1 kg = 1,000 g

ACTIVIDAD

La báscula electrónica muestra la masa de una manzana en kilogramos. ¿Cuál es la masa de la manzana? Supón que una receta de puré requiere un kilogramo de manzanas. ¿Cuántas manzanas necesitarías?

Temperatura
Para medir la temperatura de las sustancias, usamos la **escala Celsius.** La temperatura se mide con un termómetro en grados Celsius (°C). El agua se congela a 0°C y hierve a 100°C.

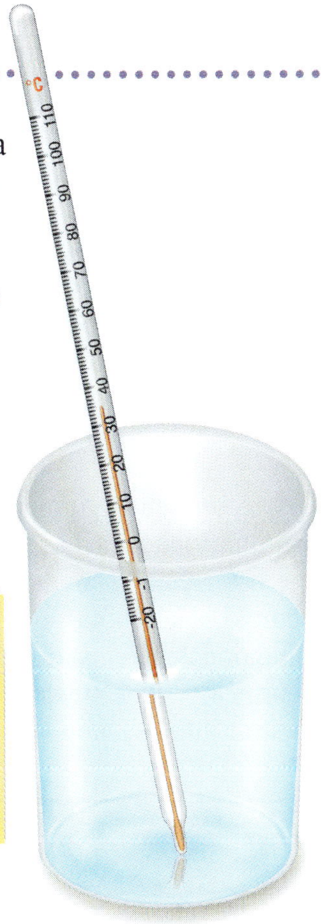

ACTIVIDAD

¿Cuál es la temperatura del líquido en grados Celsius?

Conversión de unidades SI

Para trabajar con el sistema SI, debes saber cómo convertir de unas unidades a otras. Esto requiere la destreza de **calcular,** o realizar operaciones matemáticas. Convertir unidades SI es igual que convertir dólares y monedas de 10 centavos, porque los dos sistemas se basan en múltiplos de diez.

Digamos que quieres convertir en metros una longitud de 80 centímetros. Sigue estos pasos para convertir las unidades.

1. Comienza por escribir la medida que quieres convertir; en este ejemplo, 80 centímetros.
2. Escribe el factor de conversión que represente la relación entre las dos unidades. En este ejemplo, la relación es *1 metro = 100 centímetros*. Escribe el factor como fracción. Asegúrate de poner en el denominador las unidades de las que conviertes (en este ejemplo, centímetros).
3. Multiplica la medición que quieres convertir por la fracción. Las unidades de esta primera medición se cancelarán con las unidades del denominador. Tu respuesta estará en las unidades a las que conviertes.

Ejemplo

$$80 \text{ centímetros} = \underline{\ ?\ } \text{ metros}$$

$$80 \text{ cent\cancel{ímetros}} \times \frac{1 \text{ metro}}{100 \text{ cent\cancel{ímetros}}} = \frac{80 \text{ metros}}{100}$$

$$= 0.8 \text{ metros}$$

ACTIVIDAD

Convierte las unidades siguientes.

1. 600 milímetros = __?__ metros
2. 0.35 litros = __?__ mililitros
3. 1,050 gramos = __?__ kilogramos

Realizar una investigación científica

En cierta forma, los científicos son como detectives que unen claves para entender un proceso o acontecimiento. Una forma en que los científicos reúnen claves es realizar experimentos. Los experimentos prueban las ideas en forma cuidadosa y ordenada. Sin embargo, no todos los experimentos siguen los mismos pasos en el mismo orden, aunque muchos tienen un esquema parecido al que se describe aquí.

Plantear preguntas

Los experimentos comienzan planteando una pregunta científica. Las preguntas científicas son las que se pueden responder reuniendo pruebas. Por ejemplo, la pregunta "¿qué se congela más rápidamente, el agua dulce o el agua salada?" es científica, porque puedes realizar una investigación y reunir información para contestarla.

Desarrollar una hipótesis

El siguiente paso es formular una hipótesis. Las **hipótesis** son predicciones acerca de los resultados de los experimentos. Como todas las predicciones, las hipótesis se basan en tus observaciones y en tus conocimientos o experiencia. Pero, a diferencia de muchas predicciones, las hipótesis deben ser algo que se pueda poner a prueba. Las hipótesis bien enunciadas adoptan la forma *Si... entonces...* y en seguida el planteaminto. Por ejemplo, una hipótesis sería "*si añado sal al agua dulce, entonces tardará más en congelarse*". Las hipótesis enunciadas de esta manera son un boceto aproximado del experimento que debes realizar.

Crear un experimento

Enseguida, tienes que planear una forma de poner a prueba tu hipótesis. Debes redactarla en forma de pasos y describir las observaciones o mediciones que harás.

Dos pasos importantes de la creación de experimentos son controlar las variables y formular definiciones operativas.

Controlar variables En los experimentos bien planeados, tienes que cuidar que todas las variables sean la misma excepto una. Una **variable** es cualquier factor que pueda cambiarse en un experimento. El factor que modificas se llama **variable manipulada.** En nuestro experimento, la variable manipulada es la cantidad de sal que se añade al agua. Los demás factores son constantes, como la cantidad de agua o la temperatura inicial.

El factor que cambia como resultado de la variable manipulada se llama **variable de respuesta** y es lo que mides u observas para obtener tus resultados. En este experimento, la variable de respuesta es cuánto tarda el agua en congelarse.

Un **experimento controlado** es el que mantiene constante todos los factores salvo uno. Estos experimentos incluyen una prueba llamada de **control.** En este experimento, el recipiente 3 es el de control. Como no se le añade sal, puedes comparar con él los resultados de los otros experimentos. Cualquier diferencia en los resultados debe obedecer en exclusiva a la adición de sal.

Formular definiciones operativas

Otro aspecto importante de los experimentos bien planeados es tener definiciones operativas claras. Las **definiciones operativas** son enunciados que describen cómo se va a medir cierta variable o cómo se va a definir. Por ejemplo, en este experimento, ¿cómo determinarás si el agua se congeló? Quizá decidas meter un palito en los recipientes al comienzo del experimento. Tu definición operativa de "congelada" sería el momento en que el palito dejara de moverse.

PROCEDIMIENTO EXPERIMENTAL

1. *Llena 3 recipientes con agua fría de la llave.*
2. *Añade 10 gramos de sal al recipiente 1 y agita. Añade 20 gramos de sal al recipiente 2 y agita. No añadas sal al recipiente 3.*
3. *Coloca los tres recipientes en el congelador.*
4. *Revisa los recipientes cada 15 minutos. Anota tus observaciones.*

Interpretar datos

Las observaciones y mediciones que haces en los experimentos se llaman datos. Debes analizarlos al final de los experimentos para buscar regularidades o tendencias. Muchas veces, las regularidades se hacen evidentes si organizas tus datos en una tabla o una gráfica. Luego, reflexiona en lo que revelan los datos. ¿Apoyan tu hipótesis? ¿Señalan una falla en el experimento? ¿Necesitas reunir más datos?

Sacar conclusiones

Las conclusiones son enunciados que resumen lo que aprendiste del experimento. Cuando sacas una conclusión, necesitas decidir si los datos que reuniste apoyan tu hipótesis o no. Tal vez debas repetir el experimento varias veces para poder sacar alguna conclusión. A menudo, las conclusiones te llevan a plantear preguntas nuevas y a planear experimentos nuevos para responderlas.

ACTIVIDAD

Al rebotar una pelota, ¿influye la altura de la cual la arrojas? De acuerdo con los pasos que acabamos de describir, planea un experimento controlado para investigar este problema.

Razonamiento crítico

¿Alguien te ha pedido consejo acerca de un problema? En tal caso, es probable que hayas ayudado a esa persona a pensar en el problema a fondo y de manera lógica. Sin saberlo, aplicaste las destrezas del razonamiento crítico, que consiste en reflexionar y emplear la lógica para resolver problemas o tomar decisiones. A continuación se describen algunas destrezas de razonamiento crítico.

Comparar y contrastar

Cuando buscas las semejanzas y las diferencias de dos objetos, aplicas la destreza de **comparar y contrastar.** Comparar es identificar las semejanzas, o características comunes. Contrastar significa encontrar las diferencias. Analizar los objetos de este modo te servirá para descubrir detalles que en otro caso quizá omitirías.

ACTIVIDAD Compara y contrasta los dos animales de la foto. Anota primero todas las semejanzas que veas y luego todas las diferencias.

Aplicar los conceptos

Cuando recurres a tus conocimientos de una situación para entender otra parecida, empleas la destreza de **aplicar los conceptos**. Ser capaz de transferir tus conocimientos de una situación a otra demuestra que realmente entiendes el concepto. Con esta destreza respondes en los exámenes las preguntas que tienen problemas distintos de los que estudiaste en clase.

ACTIVIDAD Acabas de aprender que el agua tarda más en congelarse si se le mezclan otras sustancias. Con este conocimiento, explica por qué en invierno necesitamos poner en el radiador de los autos una sustancia llamada anticongelante.

Interpretar ilustraciones

En los libros hay diagramas, fotografías y mapas para aclarar lo que lees. Estas ilustraciones muestran procesos, lugares e ideas de forma visual. La destreza llamada **interpretar ilustraciones** te sirve para aprender de estos elementos visuales. Para entender una ilustración, date tiempo para estudiarla junto con la información escrita que la acompañe. Las leyendas indican los conceptos fundamentales de la ilustración. Los nombres señalan las partes importantes de diagramas y mapas, en tanto que las claves explican los símbolos de los mapas.

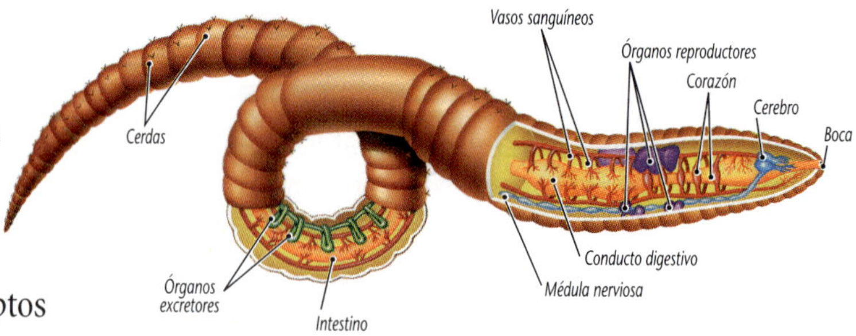

▲ Anatomía interna de la lombriz de tierra

ACTIVIDAD Estudia el diagrama de arriba. Luego, escribe un párrafo breve donde expliques lo que aprendiste.

Relacionar causa y efecto

Si un suceso es la causa de que otro ocurra, se dice que ambos tienen una relación de causa y efecto. Cuando determinas que hay tal relación entre dos sucesos, muestras una destreza llamada **relacionar causa y efecto.** Por ejemplo, si observas en tu piel una hinchazón roja y que te causa irritación, infieres que te picó un mosquito. La picadura es la causa y la hinchazón el efecto.

Es importante aclarar que aunque dos sucesos ocurran al mismo tiempo, no necesariamente generan una relación de causa y efecto. Los científicos se basan en la experimentación y en experiencias pasadas para determinar la existencia de una relación de causa y efecto

ACTIVIDAD Estás en un campamento y tu linterna dejó de funcionar. Haz una lista de las causas posibles del desperfecto. ¿Cómo determinarías la relación de causa y efecto que te ha dejado a oscuras?

Hacer generalizaciones

Cuando sacas una conclusión acerca de todo un grupo basado en la información de sólo algunos de sus miembros, aplicas una destreza llamada **hacer generalizaciones**. Para que las generalizaciones sean válidas, la muestra que escojas debe ser lo bastante grande y representativa de todo el grupo. Por ejemplo, puedes ejercer esta destreza en un puesto de frutas si ves un letrero que diga "Pruebe algunas uvas antes de comprar". Si tomas unas uvas dulces, concluyes que todas las uvas son dulces y compras un racimo grande.

ACTIVIDAD Un equipo de científicos necesita determinar si es potable el agua de un embalse grande. ¿Cómo aprovecharían la destreza de hacer generalizaciones? ¿Qué deben hacer?

Formular juicios

Cuando evalúas algo para decidir si es bueno o malo, correcto o incorrecto, utilizas una destreza llamada **formular juicios**. Por ejemplo, formulas juicios cuando prefieres comer alimentos saludables o recoges la basura de un parque. Antes de formular el juicio, tienes que meditar en las ventajas y las desventajas de la situación y mostrar los valores y las normas que sostienes.

ACTIVIDAD ¿Hay que exigir a niños y adolescentes que porten casco al ir en bicicleta? Explica las razones de tu opinión.

Resolver problemas

Cuando te vales de las destrezas de razonamiento crítico para resolver un asunto o decidir una acción, practicas una destreza llamada **resolver problemas**. Algunos problemas son sencillos, como la forma de convertir fracciones en decimales. Otros, como averiguar por qué dejó de funcionar tu computadora, son complicados. Algunos problemas complicados se resuelven con el método de ensayo y error: ensayas primero una solución; si no funciona, intentas otra. Entre otras estrategias útiles para resolver problemas se encuentran hacer modelos y realizar una lluvia de ideas con un compañero en busca de soluciones posibles.

Organizar la información

A medida que lees este libro, ¿cómo puedes comprender toda la información que contiene? En esta página se muestran herramientas útiles para organizar la información. Se denominan *organizadores gráficos* porque te dan una imagen de los temas y de la relación entre los conceptos.

Redes de conceptos

Las redes de conceptos son herramientas útiles para organizar la información en temas generales. Comienzan con un tema general que se descompone en conceptos más concretos. De esta manera, se facilita la comprensión de las relaciones entre los conceptos.

Para trazar una red de conceptos, se anotan los términos (por lo regular sustantivos) dentro de óvalos y se conectan con palabras de enlace. El concepto más general se pone en la parte superior. Conforme se desciende, los términos son cada vez más específicos. Las palabras de enlace, que se escriben sobre una línea entre dos óvalos, describen las relaciones de los conceptos que unen. Si sigues hacia abajo cualquier encadenamiento de conceptos y palabras de enlace, suele ser fácil leer una oración.

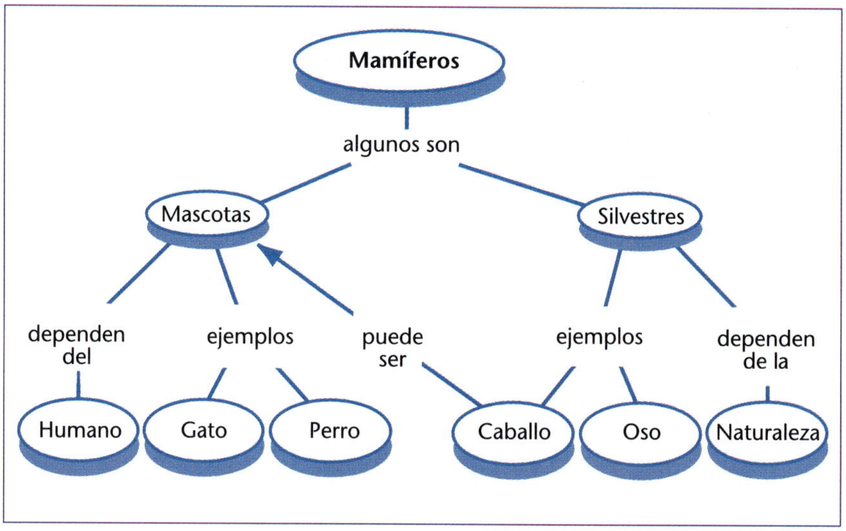

Algunas redes de conceptos comprenden nexos que vinculan un concepto de una rama con otro de una rama distinta. Estos nexos, llamados cruzados, muestran relaciones más complicadas entre conceptos.

Tablas para comparar y contrastar

Las tablas para comparar y contrastar son herramientas útiles para clasificar las semejanzas y las diferencias entre dos o más objetos o sucesos. Las tablas proporcionan un esquema organizado para realizar comparaciones de acuerdo con las características que identifiques.

Para crear una tabla para comparar y contrastar, anota los elementos que vas a comparar en la parte superior. Enseguida, haz en la columna izquierda una lista de las características que formarán la base de tus comparaciones. Para terminar tu tabla, asienta la información sobre cada característica, primero de un elemento y luego del siguiente.

Característica	Béisbol	Baloncesto
Núm. de jugadores	9	5
Campo de juego	Diamante de béisbol	Cancha de baloncesto
Equipo	Bates, pelotas, manoplas	Canasta, pelota

Diagramas de Venn

Los diagramas de Venn son otra forma de mostrar las semejanzas y las diferencias entre elementos. Estos diagramas constan de dos o más círculos que se superponen parcialmente. Cada círculo representa un concepto o idea. Las características comunes, o semejanzas, se anotan en la parte superpuesta de ambos círculos. Las características únicas, o diferencias, se escriben en las partes de los círculos que no pertenecen a la zona de superposición.

Para trazar un diagrama de Venn, dibuja dos círculos superpuestos. Encabézalos con los nombres de los elementos que vas a comparar. En cada círculo, escribe las características únicas en las partes que no se superponen. Luego, anota en el área superpuesta las características compartidas.

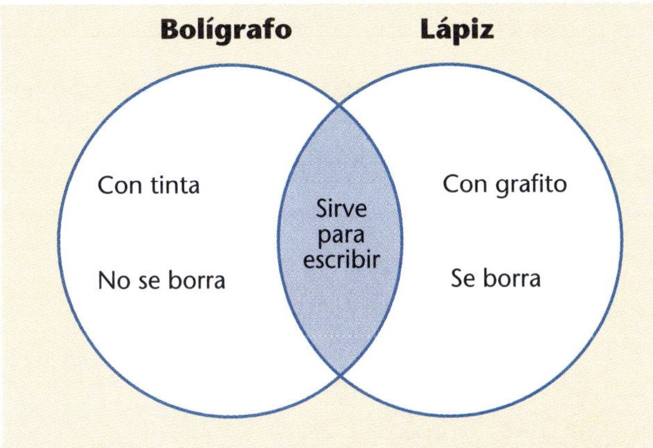

Diagramas de flujo

Los diagramas de flujo ayudan a entender el orden en que ciertos sucesos ocurren o deben ocurrir. Sirven para esbozar las etapas de un proceso o los pasos de un procedimiento.

Para hacer un diagrama de flujo, escribe en un recuadro una descripción breve de cada suceso. Anota el primero en la parte superior de la hoja, seguido por el segundo, el tercero, etc. Para terminar, dibuja una flecha que conecte cada suceso en el orden en que ocurren.

Preparación de pasta

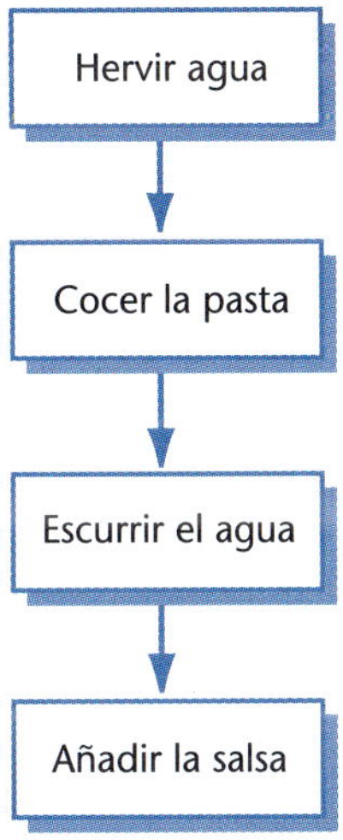

Diagramas de ciclos

Los diagramas de ciclos muestran secuencias de acontecimientos continuas, o ciclos. Las secuencias continuas no tienen final, porque cuando termina el último suceso, el primero se repite. Como los diagramas de flujo, permiten entender el orden de los sucesos.

Para crear el diagrama de un ciclo, escribe en un recuadro una descripción breve de cada suceso. Coloca uno en la parte superior de la hoja, al centro. Luego, sobre un círculo imaginario y en el sentido de las manecillas del reloj, escribe cada suceso en la secuencia correcta. Dibuja flechas que conecten cada suceso con el siguiente, de modo que se forme un círculo continuo.

Etapas de los experimentos científicos

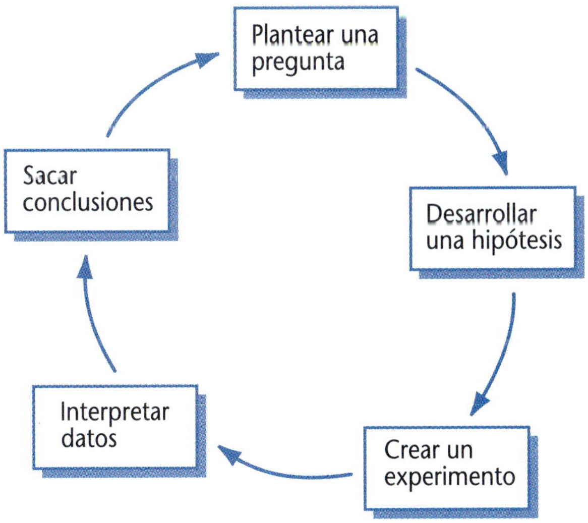

Crear tablas de datos y gráficas

¿Cómo se entiende el significado de los datos de los experimentos científicos? El primer paso es organizarlos para comprenderlos. Para ello, son útiles las tablas de datos y las gráficas.

Tablas de datos

Ya reuniste los materiales y preparaste el experimento. Pero antes de comenzar, necesitas planificar una forma de anotar lo que ocurre durante el experimento. En una tabla de datos puedes escribir tus observaciones y mediciones de manera ordenada.

Por ejemplo, digamos que un científico realizó un experimento para saber cuántas calorías queman sujetos de diversas masas corporales al realizar varias actividades. La tabla de datos muestra los resultados.

CALORÍAS QUEMADAS EN 30 MINUTOS DE ACTIVIDAD

Masa corporal	Experimento 1 Ciclismo	Experimento 2 Baloncesto	Experimento 3 Ver televisión
30 kg	60 calorías	120 calorías	21 calorías
40 kg	77 calorías	164 calorías	27 calorías
50 kg	95 calorías	206 calorías	33 calorías
60 kg	114 calorías	248 calorías	38 calorías

Observa en la tabla que la variable manipulada (la masa corporal) es el encabezado de una columna. La variable de respuesta (en el experimento 1, las calorías quemadas al andar en bicicleta) encabeza la siguiente columna. Las columnas siguientes se refieren a experimentos relacionados.

Gráficas de barras

Para comparar cuántas calorías se queman al realizar varias actividades, puedes trazar una gráfica de barras. Las gráficas de barras muestran los datos en varias categorías distintas. En este ejemplo, el ciclismo, el baloncesto y ver televisión son las tres categorías. Para trazar una gráfica de barras, sigue estos pasos.

Calorías quemadas por una persona de 30 kilos en diversas actividades

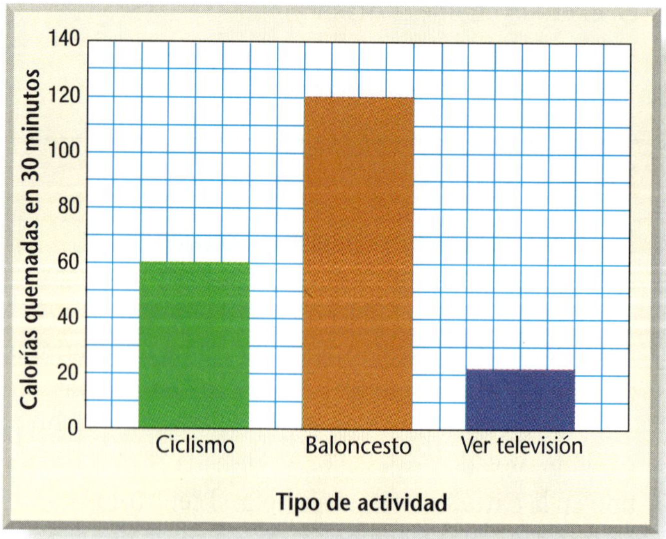

1. En papel cuadriculado, dibuja un eje horizontal, o eje de las *x*, y uno vertical, o de las *y*.
2. En el eje horizontal, escribe los nombres de las categorías que vas a graficar. Escribe también un nombre para todo el eje.
3. En el eje vertical anota el nombre de la variable de respuesta. Señala las unidades de medida. Para crear una escala, marca el espacio equivalente a los números de los datos que reuniste.
4. Dibuja una barra por cada categoría, usando el eje vertical para determinar la altura apropiada. Por ejemplo, en el caso del ciclismo, dibuja la barra hasta la altura de la marca 60 en el eje vertical. Haz todas las barras del mismo ancho y deja espacios iguales entre ellas.
5. Agrega un título que describa la gráfica.

Gráficas de líneas

Puedes trazar una gráfica de líneas para saber si hay una relación entre la masa corporal y la cantidad de calorías quemadas al andar en bicicleta. En estas gráficas, los datos muestran los cambios de una variable (la de respuesta) como resultado de los cambios de otra (la manipulada). Conviene trazar una gráfica de líneas cuando la variable manipulada es *continua*, es decir, cuando hay otros puntos entre los que estás poniendo a prueba. En este ejemplo, la masa corporal es una variable continua porque hay otros pesos entre los 30 y los 40 kilos (por ejemplo, 31 kilos). El tiempo es otro ejemplo de variable continua.

Efecto de la masa corporal en las calorías quemadas al practicar el ciclismo

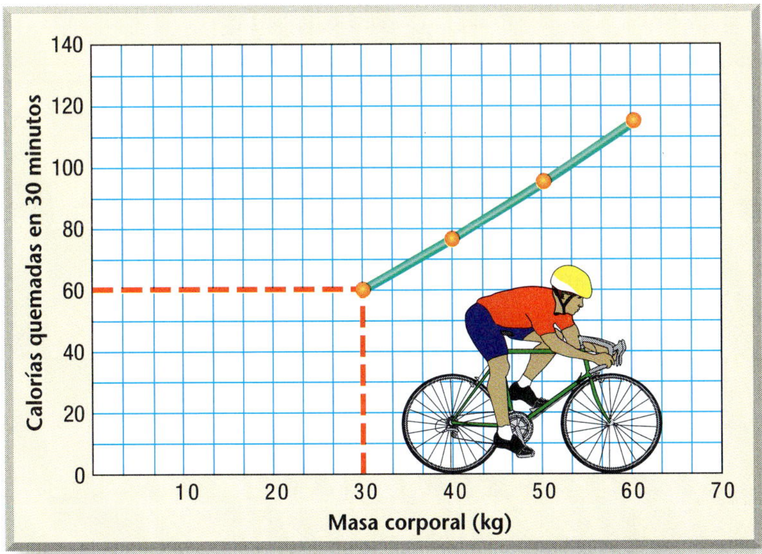

Las gráficas de líneas son herramientas poderosas, pues con ellas calculas las cifras de condiciones que no probaste en el experimento. Por ejemplo, con tu gráfica puedes estimar que una persona de 35 kilos quemaría 68 calorías al andar en bicicleta.

Para trazar una gráfica de líneas, sigue estos pasos.

1. En papel cuadriculado, dibuja un eje horizontal, o eje de las *x*, y uno vertical, o de las *y*.
2. En el eje horizontal, escribe el nombre de la variable manipulada. En el vertical, anota el nombre de la variable de respuesta y añade las unidades de medida.
3. Para crear una escala, marca el espacio equivalente a los números de los datos que reuniste.
4. Marca un punto por cada dato. En la gráfica de esta página, las líneas punteadas muestran cómo marcar el punto del primer dato (30 kilogramos y 60 calorías). En el eje horizontal, sobre la marca de los 30 kilos, proyecta una línea vertical imaginaria. Luego, dibuja una línea horizontal imaginaria que se proyecte del eje vertical en la marca de las 60 calorías. Pon el punto en el sitio donde se cruzan las dos líneas.
5. Conecta los puntos con una línea continua. (En algunos casos, tal vez sea mejor trazar una línea que muestre la tendencia general de los puntos graficados. En tales casos, algunos de los puntos caerán arriba o abajo de la línea.)
6. Escribe un título que identifique las variables o la relación de la gráfica.

ACTIVIDAD

Traza gráficas de líneas con los datos de la tabla de los experimentos 2 y 3.

ACTIVIDAD

Acabas de leer en el periódico que en la zona donde vives cayeron 4 cm lluvia en junio, 2.5 cm en julio y 1.5 cm en agosto. ¿Qué gráfica escogerías para mostrar estos datos? Traza tu gráfica en papel cuadriculado.

Gráficas circulares

Como las gráficas de barras, las gráficas circulares sirven para mostrar los datos en varias categorías separadas. Sin embargo, a diferencia de las gráficas de barras, sólo se trazan cuando tienes los datos de *todas* las categorías que comprende tu tema. Las gráficas circulares se llaman a veces gráficas de pastel, porque parecen un pastel cortado en rebanadas. El pastel representa todo el tema y las rebanadas son las categorías. El tamaño de cada rebanada indica qué porcentaje tiene cada categoría del total.

La tabla de datos que sigue muestra los resultados de una encuesta en la que se pidió a 24 adolescentes que declararan su deporte favorito. Con esos datos, se trazó la gráfica circular de la derecha.

DEPORTES FAVORITOS

Deporte	Número de estudiantes
Soccer	8
Baloncesto	6
Ciclismo	6
Natación	4

Para trazar una gráfica circular, sigue estos pasos.

1. Dibuja un círculo con un compás. Marca el centro con un punto. Luego, traza una línea del centro a la parte superior.
2. Para determinar el tamaño de cada "rebanada", establece una proporción en la que x sea igual al número de grados de la rebanada (NOTA: Los círculos tienen 360 grados). Por ejemplo, para calcular el número de grados de la rebanada del "soccer", plantea la relación siguiente:

$$\frac{\text{estudiantes que prefieren el soccer}}{\text{número total de estudiantes}} = \frac{x}{\text{número total de grados del círculo}}$$

$$\frac{8}{24} = \frac{x}{360}$$

Haz la multiplicación cruzada y resuelve x.

$$24x = 8 \times 360$$
$$x = 120$$

La rebanada de "soccer" tendrá 120 grados.

Deportes que prefieren los adolescentes

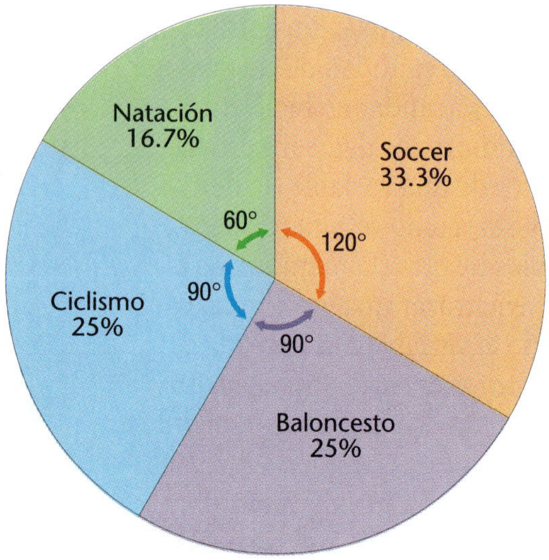

3. Mide con un transportador el ángulo de la primera rebanada. La línea de 0° es la que trazaste hasta la parte superior del círculo. Dibuja una línea que vaya del centro del círculo al extremo del ángulo que mediste.
4. Prosigue alrededor del círculo, midiendo cada rebanada con el transportador. Comienza en el borde de la rebanada anterior para que no se superpongan. Cuando termines, el círculo debe estar completo.
5. Determina el porcentaje del círculo que representa cada rebanada. Para ello, divide el número de grados de cada rebanada entre los grados del círculo (360) y multiplica por 100. En el caso de la rebanada del "soccer", calcula el porcentaje como sigue:

$$\frac{120}{360} \times 100\% = 33.3\%$$

6. Colorea cada rebanada. Escribe el nombre de la categoría y el porcentaje que representa.
7. Escribe el título de la gráfica circular.

ACTIVIDAD

En un salón de 28 estudiantes, 12 van a la escuela en autobús, 10 caminan y 6 van en bicicleta. Traza una gráfica circular para mostrar estos datos.

Seguridad en el laboratorio

Símbolos de seguridad

Estos símbolos te alertan de posibles daños en el laboratorio y te recuerdan que trabajes con cuidado.

Gafas de protección Usa siempre estas gafas para protegerte los ojos en cualquier actividad que requiera sustancias químicas, flamas o calor o bien la posibilidad de que se rompan cristales.

Delantal Ponte el delantal para proteger de daños tu piel y tu ropa.

Frágil Trabajas con materiales que se pueden romper, como recipientes de cristal, tubos de vidrio, termómetros o embudos. Maneja estos materiales con cuidado. No toques los vidrios rotos.

Guantes térmicos Ponte un guante de cocina o alguna otra protección para las manos cuando manipules materiales calientes. Las parrillas, el agua o los cristales calientes pueden causar quemaduras. No toques objetos calientes con las manos desnudas.

Caliente Toma los objetos de vidrio calientes con abrazaderas o tenazas. No toques objetos calientes con las manos desnudas.

Objeto filoso Las tijeras puntiagudas, los escalpelos, las navajas, las agujas, los alfileres y las tachuelas son filosos. Pueden cortar o pincharte la piel. Dirige siempre los bordes filosos lejos de ti y de los demás. Usa instrumentos afilados según las instrucciones.

Descarga eléctrica Evita la posibilidad de descargas eléctricas. Nunca uses equipo eléctrico cerca del agua ni cuando el equipo o tus manos estén húmedos. Verifica que los cables no estén enredados ni que puedan hacer que alguien tropiece. Desconecta el equipo cuando no esté en uso.

Corrosivo Trabajas con ácido u otra sustancia química corrosiva. No dejes que salpique en tu piel, ropa ni ojos. No inhales los vapores. Cuando termines la actividad, lávate las manos.

Veneno No permitas que ninguna sustancia química tenga contacto con la piel ni inhales los vapores. Cuando termines la actividad, lávate las manos.

Ten cuidado Cuando un experimento requiere actividad física, toma tus precauciones para que no te lastimes ni lesiones a los demás. Sigue las instrucciones del maestro. Avísale si hay alguna razón por la que no puedas participar en la actividad.

Precaución con los animales Trata con cuidado a los animales vivos para no hacerles daño ni que te lastimes. El trabajo con partes de animales o animales conservados también requiere cuidados. Cuando termines la actividad, lávate las manos.

Precaución con las plantas Maneja las plantas en el laboratorio o durante el trabajo de campo sólo como te lo indique el maestro. Avísale si eres alérgico a ciertas plantas que se van a usar en una actividad. No toques las plantas nocivas, como la hiedra, el roble o el zumaque venenosos ni las que tienen espinas. Cuando termines la actividad, lávate las manos.

Flamas Es posible que trabajes con flamas de mecheros, velas o cerillos. Anudate por atrás el cabello y la ropa sueltos. Sigue las instrucciones de tu maestro sobre cómo encender y extinguir las flamas.

No flamas Es posible que haya materiales inflamables. Verifica que no haya flamas, chispas ni otras fuentes expuestas de calor.

Vapores Cuando haya vapores venenosos o desagradables, trabaja en una zona ventilada. No inhales los vapores directamente. Prueba los olores sólo cuando el maestro lo indique y efectúa un movimiento de empuje para dirigir el vapor hacia tu nariz.

Desechos Es preciso desechar en forma segura las sustancias químicas y los materiales de la actividad. Sigue las instrucciones de tu maestro.

Lavarse las manos Cuando termines la actividad, lávate muy bien las manos con jabón antibacteriano y agua caliente. Frota los dos lados de las manos y entre los dedos. Enjuaga por completo.

Normas generales de seguridad Es posible que veas este símbolo cuando ninguno de los anteriores aparece. En este caso, sigue las instrucciones concretas que te proporcionen. También puede ser que veas el símbolo cuando te pidan que establezcas tu propio procedimiento de laboratorio. Antes de proseguir, pide a tu maestro que apruebe tu plan.

Reglas de seguridad en ciencias

Para que estés preparado y trabajes con seguridad en el laboratorio, repasa las siguientes reglas de seguridad. Luego, vuélvelas a leer. Asegúrate de entenderlas y seguirlas todas. Pide a tu maestro que te explique las que no comprendas.

Normas de atuendo

1. Para evitar lesiones oculares, ponte las gafas de protección siempre que trabajes con sustancias químicas, mecheros, objetos de vidrio o cualquier cosa que pudiera entrar en los ojos. Si usas lentes de contacto, avísale a tu maestro o maestra.
2. Ponte un delantal o una bata cuando trabajes con sustancias corrosivas o que manchen.
3. Si tienes el cabello largo, anúdalo por atrás para alejarlo de sustancias químicas, flamas o equipo.
4. Quítate o anuda en la espalda cualquier prenda o adorno que cuelgue y que pueda entrar en contacto con sustancias químicas, flamas o equipo. Súbete o asegura las mangas largas.
5. Nunca lleves zapatos descubiertos ni sandalias.

Precauciones generales

6. Lee varias veces todas las instrucciones de los experimentos antes de comenzar la actividad. Sigue con cuidado todas las directrices escritas y orales. Si tienes dudas sobre alguna parte de un experimento, pide a tu maestro que te ayude.
7. Nunca realices actividades que no te hayan encargado o que no estén autorizadas por el maestro. Antes de "experimentar" por tu cuenta, pide permiso. Nunca manejes ningún equipo sin autorización explícita.
8. Nunca realices las actividades de laboratorio sin supervisión directa.
9. Nunca comas ni bebas en el laboratorio.
10. Conserva siempre limpias y ordenadas todas las áreas del laboratorio. Lleva al área de trabajo nada más que cuadernos, manuales o procedimientos escritos de laboratorio. Deja en la zona designada cualesquiera otros artículos, como bolsas y mochilas.
11. No juegues ni corretees.

Primeros auxilios

12. Informa siempre de todos los incidentes y lesiones a tu maestros no importa si son insignificantes. Notifica de inmediato sobre cualquier incendio.
13. Aprende qué debes hacer en caso de accidentes concretos, como que te salpique ácido en los ojos o la piel (enjuaga los ácidos con abundante agua).
14. Averigua la ubicación del botiquín de primeros auxilios, pero no lo utilices a menos que el maestro te lo ordene. En caso de una lesión, él deberá aplicar los primeros auxilios. También puede ser que te envíe por la enfermera de la escuela o a llamar a un médico.
15. Conoce la ubicación del equipo de emergencia, como el extintor y los artículos contra incendios y aprende a usarlos.
16. Conoce la ubicación del teléfono más cercano y a quién llamar en caso de emergencia.

Medidas de seguridad con fuego y fuentes de calor

17. Nunca uses ninguna fuente de calor, como velas, mecheros y parrillas, sin gafas de protección.
18. Nunca calientes nada a menos que te lo indiquen. Sustancias que frías son inofensivas, pueden volverse peligrosas calientes.
19. No acerques al fuego ningún material combustible. Nunca apliques una flama ni una chispa cerca de una sustancia química combustible.
20. Nunca pases las manos por las flamas.
21. Antes de usar los mecheros de laboratorio, verifica que conoces los procedimientos adecuados para encenderlos y graduarlos, según te enseñó tu maestro. Nunca los toques, pues pueden estar calientes, y nunca los descuides ni los dejes encendidos.
22. Las sustancias químicas pueden salpicar o salirse de tubos de ensayo calientes. Cuando calientes una sustancia en un tubo de ensayo, fíjate que la boca del tubo no apunte hacia alguien.
23. Nunca calientes líquidos en recipientes tapados. Los gases se expanden y pueden hacer estallar el recipiente.
24. Antes de tomar un recipiente que haya sido calentado, acércale la palma de la mano. Si sientes el calor en el dorso, el recipiente está demasiado caliente para asirlo. Usa un guante de cocina para levantarlo.

Uso seguro de sustancias químicas

25. Nunca mezcles sustancias químicas "por diversión". Puedes producir una mezcla peligrosa y quizás explosiva.
26. Nunca acerques la cara a un recipiente que contiene sustancias químicas. Nunca toques, pruebes ni aspires una sustancia a menos que lo indique el maestro. Muchas sustancias químicas son venenosas.
27. Emplea sólo las sustancias químicas que requiere la actividad. Lee y verifica dos veces las etiquetas de las botellas de suministro antes de vaciarlas. Toma sólo lo que necesites. Cuando no uses las sustancias, cierra los recipientes que las contienen.
28. Desecha las sustancias químicas según te instruya tu maestro. Para evitar contaminarlas, nunca las devuelvas a sus recipientes originales. Nunca te concretes a tirar por el fregadero o en la basura las sustancias químicas y de otra clase.
29. Presta atención especial cuando trabajes con ácidos y bases. Vierte las sustancias sobre el fregadero o un recipiente, nunca sobre tu superficie de trabajo.
30. Si las instrucciones son que huelas una sustancia, efectúa un movimiento giratorio con el recipiente para dirigir los vapores a tu nariz; no los inhales directamente.
31. Cuando mezcles un ácido con agua, vacía primero el agua al recipiente y luego agrega el ácido. Nunca pongas agua en un ácido.
32. Extrema los cuidados para no salpicar ningún material del laboratorio. Limpia inmediatamente todos los derrames y salpicaduras de sustancias químicas con mucha agua. Enjuaga de inmediato con agua todo ácido que caiga en tu piel o ropa y notifica enseguida a tu maestro de cualquier derrame de ácidos.

Uso seguro de objetos de vidrio

33. Nunca fuerces tubos ni termómetros de vidrio en topes de hule y tapones de corcho. Si lo requiere la actividad, pide a tu maestro que lo haga.
34. Si usas un mechero de laboratorio, coloca una malla de alambre para impedir que las flamas toquen los utensilios de vidrio. Nunca los calientes si el exterior no está completamente seco.
35. Recuerda que los utensilios de vidrio calientes parecen fríos. Nunca los tomes sin verificar primero si están calientes. Usa un guante de cocina. Repasa la regla 24.
36. Nunca uses objetos de vidrio rotos o astillados. Si algún utensilio de vidrio se rompe, díselo a tu maestra y deséchalo en el recipiente destinado a los vidrios rotos. Nunca tomes con las manos desnudas ningún vidrio roto.
37. Nunca comas ni bebas en un artículo de vidrio de laboratorio.
38. Limpia a fondo los objetos de vidrio antes de guardarlos.

Uso de instrumentos filosos

39. Maneja con mucho cuidado los escalpelos y demás instrumentos filosos. Nunca cortes el material hacia ti, sino en la dirección opuesta.
40. Si te cortas al trabajar en el laboratorio, avisa de inmediato a tu maestra o maestro.

Precauciones con animales y plantas

41. Nunca realices experimentos que causen dolor, incomodidad o daños a mamíferos, aves, reptiles, peces y anfibios. Esta regla se aplica tanto en la escuela como en casa.
42. Los animales se manipulan sólo si es absolutamente indispensable. Tu maestro te dará las instrucciones sobre cómo manejar las especies llevadas a la clase.
43. Si eres alérgico a ciertas plantas, mohos o animales, díselo a tu maestro antes de iniciar la actividad.
44. Durante el trabajo de campo, protégete con pantalones, mangas largas, calcetines y zapatos cerrados. Aprende a reconocer las plantas y los hongos venenosos de tu zona, así como las plantas con espinas, y no las toques.
45. Nunca comas parte alguna de plantas u hongos desconocidos.
46. Lávate bien las manos después de manipular animales o sus jaulas. Lávate también después de las actividades con partes de animales, plantas o tierra.

Reglas al terminar experimentos

47. Cuando termines un experimento, limpia tu área de trabajo y devuelve el equipo a su lugar.
48. Elimina materiales de desecho de acuerdo con las instrucciones de tu maestro.
49. Lávate las manos después de cualquier experimento.
50. Cuando no los uses, apaga siempre los quemadores y las parrillas. Desconecta las parrillas y los equipos eléctricos. Si usaste un mechero, ve que también esté cerrada la válvula de alimentación del gas.

Uso del microscopio

El microscopio es una herramienta esencial para el estudio de las ciencias de la vida. Te permite observar cosas que son demasiado pequeñas como para verse a simple vista.

Probablemente utilices un microscopio compuesto como el que se ve aquí. El microscopio compuesto tiene más de una lente que amplifica el objeto que ves.

Por lo común, un microscopio compuesto tiene una lente en el ocular, la parte a través de la que ves. La lente del ocular generalmente amplifica 10 ×. Cualquier objeto que veas a través de esta lente aparecerá 10 veces más grande de lo que es.

El microscopio compuesto contiene una o dos lentes llamadas objetivos. Si hay dos lentes objetivos, a una la llaman lente objetivo de bajo aumento y a la otra lente objetivo de gran aumento. La lente objetivo de bajo aumento por lo general amplifica 10 ×. La lente objetivo de gran aumento por lo común amplifica 40 ×.

Para calcular la amplificación total con la que estás viendo un objeto, multiplica la amplificación de la lente ocular por la amplificación de la lente objetivo que estés empleando. Por ejemplo, la amplificación del ocular de 10 × multiplicada por la amplificación del objetivo de bajo aumento de 10 × resulta en una amplificación total de 100 ×.

Utiliza la fotografía del microscopio compuesto para que te familiarices con las partes del microscopio y sus funciones.

Las partes de un microscopio compuesto

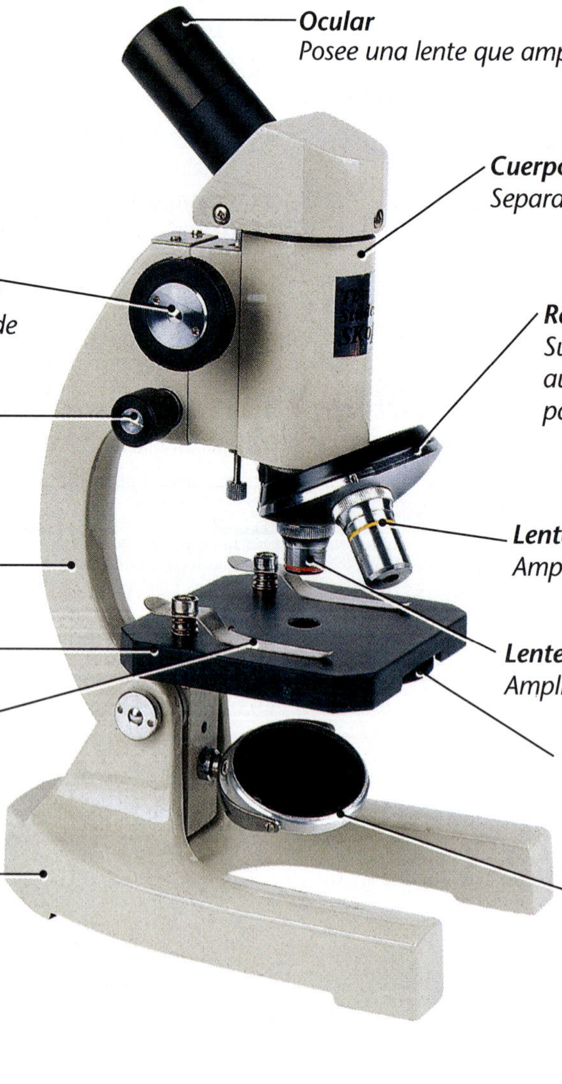

Uso del microscopio

Sigue este procedimiento cuando trabajes con un microscopio.

1. Para desplazar el microscopio, sujétalo por el brazo con una mano. Pon tu otra mano bajo la base.
2. Coloca el microscopio sobre una mesa con el brazo hacia ti.
3. Da vuelta al tornillo macrométrico para levantar el cuerpo tubular.
4. Retira el revólver hasta que la lente de bajo aumento encaje en su sitio.
5. Ajusta el diafragma. Mientras estés viendo por el ocular, sólo ajusta el espejo hasta que veas un círculo blanco brillante de luz. **PRECAUCIÓN:** *Nunca apliques luz directa del sol como fuente de luz.*
6. Coloca una platina en el portaobjetos. Centra el espécimen sobre la apertura del portaobjetos. Utiliza el sujetador de platina para mantener la platina en su lugar. **PRECAUCIÓN:** *Las platinas de cristal son frágiles.*
7. Mira el portaobjetos por un lado. Con cuidado, gira el tornillo macrométrico para bajar el cuerpo tubular hasta que la lente de bajo aumento casi toque la platina.
8. Al mirar por el ocular, da vuelta al tornillo macrométrico hasta que el espécimen esté enfocado.
9. Para cambiar a la lente objetivo de gran aumento, mira el microscopio de costado. Con cuidado, gira el revólver hasta que la lente de gran aumento encaje en su lugar. Asegúrate de que la lente no golpee la platina.
10. Observando a través del ocular, gira el tornillo micrométrico hasta que el espécimen aparezca enfocado.

Hacer una platina de montaje húmedo

Sigue este procedimiento para hacer una platina de montaje húmedo de un espécimen.

1. Consigue una platina para microscopio limpia y un cubreobjetos. **PRECAUCIÓN:** *Las platinas y los cubreobjetos son frágiles.*
2. Coloca el espécimen en la platina. El espécimen debe ser suficientemente delgado para que la luz pase a través de él.
3. Con un gotero de plástico, pon una gota de agua en el espécimen.
4. Con cuidado, coloca una de las orillas del cubreobjetos contra la platina de manera que toque la orilla de la gota de agua en un ángulo de 45°. Lentamente, baja el cubreobjetos sobre el espécimen. Si quedan atrapadas burbujas de aire debajo del cubreobjetos, golpea ligeramente el cubreobjetos con la goma de un lápiz.
5. Elimina todo exceso de agua en la orilla del cubreobjetos con una toalla de papel.

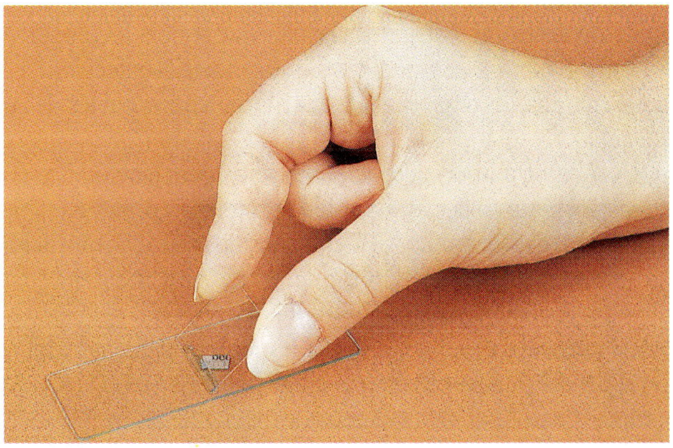

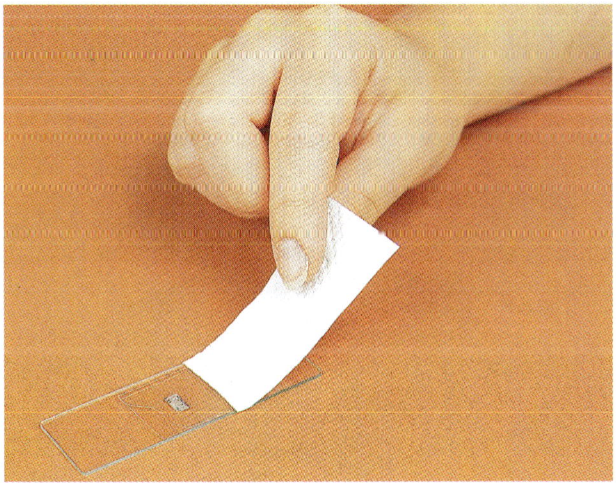

Glosario

A

ácido nucleico Gran molécula orgánica formada por carbono, oxígeno, hidrógeno, nitrógeno y fósforo; contiene las instrucciones necesarias para que la célula efectúe sus funciones. (p. 36)

adaptación Rasgo que ayuda a los organismos a sobrevivir y reproducirse. (p. 143)

ADN Ácido desoxirribonucleico, material genético que porta la información de un organismo y pasa de los padres a los hijos. (p. 36)

alelo dominante Alelo cuyo rasgo siempre es visible cuando está presente en el organismo. (p. 83)

alelo recesivo Alelo que no es visible en presencia de un alelo dominante. (p. 83)

alelos Diferentes formas de un gen. (p. 83)

alelos múltiples Tres o más formas en que un gen codifica un rasgo específico. (p. 113)

aminoácidos Pequeñas moléculas que se unen químicamente para formar proteínas. (p. 35)

amniocentesis Procedimiento en el cual se toma una muestra del fluido que rodea al bebé en desarrollo, y se analiza para determinar si el bebé tendrá algún trastorno genético. (p. 122)

aparato de Golgi Estructura celular que recibe del retículo endoplásmico las proteínas y otros materiales recién formados, los empaqueta y distribuye a otras partes de la célula. (p. 29)

ARN Ácido ribonucleico; ácido nucleico que tiene un papel importante en la producción de proteínas. (p. 37)

ARN de transferencia ARN citoplásmico que transporta los aminoácidos a los ribosomas y los agrega a la cadena proteica en formación. (p. 103)

ARN mensajero ARN que copia el mensaje codificado del ADN del núcleo y lo lleva al citoplasma. (p. 103)

átomo La unidad más pequeña de un elemento. (p. 33)

aumento Capacidad de hacer que las cosas se vean más grandes de lo que son. (p. 21)

autótrofo Organismo que elabora su propio alimento. (p. 54)

C

cáncer Enfermedad en la que algunas células del cuerpo crecen y se dividen sin control, dañando las partes del cuerpo que las rodean. (p. 71)

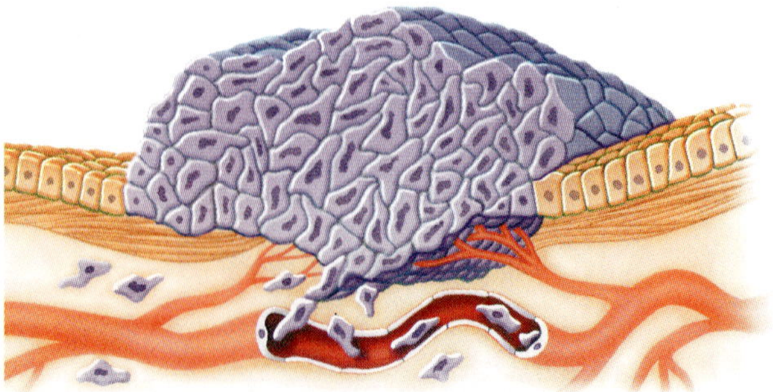

carbohidratos Compuestos orgánicos ricos en energía, como los azúcares y los almidones, formados por carbono, hidrógeno y oxígeno. (p. 34)

cariotipo Imagen de todos los cromosomas de una célula organizados en parejas. (p. 123)

célula Unidad básica de la estructura y del funcionamiento de los seres vivos. (p. 16)

cepa pura Organismo que siempre produce retoños con los mismos rasgos del progenitor. (p. 81)

ciclo celular Secuencia normal de crecimiento y división que experimentan las células. (p. 62)

citocinesis Etapa final del ciclo celular en que el citoplasma se divide y distribuye los organelos entre las dos nuevas células. (p. 66)

citoplasma Región que se extiende entre la membrana celular y el núcleo; en los organismos carentes de núcleo, región que está rodeada por la membrana celular. (p. 28)

clon Organismo genéticamente idéntico al organismo del que proviene. (p. 128)

clorofila Pigmento verde presente en los cloroplastos de las plantas, algas y algunas bacterias. (p. 52)

cloroplasto Estructura en las células vegetales y en otros organismos que atrapa la energía solar y la utiliza para producir alimento. (p. 29)

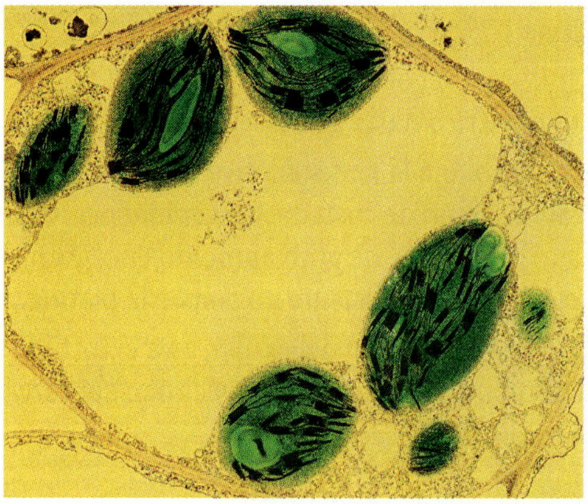

codominancia Estado en el cual ninguno de los dos alelos de un gen es recesivo ni dominante. (p. 92)

compuesto Combinación química de dos o más elementos. (p. 33)

compuesto inorgánico Compuesto que no contiene carbono. (p. 34)

compuesto orgánico Compuesto que contiene carbono. (p. 34)

cromátida Cada uno de los elementos idénticos de un cromosoma. (p. 63)

cromatina Material celular que contiene el ADN y transporta la información genética. (p. 28)

cromosoma Doble bastón de cromatina condensada; contiene ADN que transporta información genética. (p. 63)

cruce selectivo Proceso de seleccionar algunos organismos con rasgos deseables para usarlos como progenitores de la siguiente generación. (p. 126)

cuadrado de Punnett Tabla que muestra todas las posibles combinaciones de alelos en una cruza genética. (p. 90)

D

definición operativa Enunciado que describe cómo se va a medir cierta variable o cómo se va a definir. (p. 179)

diagrama de árbol Esquema que muestra la relación que los científicos han hallado entre diferentes grupos de organismos. (p. 162)

difusión Proceso por el cual las moléculas tienden a moverse de un área de concentración alta a otra con concentración baja. (p. 41)

E

elemento Cualquier sustancia que no puede descomponerse en otra más simple. (p. 33)

elemento radiactivo Partícula inestable que se desintegra en un elemento distinto. (p. 154)

endogamia Técnica de cruce selectivo de dos individuos que tienen juegos de alelos idénticos o muy similares. (p. 127)

enzima Clase de proteína que acelera una reacción química dentro de un ser vivo. (p. 35)

equilibrio interrumpido Teoría que afirma que las especies evolucionan en breves periodos de cambio acelerado. (p. 158)

especie Grupo de organismos similares que pueden aparearse entre sí y tener descendencia fértil. (p. 141)

estomas Pequeños orificios en el envés de la hoja a través de los cuales se intercambian oxígeno y dióxido de carbono. (p. 52)

estructuras homólogas Partes corporales que son estructuralmente similares en especies emparentadas; proveen pruebas de que fueron heredadas de un antepasado común. (p. 160)

evolución Cambio gradual de las especies a través del tiempo. (p. 143)

experimento controlado Experimento en el que se mantienen constantes todos los factores, excepto uno. (p. 179)

extinto Especie que carece de miembros vivos. (p. 154)

F

fechado absoluto Técnica usada para determinar la edad real de un fósil. (p. 154)

fechado relativo Técnica usada para determinar entre dos fósiles cuál es el más antiguo. (p. 153)

fenotipo Aspecto físico o rasgos visibles de un organismo. (p. 91)

fermentación Proceso por el cual las células degradan las moléculas para liberar energía sin usar oxígeno. (p. 58)

fósil Restos conservados o rastros de un organismo que vivió en el pasado. (p. 151)

fósil petrificado Fósil formado cuando los minerales reemplazan un organismo, todo o en parte. (p. 152)

fotosíntesis Proceso por el cual las plantas y otros organismos captan la energía solar y la usan para elaborar su alimento. (p. 51)

G

gen Segmento de ADN en un cromosoma, el cual codifica un rasgo específico. (p. 83)

gen ligado al sexo Gen portado por el cromosoma X o el Y. (p. 116)

genealogía Árbol genealógico que muestra cuáles miembros de una familia poseen un rasgo determinado. (p. 117)

genética Ciencia que estudia la herencia. (p. 80)

genoma Todo el ADN contenido en la célula de un organismo. (p. 132)

genotipo Composición genética de un organismo o su combinación de alelos. (p. 92)

gradualismo Teoría que sostiene que la evolución ocurre con lentitud, pero sostenida. (p. 158)

H

herencia Transmisión de rasgos de padres a hijos. (p. 80)

heterocigoto Que tiene dos alelos diferentes para un mismo rasgo. (p. 92)

heterótrofo Organismo que no puede elaborar su propio alimento. (p. 54)

hibridación Método de cruce de dos individuos genéticamente distintos. (p. 127)

híbrido Organismo que tiene dos alelos diferentes para un rasgo; organismo que es heterocigoto para un rasgo en particular. (p. 84)

hipótesis Predicción sobre el resultado de un experimento. (p. 178)

homocigoto Que tiene dos alelos idénticos para un mismo rasgo. (p. 92)

I

ingeniería genética Transferencia de un gen desde el ADN de un organismo al de otro, para producir un nuevo ser con los rasgos deseables. (p. 128)

interfase Etapa del ciclo celular que ocurre antes de la división; durante ella, la célula crece, copia el ADN y se prepara para dividirse. (p. 62)

L

lente convexa Lente curva más gruesa en el centro que en el borde. (p. 21)

lípidos Compuestos orgánicos ricos en energía como las grasas, aceites y ceras, compuestos por carbono, hidrógeno y oxígeno. (p. 36)
lisosoma Estructura celular pequeña y esférica con sustancias químicas que degradan grandes partículas de alimento, volviéndolas más pequeñas. (p. 30)

M

meiosis Proceso de las células sexuales (espermatozoide y óvulo) en el que reducen a la mitad su número de cromosomas. (p. 98)
membrana celular Estructura celular que controla cuáles sustancias entran o salen de la célula. (p. 24)
microscopio Instrumento que aumenta los objetos pequeños. (p. 17)
microscopio compuesto Microscopio de luz dotado de más de una lente. (p. 17)
mitocondria Estructura celular en forma de bastón que produce gran parte de la energía necesaria para efectuar las funciones celulares. (p. 28)

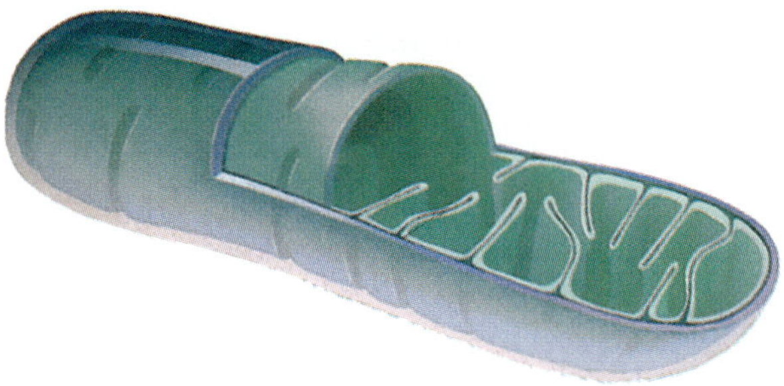

mitosis Etapa del ciclo celular durante la cual se divide en dos el núcleo y se reparte una copia del ADN a cada célula hija. (p. 63)
molde Tipo de fósil que se presenta cuando se disuelve el caparazón u otra parte dura de un organismo, dejando un espacio vacío con su forma. (p. 152)
molécula La unidad más pequeña de un compuesto. (p. 33)
mutación Cambio en un gen o en un cromosoma. (p. 71)

N

núcleo Estructura celular que contiene los ácidos nucleicos, instrucciones químicas que rigen todas las actividades celulares. (p. 25)

O

organelo Estructura diminuta que efectúa funciones específicas en la célula. (p. 24)
ósmosis Difusión de moléculas de agua a través de una membrana selectivamente permeable. (p. 42)

P

pared celular Capa rígida de material inerte que rodea las células vegetales y las de algunos otros organismos. (p. 24)
pigmento Compuesto químico de color que absorbe la luz. (p. 52)
portador Persona que tiene un alelo recesivo y uno dominante para un rasgo, pero no manifiesta éste. (p. 116)
probabilidad La posibilidad de que un suceso ocurra. (p. 88)
proteínas Grandes moléculas orgánicas compuestas de carbono, hidrógeno, oxígeno, nitrógeno y, a veces, azufre. (p. 35)

Q

quimioterapia Uso de fármacos para matar células cancerosas. (p. 72)

R

rasgo Característica que un organismo puede transmitir con sus genes a su descendencia. (p. 80)
registro fósil Los millones de fósiles que los científicos han descubierto. (p. 154)
replicación Proceso por el cual la célula hace una copia del ADN de su núcleo. (p. 62)

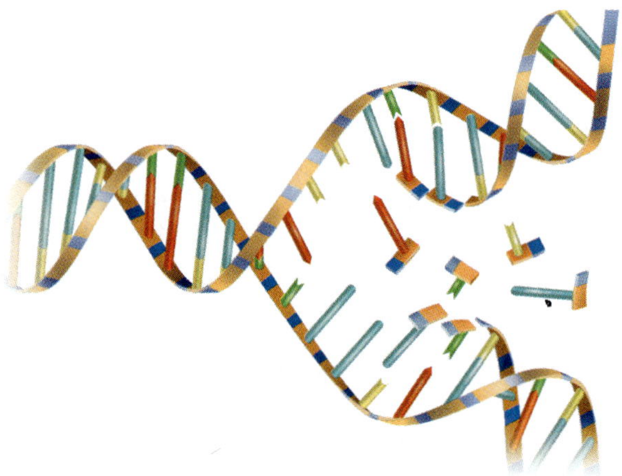

resolución Capacidad de distinguir claramente cada parte de un objeto. (p. 22)
respiración Proceso por el cual las células degradan las moléculas simples alimenticias para liberar la energía que contienen. (p. 56)

retículo endoplásmico Estructura celular que forma un laberinto de pasadizos en los que las proteínas y otras sustancias son trasladados de un sitio a otro en la célula. (p. 29)

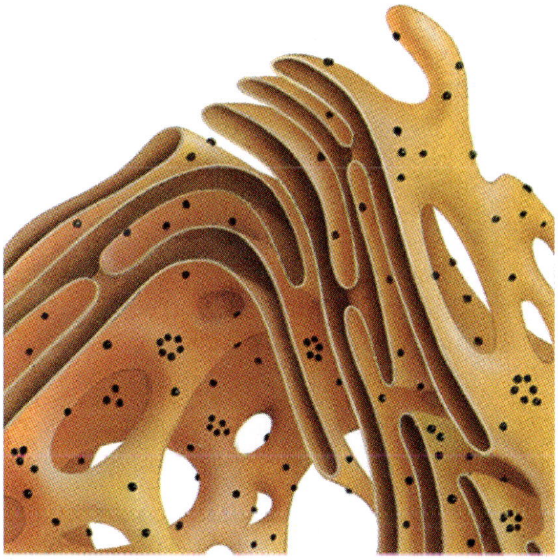

ribosoma Pequeña estructura en forma de grano que flota en el citoplasma; fabrica las proteínas. (p. 29)

roca sedimentaria Roca formada al endurecerse las capas de sedimentos durante millones de años. (p. 152)

S

selección natural Proceso por el cual los individuos mejor adaptados tienen más posibilidades de sobrevivir y reproducirse que otros miembros de la misma especie. (p. 144)

selectivamente permeable Propiedad de la membrana celular que le permite dejar pasar a ciertas sustancias y a otras no. (p. 40)

T

teoría celular Explicación ampliamente aceptada de las relaciones entre las células y los seres vivos. (p. 20)

teoría científica Concepto comprobado que explica una gran variedad de observaciones. (p. 143)

terapia con genes Inserción de copias funcionales de un gen en las células de una persona afectada de algún padecimiento genético, en un intento de corregir el trastorno. (p. 130)

transporte activo Movimiento de materiales a través de la membrana celular, usando energía para ello. (p. 43)

transporte pasivo Movimiento de materiales a través de la membrana celular sin consumir energía. (p. 43)

trastorno genético Estado anormal que una persona hereda a través de los genes o de los cromosomas. (p. 119)

tumor Masa de células anormales que se desarrolla cuando una célula cancerosa se divide y crece sin control. (p. 71)

V

vaciado Tipo de fósil que se forma cuando un molde se llena de minerales que luego se endurecen. (p. 152)

vacuola Bolsa llena de agua dentro de la célula; funciona como zona de almacenamiento. (p. 30)

variable de respuesta Factor que cambia como resultado de los cambios hechos a la variable manipulada en un experimento. (p. 179)

variable manipulada Único factor que cambia durante un experimento científico. (p. 179)

variable Factor que puede cambiar en un experimento. (p. 179)

variación Cualquier diferencia entre individuos de la misma especie. (p. 145)

vida media Tiempo necesario para que se descomponga la mitad de los átomos de un elemento radiactivo. (p. 154)

Índice

Reconocimientos

Ilustración

Robert Fuller: 140–141
GeoSystems Global Corporation: 149, 170–171
Keith Kasnot: 26, 27, 28, 29, 63
Martucci Design: 66, 184, 185, 186
Matt Mayerchak: 46, 76, 136, 166, 182, 183,
Morgan Cain & Associates: 12–13, 20, 21, 33, 41, 43, 57, 64–65, 67, 68, 99, 102–103, 104–105, 154, 176, 177
J/B Woolsey Associates: 47, 53, 72–73, 87, 91, 93, 98, 113, 115, 118, 129, 156–157, 158, 160, 163, 180

Fotografía

Investigación fotográfica by Sharon Donahue
Imagen de portada Tom Pantages/Phototake

Naturaleza de las ciencias
Página 10,11, Courtesy of Lydia Villa-Komaroff; **12t**, Biophoto Associates/ Science Source/Photo Researchers; **12b**, Howard Sochurek/The Stock Market; **13**, Will & Deni McIntyre/Photo Researchers.

Capítulo 1
Páginas 14–15, Julie Habel/Westlight; **16t**, Richard Haynes; **16bl**, Joseph Nettis/Photo Researchers; **16br**, John Coletti/Stock Boston; **17**, **18t**The Granger Collection, NY; **18b**, Corbis-Bettmann; **19t**, H.R. Bramaz/Peter Arnold; **19bl**, Corbis-Bettmann; **19br**, Lawrence Migdale/Stock Boston; **20**, Anup Shah/Masterfile; **22**, CNRI/Science Photo Library/Photo Researchers; **23t**, Runk/Schoenberger/Grant Heilman Photography; **23b**, Doug Wilson/Westlight; **24t**, M. Abbey/Visuals Unlimited; **24b**, Runk/Schoenberger/Grant Heilman Photography; **25**, Dr. Dennis Kunkel/ Phototake; **28**, Bill Longcore/Photo Researchers; **29**, K.G. Murtis/Visuals Unlimited; **30**, A.B. Dowsett/Photo Researchers; **31l**, Dr. David Scott/CNRI/Phototake; **31r**, Dr. Dennis Kunkel/Phototake; **32**, Runk/Schoenberger/Grant Heilman Photography; **33**, Russ Lappa; **34**, Okapia-Frankfurt/Photo Researchers; **34 inset**, Andrew Syred/ Science Photo Library/Photo Researchers; **35**, Gary Bell/Masterfile; **36t**, Barry L. Runk/Grant Heilman Photography & Michael Mahovlich/Masterfile; **36l**, Lou Lainey; **36r** Barry L. Runk/Grant Heilman Photography; **36 inset**, Michael Mahovlich/ Masterfile; **37**, Hans Blohm/Masterfile; **38**, James Holmes/Farmer Giles Foods/ Science Photo Library/ Photo Researchers; **40**, NASA; **42l**, Stanley Flegler/Visuals Unlimited; **42m**,**r**, David M. Phillips/Visuals Unlimited; **44**, M. Abbey/Visuals Unlimited; **45**, CNRI/Science Photo Library/Photo Researchers.

Capítulo 2
Páginas 48–49, Carr Clifton/Minden Pictures; **50t**, Russ Lappa; **50b**, Paul Barton/The Stock Market; **51r**, Cosmo Condina; **51 inset**, Biophoto Associates/Photo Researchers; **52t**, Russ Lappa; **52bl**, **br** , Dr. Jeremy Burgess/Science Photo Library/Photo Researchers; **54t**, Frans Lanting/Minden Pictures; **54b**, Tom J. Ulrich/Visuals Unlimited; **55**, William Johnson/Stock Boston; **56l**, Stephen Dalton/Photo Researchers; **56r**, Phil Dotson/Photo Researchers; **58**, Mark Newman/Visuals Unlimited; **59**, Terje Rakke/The Image Bank; **61t**, David Scharf/Peter Arnold; **61b**, Larry Lefever/Grant Heilman Photography; **62**, Art Wolfe/TSI; **63**, Biophoto Associates/Science Source/Photo Researchers; **64–65 all**, M. Abbey/Photo Researchers; **69**, Robert Knauft/Biology Media; **70t**, Richard Haynes; **70b**, Myrleen Ferguson/Photo Edit; **71**, National Cancer Institute/Science Photo Library/Photo Researchers; **74**, Joseph Sohm/Stock Boston; **75**, Frans Lanting/Minden Pictures.

Capítulo 3
Páginas 78–79, Ron Kimball; **80t**, Jane Burton/Bruce Coleman; **80b**, Corbis-Bettmann; **81**, Barry Runk/Grant Heilman Photography; **84 both**, Meinrad Faltner/The Stock Market; **85**, Inga Spence/The Picture Cube; **88-89**, Image Stop/Phototake; **92**, Hans Reinhard/Bruce Coleman; **95**, Richard Haynes; **96l**, David M. Phillips/Photo Researchers; **96r**, University "La Sapienza," Rome/Science Photo Library/Photo Researchers; **97l**, Jonathan D. Speer/Visuals Unlimited; **97r**, M. Abbey/Photo Researchers; **101**, AP/Wide World Photos; **106**, William E. Ferguson; **107t**, Jane Burton/Bruce Coleman; **107b**, Hans Reinhard/Bruce Coleman.

Capítulo 4
Páginas 110–111, Herb Snitzer/Stock Boston; **112**, Richard Haynes; **114**, Camille Tokerud/TSI; **115t**,**b**, Biophoto Associates/Science Source/Photo Researchers; **116**, Andrew McClenaghan/Science Photo Library/Photo Researchers; **118**, Superstock; **119t**, CNRI/Science Photo Library/Photo Researchers; **119b**, Lawrence Migdale/TSI; **120t**, Simon Fraser/RVI, Newcastle-upon-TYNE/Science Photo Library/Photo Researchers; **120b**, Stanley Flegler/Visuals Unlimited; **121**, Corbis-Bettmann; **122l**, CNRI/Science Photo Library/Photo Researchers; **122r**, Mugshots/The Stock Market; **123**, Will and Deni McIntyre/Photo Researchers Inc.; **124**, Richard Haynes; **126**, AP/Wide World Photos; **127**, Tim Barnwell/Stock Boston; **128**, Patricia J. Bruno/ Positive Images; **129**, LeLand Bobbe/TSI; **130**, Gary Wagner/Stock Boston; **131**, AP/Wide World Photos; **132**, U.S. Department of Energy/Human Genome Management Information System, Oak Ridge National Laboratory; **133**, David Parker/Science Photo Library/Photo Researchers; **134**, Michael Newman/PhotoEdit; **135**, Lawrence Migdale/TSI.

Capítulo 5
Páginas 138–139, Bill Varie/Westlight; **140t**, Portrait by George Richmond/Down House, Downe/The Bridgeman Art Library; **140b**, Corbis-Bettmann; **141t**,**b**, Tui De Roy/Minden Pictures; **141m**, Frans Lanting/Minden Pictures; **142l**, Zig Leszczynski/ Animals Animals; **142r**, Tui De Roy/Minden Pictures; **143**, Dr. Jeremy Burgess/ Science Photo Library/Photo Researchers; **144**, Mitsuaki Iwago/Minden Pictures; **145**, Jeff Gnass Photography/The Stock Market; **147**, Richard Haynes; **148l**,**r**, Breck P. Kent; **149l**,**r**, Pat & Tom Leeson/Photo Researchers; **150t**, John Cancalosi/Tom Stack & Associates; **150b**, Tom McHugh/Photo Researchers; **151t**, James L. Amos/Photo Researchers; **151b** Sinclair Stammers/Science Photo Library/Photo Researchers; **155**, Robert Landau/Westlight; **159**, Richard Haynes; **161l**, Keith Gillett/Animals Animals; **161m**, George Whiteley/Photo Researchers; **161r**, David Spears Ltd./ Science Photo Library/Photo Researchers; **162l**, Gary Milburn/Tom Stack & Associates; **162r**, Daryl Balfour/TSI; **165**, Tui De Roy/Minden Pictures.

Exploración interdisciplinaria
Página 168t, Tim Fitzharris/Minden Pictures; **168b**, Bridgeman Art Library; **169**, Ron Kimball; **170tr**, Charles Philip/Westlight; **170b**, Jack Daniels/TSI; **170tl**, **ml**, **mr**, Corel Corp.; **170ml**, C. Jeanne White/Photo Researchers; **171 all others**, Corel Corp.; **172t**, Peter Cade/TSI; **172b**, AP/ Wide World Photos; **172–173**, Nick Meers/ Panoramic Images.

Manual de destrezas
Página 174, Mike Moreland/Photo Network; **175t**, Foodpix; **175m**, Richard Haynes; **175b**, Russ Lappa; **178**, Richard Haynes; **180**, Ron Kimball; **181**, Renee Lynn/Photo Researchers.

Apéndice B
Página 190, Russ Lappa; **191 both**, Russ Lappa.

Versión en español

Editorial Compuvisión México